走向思辨之路

思辨性阅读与表达的教学尝试

杨文黔 主编

辽宁大学出版社
Liaoning University Press

图书在版编目（CIP）数据

走向思辨之路：思辨性阅读与表达的教学尝试/杨
文黔主编. —沈阳：辽宁大学出版社，2021.11
（名师名校名校长书系）
ISBN 978-7-5698-0450-8

Ⅰ.①走… Ⅱ.①杨… Ⅲ.①中学语文课－教学研究
－高中 Ⅳ.①G633.302

中国版本图书馆 CIP 数据核字（2021）第 143028 号

走向思辨之路：思辨性阅读与表达的教学尝试
ZOUXIANG SIBIAN ZHI LU：SIBIANXING YUEDU YU BIAODA DE JIAOXUE CHANGSHI

出 版 者：辽宁大学出版社有限责任公司
　　　　　　（地址：沈阳市皇姑区崇山中路 66 号　　邮政编码：110036）
印 刷 者：北京米乐印刷有限公司
发 行 者：辽宁大学出版社有限责任公司
幅面尺寸：170mm×240mm
印　　张：20.25
字　　数：350 千字
出版时间：2022 年 4 月第 1 版
印刷时间：2022 年 4 月第 1 次印刷
责任编辑：李珊珊
封面设计：徐澄玥
责任校对：于盈盈

书　　号：ISBN 978-7-5698-0450-8
定　　价：45.00 元

联系电话：024-86864613
邮购热线：024-86830665
网　　址：http://press.lnu.edu.cn
电子邮件：lnupress@vip.163.com

编 委 会

作者简介

欧欣煜

欧欣煜，贵州省毕节市金沙中学教师，一级教师，市骨干教师。曾获贵州省第六届高中语文优质课比赛二等奖、毕节市第六届高中语文优质课比赛一等奖，多次执教县级以上公开课、示范课，多篇教学论文、教学设计获省级二等奖，在省级以上刊物发表论文多篇。

作者简介

宋谋齐

宋谋齐，贵州省毕节市大方县实验高级中学教师，高级教师，省级骨干教师，省教育厅教育信息化专家库成员，毕节市高中语文兼职教研员，县优秀教师，县首批名优师资数据库专家库成员。曾获市优质课一等奖、省级教学成果三等奖，主持完成国家级、省级重点课题各1项，辅导学生多人次获得国家级、省级奖项，在省级以上刊物发表论文多篇。

作者简介

王义翔

王义翔，贵州省毕节市金沙中学教师，高级教师，省级骨干教师，省优秀教师，贵州省中学语文研究会理事，毕节市高中语文兼职教研员，董一菲诗意语文工作室成员。曾获贵州省第五届高中语文优质课比赛一等奖，在《中学语文》《语文教学通讯》等期刊发表论文多篇，参编《诗意文集：东西南北中百名中学生说语文学习的故事》《诗意文集：百名青年语文才俊谈读书往事》等图书。

作者简介

黄瑜华

黄瑜华，贵州省毕节市第一中学教师，高级教师，贵州省古典文学学会会员，毕节市作家协会会员。主编校本教材《黔西北古近代文学》，出版专著《〈时园诗草〉〈四余诗草〉校注》。参编《贵州文学六百年》《黔西北文学史》《百年家学　数世风骚——大屯余氏彝族诗人家族研究》等图书。

作者简介

赵韵如

　　赵韵如，贵州省毕节市第一中学教师，一级教师。曾获贵州省高中语文优质课比赛二等奖、毕节市优质课比赛一等奖、市级优质教学资源评选一等奖，多次辅导学生获得"圣陶杯""南都杯"等作文比赛一、二等奖。践行以给学生有温度和深度的课堂体验为教学目标，努力学做好教师。

作者简介

杨鸿妃

　　杨鸿妃，贵州省毕节市织金县第一中学教师，一级教师。走过八年的教育之路，曾荣获2018年织金县高考成绩突出奖，所撰写的论文在省级、市级刊物中发表并获得不同的奖项。在工作中克己勤勉，务实肯干，注重培养学生的思维能力，关注学生的终身发展。

作者简介

王 稳

　　王稳，贵州省毕节市织金县第四中学教师，一级教师，校级骨干教师。从事教育工作八年，用自己的努力在三尺讲台上挥洒激情，上进好学，有责任心，任教班级成绩突出。获织金县"优秀德育工作者"称号，曾获毕节市第六届高中语文优质课比赛一等奖。

作者简介

朱天凤

　　朱天凤，贵州省毕节市第二实验高中教师，高级教师，市骨干教师，毕节市优秀教师，毕节市高中语文兼职教研员，县级教学名师。曾获贵州省第五届高中语文优质课比赛二等奖、毕节市第五届高中语文优质课比赛一等奖。喜欢安安静静的阅读，喜欢深深浅浅的文字，喜欢灵动智慧的课堂，喜欢五味俱全的人生滋味。

走向思辨之路

2017年高中语文课程标准出台后，课程性质的表述中增加了"发展思辨能力，提升思维品质"一项，除了把"思维发展与提升"作为四大核心素养之一外，还在阐述课程性质、基本理念、学科核心素养和课程目标时都提到了"思维品质的提升"。一说到思辨能力和思维品质，我们头脑里闪现的多半是数理化这些学科，其实语文课程更为直接，思维的方式更多种多样，在语文的听说读写诸项活动中，思维的深刻性、敏捷性、灵活性、批判性和独创性都会更显性地表现出来。在语文学习中，不仅有诗歌、小说、散文、戏剧这类以形象思维为主的文学类文本，也有以逻辑思维为主的信息类文本、非连续文本等，同样需要去了解这些文本背后的思维逻辑，学会辨析、质疑。如果忽视了思维品质的培养，那我们培养出的可能是满足于深耕文章技法、谋篇布局、遣词造句而缺乏有价值的思考的人。如果没有会思考的睿智头脑，在这个信息纷繁复杂的时代，便很难分辨善恶是非，很难理性科学、从容自信地生活、工作。

"思辨性阅读与表达"教学强调在语文教学中要重视提升学生的思维品质，要关注语文教学怎样用本学科特有的方式来完成这种提升。这本集子是2019年贵州省教育科学规划重点课题《基于学生思维品质提升的高中语文"思辨性阅读与表达"教学策略研究》的实践成果，探索的正是在语文"思辨性阅读与表达"教学中，如何用语文学科特有的方式来有效提升学生的思维品质。

如何提升学生的思维品质自然是需要实践探讨的，主持人杨文黔与课题组成员认真思考并积极行动。课题组成员多数是一线教师，他们围绕着课题研究的核心，学习了相关的理论、论文，在研讨规划后，开始了教学实践。从单篇到多篇，从文学类到信息类，既从文体的角度梳理出现行人教版教材中比较典型的思辨文本再教学，又对贵州省尚未使用的全国统编新教材进行了大胆的教学尝试。这本集子收录了新教材中带有"思辨因子"的学习任务群和专题活动等教学设计、人教版教材中经典文本思辨教学的课例赏鉴以及教学述评和论文。

因为每位教师思辨教学的切入角度不同，涉及的思辨性"阅读"和"表达"的内容也不同，从问题意识、思维工具、思维习得到整本书阅读、演讲、辩论、调查等专题学习活动等，都有涉猎，各有特点。比如：

欧欣煜老师的《基于"思辨性阅读与表达"的整本书阅读教学设计——以〈水浒传〉为例》着力践行思辨性阅读与表达教学需要持守的三条规律：一要在思辨阅读与表达中把握"原文本"。没有扎实的、基础性的文本阅读，后续的思考、表达等必然无法深入，自然也达不到预设的目标要求。二要在思辨性阅读与表达中形成"我认为"。经由阅读、分析、推敲、思辨，而后形成一定的自我理解和观点阐释，这是语文阅读教学中不可缺少的重要步骤之一。三要在思辨性阅读与表达中体验"如何用"。

黄瑜华老师的《万艳同杯共品——〈红楼梦〉整本书阅读与研讨活动设计》中的"红楼质疑读"环节，让学生通过思考、查阅资料对阅读文本进行辩证思考，问题是思维的起点，引导学生发现问题，"在该提出问题的地方提出问题"，帮助学生提出不同的见解，从而加深对作品的理解。

赵韵如老师的《从"乡土"来，到"乡土"去——〈乡土中国〉整本书阅读与研讨活动设计》围绕核心术语和关键概念制作知识卡片，同时结合章节标题，绘制思维导图，让学生快速抓住章节论点，帮助其厘清章节之间的逻辑关系，做到把书读"薄"。宋谋齐老师的《从"乡土"中读懂中国——〈乡土中国〉整本书阅读与研讨活动设计》则在学习活动中设计了"概念我来说"环节，让学生重点研读学术专著中的核心概念，研读辨析《乡土中国》中"差序格局""团体格局""礼治格局""横暴权力""同意权力""长老权力""时势权力""乡土社会""感情定向""阿波罗式""浮士德式""空间阻隔""时间阻隔""社会冲突""社会合作"等概念，在接受和质疑中提升学生的思维品质。

欧欣煜老师的《网络文学的"是"与"非"——"思辨性阅读与表达"时评学习任务群活动设计》把思维品质的提升建立在语文综合性实践活动的设计安排上,引导学生梳理并阅读有关"网络文化"的研究与评论文献,围绕作者观点、行文谬误或师生所提问题展开思辨性讨论。通过研讨,理解网络文学的价值内涵,清楚网络文学的评价标准,对陌生作品能做出准确翔实的评判,知道网络文学的创作趋向,对其未来发展形势能够做出基本客观的预测。使学生思考网络文学的生命力所在,懂得网络语言的基本规范,区别并感受文学语言的独特魅力。

赵韵如老师的《唇枪舌剑辩英雄——"思辨性阅读与表达"辩论活动设计》围绕辩题"时势造英雄/英雄造时势"展开辩论活动设计,引导学生学习如何理性表达和阐发自己的观点,培养学生的辩证思维和批判性思维。

杨鸿妃、王稳两位老师的《我手写我心,共叙故园情——"家乡文化生活"专题活动设计》围绕"我手写我心,共叙故园情"的主题,设计了"把酒话桑麻"之家乡人事物访谈活动、"君自故乡来,应知故乡事"之家乡文化生活现状调查活动、"我对这土地爱得深沉"之参与家乡文化建设活动三个学习任务。访谈、调查对应语言建构与运用;整理资料、形成成果对应思维发展与提升;记录家乡人和物,对家乡提出建议对应文化理解与传承,每个活动都是语文核心素养的显性体现。

朱天凤老师的《丰富你的词语库——"词语积累与解释"专题学习活动设计》立足于"语言的建构与运用"与思维能力提升,以学生的言语活动为主要形式,通过形式多样的各种小活动,让学生参与实践,充分运用自己的各种感官感受并使用语言,在做的过程中加深对语言知识的理解,并且不断验证自己已经掌握的知识,逐步将语言知识内化为自身的语言能力。

如果说,18个统编新教材专题学习、整本书阅读和主题活动等教学设计,是努力在各种不同的阅读与表达中设想、发现、捕捉、放大、验证,能够提升学生思维品质的思辨因子,那么18篇课例赏鉴则还原了师生在思辨性阅读与表达教学中的真实活动场景,并从第三方的观察视角分析了教学的利弊得失。4篇教学述评和论文则是课题组成员对教学实践的提炼、总结和反思,既有以语文教学中二难推理的学习为例总结出语文学习中逻辑知识的教学策略,又返身从古代文论如《袁枚诗论》中去管窥中和辩证思想,并在《啜以芳华,沐浴思维之光》中给出了思辨性阅读与表达教学的具体策略。

这些实践和研究让我们感受到："思辨性阅读与表达"不单单是论述类文本的阅读与写作，而是要在阅读各类文本的过程中学习思辨；不仅要阅读文本，还要积极思考现实生活，以及历史和当下社会热点问题；不仅要会阅读，还要写作、交流，学会阐述论证，表达见解。在阅读与交流表达中，唯有学会思辨，提升逻辑思维能力，才能更好地阅读与表达。这些实践有其瑕疵，也未成系统，但贯穿始终的研究是在思辨性阅读与表达中如何去培养学生的思维能力，提升学生的思维品质。希望"思辨性阅读与表达"教学的实践能引起同行对思维教学的关注与思考，改变如今不少语文教学停留在以知识获得为中心的现状，让阅读和表达从占有知识走向自我思考，从感性认识走向理性分析，走向论证与批判性思维，让学生的语文学习行为更具比较、辨析、论证、质疑、反思等高阶思维的特质，从而提升学生的思维品质。

实际上大多数学生也很想知道老师和同学是怎么"想"的，希望在课堂上能观察到不同一般的思维方法。无论是老师还是学生，如果他们能有些"不同"或"特别"，这样在语文课上，就会有学生"受激励"或"被唤醒"。这样，有价值的学习就出现了，"少教多学薄积厚发"的愿景就实现了，"教学相长"的学习目的就达到了。

从来知易行难，思维教学的原理不难理解，但其实践却需要我们语文人长期不懈地探索和努力。正如艾丽丝·门罗所说："我们可以失望，但不能虚假。"只要我们引导学生关注好的思维习惯和好的思维案例，随时警惕错误的教学败坏学生的思维品质，一步步地在真实的教学中摸索、试错、辨析、归纳、反思，再验证，终会带领学生走向思辨之路。

代泽斌

2021年11月9日

（代泽斌，贵州省铜仁第一中学教师，国家高层次人才特殊支持计划领军人才，国家"万人计划"教学名师，特级教师，省管专家，省政府特殊津贴获得者，教育部师范类专业认证专家。）

前言
FOREWORD

花 海 绵 延

从2016年核心素养到2017年高中语文课程标准对语文学科核心素养的凝练，"思维"进入我的视野，我从来都觉得它是像空气一样自然的存在，现在要回身望向它：大脑里经意或不经意流淌的意识，要捕捉住，要观察它，要分辨它的形态、气味、习性，要训练它，发展它，壮大它……还要眺望它未来的样子：会是一棵树，会开花结果，会自然更迭；或是一张网，有越来越多的节点，会自动联结……再如芯片般把它封装打包，在语文的字词句篇语修逻文里完成与学生的"脑机接口"，在工具般细致理性的程序里，每一步又都散发着语文独有的优雅和情致。

它无所不在，元认知里总似见其轮廓却又面目模糊。这就是我心中思维的模样。面对这样的不可捉摸，热血好奇的我按捺住自己的漫天想象，招集身边的伙伴们，开始对各自领地里每一节课、每一个文本和每一个班级、每一次学习活动进行思维的尝试和将这一切放在显微镜下观察。每每做这样的功课，脑袋里总会跳出"义理、考据、辞章""科学、理性、批判"这些词语。学习和思维从来不是独立无关的两件事，学生在思维活动中学习，同时也学习思维本身。当思维不再是工具，而成为教学目的时，"为思维而教"的最大作用是能够赋予学生理性和创造力，帮助学生以自己的智慧去理解、解构和重新建构知识。思考，分析、推理、判断等思维活动的展开；辨析，辨别分析事物的情况、类别、事理。于是语文的每一朵蒲公英长成后，飘飞出去的兴许不只有语言的小伞、文学的小伞、审美的小伞、文化的小伞……还有理性的小伞、科学

1

的小伞、批判的小伞，降落在学生头脑里，他们自会选择留下什么、生长什么，广阔的世界由他们自己来建成。

两年时光，十人尝试，几番磨砺，都源于当初的"我们试一试如何"。从萌生念头到落地成形，我们以为是荒岛冒险，结果发现岛上繁花盛开，奇异瑰丽。好比少年派奇幻漂流的眩晕，我们变成了一群怯生生的闯入者，早有人对盛开的每一朵花宣誓了主权，我们只能默默捡拾一些种子，小心翼翼收好，跌跌撞撞地走向下一处未知之地。

终于，每个人总归找到了自己的地，不管是岩石罅隙的瘦土，还是平原滩涂的沃野，我们各自撒种，仔细浇灌，耐心守护，苦苦等待开花的那一天。彼此鼓励又折磨、窥探又敞开、自信又动摇，期待满手攥出的鲜血让这些种子开出的花色泽艳丽，自带光芒。

不断有人经过这里。有满腹经纶的前辈先哲，有带着七种武器的侠客，有热情的赠予者，有蛮横的索取者，有不屑的嘲笑者。他们的言语都融进这空气里，一起变成阳光雨露，催着花开。

没有七彩，却也有路人询问名姓；没有香气，却也有蜂蝶驻足采蜜。

它们就这样在某一日不经意地一起开放，我们每个人手足无措地看着自己地里它们单薄的样子，惶惑又不安。

等我们终于攀上山头，擦去额头的汗水，放眼一望，原来的星星点点已绵延成一片花海，绚烂得如同我们眼中涌出的泪水，滴滴滚烫，晶莹。

致敬我的伙伴们。

杨文黔

2020年10月

目 录
CONTENTS

上 编

远看方知出处高

基于"思辨性阅读与表达"的
整本书阅读教学设计

——以《水浒传》为例

贵州省毕节市金沙中学　欧欣煜

"整本书阅读与研讨"和"思辨性阅读与表达"是《普通高中语文课程标准（2017年版）》明确强调的两个学习任务群，它们贯穿必修、选择性必修、选修三类课程的始终。这两个学习任务群在学习目标方面有诸多共同追求，在学习内容方面也有不少契合之处。为此，我们尝试基于"思辨性阅读与表达"来进行整本书的阅读设计，进而在教学层面谋求两者共生，以更好地提升学生素养。

一、什么是"思辨阅读与表达"

"思辨性阅读与表达"具体可分为"思辨性阅读"和"思辨性表达"两个项目。所谓"思辨性阅读"，余党绪认为，"就是以批判性思维的原理、策略与技能介入的阅读"，是一种"理性的、反思性的阅读，目的是确立信念或解决问题"[1]。而"思辨性表达"，就是"以分析论证为核心的说理性表达"[2]。当然，此处的"表达"不仅包括书面表达（写作），还应该包括口语表达（口语交际）。从课程标准的角度看，"思辨性阅读与表达""旨在引导学生学习思辨性阅读和表达，发展实证、推理、批判与发现的能力，增强思维的逻辑性和深刻性"[3]。具体而言，课程标准在"阅读"教学方面要求关注阅读内容的材料选择及其语言风格、思想观点、情感态度、写作思路等；在"写作"教学方面要求关注写作过程中的论点、论据、论证三个方面的内容，尤其是论证方面需要注意语言的准确性、表达的逻辑性、论证的多角度等；在"口语交际"教学方面明确指出，口语交际学习主要有"讨论和辩论"两种形式，在教学过程中特别要注意说话者的态度、观点和方法等。

据此，我们可以大体梳理出"思辨性阅读与表达"的"三大特点"与"三大原则"。"三大特点"，即批判性、思辨性和逻辑性。其中的"批判性"特点要求学生在学习过程中需以一种持续反思、不断质疑的态度去研读文本。其中的"思辨性"特点要求学生在学习过程中需以一种谨慎思索、合理辨析的态度去论证考究。而其中的"逻辑性"特点则要求学生，在学习过程中需以一种客观公正、准确清晰的态度去表达观点。换言之，"思辨性阅读与表达"内在地要求学生在批判性阅读、思辨性论证、逻辑性表达等能力方面的提升与发展。"三大原则"，主要是指教学过程中，师生需要持守的三条规律。第一，要在思辨阅读与表达中把握"原文本"。没有扎实的、基础性的文本阅读，后续的思考、表达等必然无法深入，自然也就达不到预设的目标。第二，要在思辨阅读与表达中形成"我认为"。经由阅读、分析、推敲、思辨，而后形成一定的自我理解和观点阐释，这是语文阅读教学不可缺少的重要步骤之一。第三，要在思辨阅读与表达中体验"如何用"。语文阅读教学不仅要教学生"知"，还要教学生"用"，即学以致用，知行合一。在"知""用"中使学生学有所获，学有所得。从学生学习的角度看，这既是对文本内容的突破，也是对自我认知的超越。换言之，紧抓"原文本"，形成"我认为"，终而学会"如何用"，这不仅是思辨阅读与表达的学习要求，更是课堂教学设计的流程框架。

二、什么是"整本书阅读教学"

"整本书"主要指一本完整的书，与"部分、局部、节选、片段"等语义相对。语文教学中的"整本书"，可以是我们常说的文学经典，如我国古典四大名著等；也可以是一些文集，如语录体的《论语》或是泰戈尔的诗集，这些作品虽然在内容上不是完全连续的，但其思想、主题、话语等是有体系和逻辑的，因此它们也属于"整本书"的范畴。再说到"整本书阅读"，可以说，在这方面我国古代教育有着悠久的历史传统，如儿童从识字开始就读《史籀篇》《三字经》《百家姓》，然后读《诗》《书》《春秋》，再读《大学》《中庸》《孟子》等，这些都是"整本书"。而在20世纪，叶圣陶先生也曾提出：

"……国文教材似乎该用整本的书，而不该用单篇短章……退一步说，也该把整本书作主体，把单篇短章作辅佐。"[4]从中不难看出，整本书阅读及其教学主要针对的是单篇阅读教学现状。单篇阅读教学，往往会造成学生阅读思维浅表化、学习过程简单化、能力培养碎片化等问题。为此，新的高中语文课程标准明确提出，"整本书阅读与研讨"学习任务群"旨在引导学生通过阅读整本书，拓展阅读视野，建构阅读整本书的经验，形成适合自己的读书方法，提升阅读鉴赏能力，养成良好的阅读习惯"[5]。换言之，"整本书阅读教学"主要是指教师通过引领学生阅读一本完整的书（长篇小说或学术著作），使学生积累并建构阅读整本书的经验和方法。

具体而言，整本书阅读教学要注意如下四点：第一，书目的选择。从阅读内容角度说，所选择的整本书，其内容应具有一定的挑战性，既要符合学生的心理接受水平，又要满足学生的认知发展要求。从阅读取向角度说，所选择的整本书，其价值取向应多元化。这样有利于学生从不同视角解读文本，进行思辨阅读与表达。第二，教学的"微课程"设计。整本书往往内容丰富，意蕴深厚，可确定的教学点有很多。而整本书阅读教学一定要有别于传统的篇章短文式教学，区别的重点就在于一个"整"字。因此，在教学设计方面强调目标导向下的"教—学—评"联动一致的"微课程"设计。这样有利于保障整本书阅读教学的集中和效率。第三，教学目标要聚焦理性阅读与多元表达。整本书阅读教学，学生收获的不能仅仅是对书中内容信息的简单获取，而应该在分析、评价、创造等高阶思维方面有所提升和发展。这也是我们将"思辨性阅读与表达"和"整本书阅读与研讨"两个任务群合二为一进行教学思考的重要原因之一。并且从语文核心素养的目标培养，或者是语文实践活动的角度看，阅读、思辨、表达等都是其题中应有之义，或者说是语文课程学习应担之责。第四，整本书阅读教学评价的定位不宜过高。该任务群学习旨在培养学生的整本书阅读兴趣和积累整本书的阅读方法。绝不要过分贪求，妄想学生通过一两本书的阅读学习就能彻底提升自己的语文境界。重要的是给学生一个学习范例，进而引导学生在之后的整本书阅读中有所参照。

三、如何基于"思辨性阅读与表达"进行整本书阅读教学设计

下面我们将以《水浒传》为例，进行基于"思辨性阅读与表达"的整本书阅读教学设计。

（一）价值诠释

《水浒传》是我国四大古典文学名著之一，在世界范围内都有较深远的影响。就语文学习而言，其价值有三：第一，《水浒传》在人物描摹方面独具匠心、惟妙惟肖，刻画了一大群性格迥异、极具传奇色彩的英雄人物，基本能够达到"辨其语，识其人"的效果。学习它有利于学生学习人物描写的具体写作方法。第二，《水浒传》蕴含着丰富的人文思想。如替天行道、抱打不平的侠义精神，反抗强权、仇视外敌的平民精神等。学习它有利于学生感受中国传统文化精神，体会经典长篇小说的魅力。第三，《水浒传》的语言表达极其精湛，在文学史上，一般认为其是文言体式进入白话体式的开端和关键。富有表现力的文学语言，有利于学生积累语识，培养语感，发展与提升语言建构与运用素养。

选择《水浒传》作为基于"思辨性阅读与表达"的整本书阅读样本，理由也有三：第一，《水浒传》是一个有争议的文本。有人指出，它存在着大量的践踏人性与人道的内容，表现出一定的暴力、野蛮等倾向。另外，在传达主旨方面不仅与传统家国观念相抵牾，与自由的生命意志相悖逆，而且自相矛盾。[6] 这有利于学生进行思辨阅读与表达的训练。第二，中小学语文教材中有多篇《水浒传》节选文，如《林教头风雪山神庙》《智取生辰纲》《鲁提辖拳打镇关西》等。这样能够很好地勾连课内外的教学资源，提高教学效率。第三，《水浒传》在人物刻画、语言表达、情节架构等方面都是顶级水准，可以说达到了古典小说的巅峰。因此，学习它有利于学生深层次地理解并认识到四大名著的文学价值、思想价值和教育价值。

（二）目标定位

根据《水浒传》的文本特点和教学价值，结合"思辨性阅读与表达"和"整本书阅读与研讨"两个任务群的学习目标和教学要求，我们将《水浒传》的整本书阅读教学目标确定如下：第一，运用精读、略读、浏览、圈点勾画、随机批注等阅读方法，梳理并概括小说的情节发展，厘清小说的人物经历（指

向"语言、思维"素养）；第二，通过研读关键故事、核心事件、主要人物等，品味并鉴赏人物的复杂性格，透析与诠释不同人物的内心世界（指向"语言、思维、审美"素养）；第三，依托名家评语，联系现实，理性评价小说中的主要人物，辩证地思考小说想要表达的主题思想（指向"语言、思维、文化"素养）；第四，借助自主阅读、撰写笔记、交流讨论等活动，有理据地、准确地表达观点和陈述想法，积累并建构一定的整本书阅读方法和学习经验（指向"语言、思维"素养）。

（三）过程设计

1. 走进水浒世界——自读《水浒传》

（1）学生自主阅读（提前布置任务），完成下表：

《水浒传》阅读规划表				
阅读时间	阅读章节	情节概述	典型人物	感受与体会
第一周	第1~10回			
第二周	第11~20回			
第三周	第21~30回			
……				

（2）《水浒传》重点描写了108将，其中包括36天罡和72地煞。请从其中选择一位你感兴趣或喜欢的人物，根据小说内容，总结并概括其情节发展变化。如以"花和尚鲁智深"为例，其主要事迹如下：鲁提辖拳打镇关西—大闹五台山—大闹桃花村—火烧瓦罐寺—倒拔垂杨柳—大闹野猪林—单打二龙山—斗呼延灼—擒夏侯成—擒方腊—鲁智深浙江坐化。

（3）就每一章节，从出场人物视角对主要人物进行"一句话"评价。具体格式可参照下表。比如第1~10回中，重在刻画鲁智深，那么本章节中其余人物是如何看待鲁智深的呢？据此，你又对其有何评价呢？

人　物	一句话评价
史　进	
郑　屠	
店小二	
金　老	

续 表

人　物	一句话评价
赵员外	
……	
我	

（4）根据不同角度可将108将进行不同分类，如根据"上梁山"的方式就可以分为"被逼"和"自主"两种，请思考还有其他什么分类方法。

（5）采用边阅读边作批注的方法，将阅读过程中想不通的问题或独到的发现记录下来，供小组讨论和课堂交流。

2. 体察水浒人物——精读《水浒传》

（1）人物是小说的灵魂。书中主要人物即108将。以小组为单位，每组制作不少于8个人物的"档案卡片"。示例如下：

人物	绰号	英雄来路	涉及的主要情节	性格特点	鉴赏分析

（2）108将中，有多位人物都有"刺配边疆"的经历，如林冲、杨志、武松、宋江、雷横、朱仝等。请梳理他们刺配边疆的原因、过程以及结果，进而比较分析六个人物的性格特点。

（3）明代文艺点评家叶昼在点评《水浒传》时说，其文字"妙绝千古，全在同而不同处有辨。如鲁智深、李逵、武松等人，都是性急的，却形容刻画来，各有派头，各有光景，各有身份，一毫不差，半些不混，读去自有分辨，不必见其姓名"。请大家根据前期的阅读和梳理，从书中截取或挑选出最能体现人物性格和形象的一句或一段语言。每人精选不少于5例，然后小组内交叉互相问答。

（4）根据全书脉络，林冲是第一个"被逼上梁山"的人物，卢俊义是最后一个，两者有诸多相似之处。有人说这是作者创作失败的地方，也有人说这是作者有意为之。请你谈谈自己的看法，一探其中究竟。

（5）明末清初文学评论家金圣叹在点评《水浒传》时说，"自来有新于世者，往往隐遁山林"。就书中主要人物而言，谁想要"隐遁"？在我们过往语文学习经验中，有哪些人物（诗人、文人或士人）坚持着"隐遁"生活的，请简单介绍其事迹。

（6）从你喜欢的人物立场出发，就其具体遭遇或典型事迹发一个朋友圈，并补充相关点赞人员和具体评论。要求：不少于100字，说话口吻要符合人物的性格特点，故事逻辑要合情合理。

3.思索水浒主题——研读《水浒传》

教师提前补充有关文献资料。

（1）黑格尔说，"性格的特殊性中应该有一个主要的方面作为统治方面"，"性格同时仍需保持生动性和完满性"。但《水浒传》中人物常给人一种"一言不合就开打"的鲁莽、冲动的印象，正所谓"《三国》多智士，《水浒》好勇夫"。你怎么看这个问题？请结合具体人物及其具体情节和事例，按照"观点—诠释—依据"的格式进行表达。

（2）司马迁在《刺客列传》中说，"今游侠，其行虽不轨于正义，然其言必信，其行必果，已诺必诚，不爱其躯，赴士之厄困，既已存亡死生矣，而不矜其能。羞伐其德。盖亦有足多者焉"。这与《水浒传》中所倡导的"侠义"相比较，有何异同？另请结合现实，谈谈当下我们需要什么样的"侠义"精神。

（3）人们一般认为《水浒传》想要表达的是一种"忠义观"，一种对国尽忠、对友尽义的精神。但有学者认为《水浒传》透露着一股血腥暴力、迷恋复仇、贪权好财的主题气息，如一边高举"替天行道"的大旗，一边却乱杀无辜；再如一边宣称"劫富济贫"，一边却快活享受。质言之，一部弘扬忠义的作品，却完全不见"忠义"二字的精神。对此，你怎么看？

（4）有学者分析，宋江因曾接受九天玄女的点拨、罗真人的指教以及参拜智真长老，同时表现出"忠""义""孝"等儒家风范，在其身上交织着儒、道、佛三家思想。而《西游记》中的唐僧亦是如此。请问截然不同的两部作品为何会有这样相似的表现形态？请搜集相关资料谈谈自己的看法。

4.领悟水浒精义——评读《水浒传》

（1）《水浒传》是在传统说唱艺术的基础上创作而成的长篇大部头章回体小说。这种体例的小说追求故事的完整性和曲折性。上半部以单个人物描写为重点，下半部以故事连环勾锁，层层推进。请结合相关文献资料，从小说结构、人物形象、语言特色、思想主题等方向，任选一个角度，写一篇研究综述。要求：①注意"全面、准确、客观、清晰"的论述原则；②遵循有述有评、先述后评或时述时评的写作结构；③不少于1000字。

（2）《水浒传》是我国第一部以农民起义为题材的长篇章回体小说，生动地描写了一支农民军队如何从无到有、从弱变强、从散到合的兴衰成败史。其中形象地刻画了一批性格鲜明、形象突出的经典人物，表现出一种为民除害、敢作敢为的英勇气概。但从结果上来说，这无疑是一场轰轰烈烈的悲剧。那么，请你结合相关历史资料，以对联或诗歌的表达形式（补充对联、诗歌写作知识，教师进行适当指导，不做特别严格的学术规范要求）谈谈"水浒英雄们"兴衰成败的原因。

（3）教师贴合《史记》补充有关传记的写作知识，然后要求学生以"我为（某个具体人物）立传"为题，写一篇不少于800字的人物传记。要求：①抓住人物的生平重要节点和主要事迹以及个性特点来谋篇布局；②关注人物所处的环境、人际关系以及自身内外变化等；③要能够辩证地、客观地、有理有据地记述和评价人物。

（四）评价跟进

语文课程标准对文学作品的阅读评价建议是，着重考查学生感受形象、体验情感、品味语言的水平，对学生独特的感受和体验应加以鼓励。[7] 对整本书阅读的评价建议是，要着眼于学生语文核心素养的发展，要充分考虑语文实践活动的特点，关注学生的参与程度、思维特征，以及沟通合作、解决问题、批判创新等能力。[8] 另外，还要突出评价主体的多元化和评价方式的多样化。为此，我们主要从"质"和"量"两个方面进行评价，其中"质"的评价主要考量学生的课前阅读准备、课中谈论表现以及课后作业完成质量。具体到评价方式上，课堂教学中，主要采用表现性评价方法，即通过课堂观察进行学生学习效果的评价。而在课前和课后的学习过程中，主要采用代表性成果评价的方法，即根据学生提交的作业来进行评价。其中的"量"的评价主要依据学生对一些显性任务的完成情况来判定，如整本书是否阅读完成以及具体的阅读遍数，还有就是教师布置的一些基础性作业是否能够全部完成。另外，从评价主体来看，不仅要有教师评价，还应有学生评价与自我评价。应该将三者有机整合起来，进而形成一份较为客观、准确的学习评估材料。也只有这样，才能更好地发挥评价诊断并甄别学生学习情况的基本作用，和维持并促进学生学习效率的教学价值。

参考文献

［1］余党绪.走向理性与清明——整本书阅读之思辨读写［M］.上海：上海教育出版社，2019：63.

［2］余党绪.走向理性与清明——整本书阅读之思辨读写［M］.上海：上海教育出版社，2019：74.

［3］中华人民共和国教育部.普通高中语文课程标准（2017年版）［S］.北京：人民教育出版社，2018：19.

［4］中国教育科学研究所.叶圣陶语文教育论集［M］.北京：教育科学出版社，1980：82.

［5］中华人民共和国教育部.普通高中语文课程标准（2017年版）［S］.北京：人民教育出版社，2018：11.

［6］余党绪.整本书阅读：文本的价值审定及切入策略——《水浒传》的思辨读写实践［J］.语文学习，2017（7）.

［7］中华人民共和国教育部.义务教育语文课程标准（2011年版）［S］.北京：北京师范大学出版社，2012：29-30.

［8］中华人民共和国教育部.普通高中语文课程标准（2017年版）［S］.北京：人民教育出版社，2018：45.

借人物之眼，走入红楼梦境

——《红楼梦》整本书阅读与研讨活动设计

贵州省毕节市金沙中学　王义翔

【学习情境与任务】

曹雪芹的《红楼梦》是中国古代小说中一座卓然矗立的艺术高峰，其思想内容博大精深、文化内蕴丰厚广积，号称中国古代社会文化百科全书。《普通高中语文课程标准（2017年版）》在"整本书阅读与研讨"任务群的"学习目标与内容"中强调，学生要"在指定范围内选择阅读一部长篇小说"。统编高中语文教材必修下册第六单元就安排了《红楼梦》整本书阅读与研讨。选择《红楼梦》作为长篇小说的代表来阅读与研讨，一方面是因为《红楼梦》的价值性与经典性，对于传统文化的传承，对于个人生命的价值提升，在不同层次上，它都有可圈可点的地方；另一方面课程标准关于课外读物的推荐书目中有《红楼梦》，并且从古代到现代，若非要选择一本长篇小说来学习，《红楼梦》的争议可能最小。根据教材单元提示，进行《红楼梦》整本书阅读与研讨，主要任务有梳理小说情节，厘清人物关系，欣赏人物形象，探究人物精神世界，总结小说思想主题和表达特色，构建自主阅读长篇小说的方法和经验等。

【学习内容与目标】

1. 阅读与梳理小说中的主要人物及其之间的关系，体会并把握主要人物复杂、多样的性格特征。其中主要人物及其关系梳理可以借助表格任务在阅读整本书的过程中有序完成，而主要人物的性格赏析可以聚焦《林黛玉进贾府》

《刘姥姥进大观园》两文进行有针对性的品读。

2. 感受并体悟小说深邃的文化内涵，理解并概括小说的核心思想内容，提炼并总结小说的表达艺术特点。文化内涵方面主要体现在礼仪、建筑、风俗、环境等方面。思想内容主要体现在人物或家族的命运结局方面。表达艺术主要体现在"伏脉千里"的叙事手法方面。

3. 激发学生阅读《红楼梦》的兴趣，感受经典名著的艺术魅力，建构阅读整本书的经验，形成适合自己的读书方法，提升阅读与鉴赏长篇小说的能力。

【学习资源】

《普通高中教科书·语文（必修下册）》，人民教育出版社，2020年版。

《红楼梦》（上、中、下三册），人民文学出版社1980年版。该版《红楼梦》，其前八十回以曹雪芹创作的《石头记》庚辰本为底本，后四十回则认为是无名氏续写，由程伟元和高鹗整理。这个版本由中国艺术研究院红楼梦研究所校勘，聘请了吴世昌、吴组缃、周汝昌、启功等老红学家作为顾问，凝聚了冯其庸和众多工作人员的心血，已刊行近四十年。而且书页对疑难字词及文化常识都有详细注释，对学生读懂《红楼梦》，感受其丰厚的艺术魅力，有着不可小觑的作用和意义。

【学习任务与学习活动设计示意图】

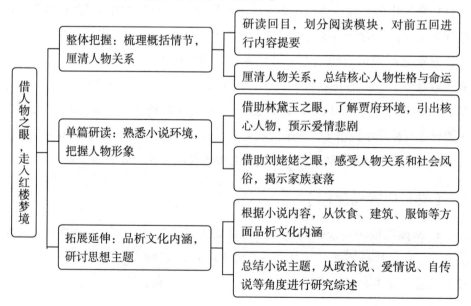

【学习活动设计】

一、整体把握：梳理概括情节，厘清人物关系

1.《红楼梦》是章回体作品，其回目犹如小说的"眼睛"，简练工整。请阅读各回回目，编写章回提纲；理清故事情节，梳理小说线索结构，尤其是对前五回进行内容提要。

提示：《红楼梦》可以分为五大板块：第1回至第5回是全书的"序幕"，也是阅读全书的"纲"；第6回至第18回为第二板块；第19回至第54回为第三板块；第55回至第78回为第四板块；第79回至第120回为第五板块。

第一阅读板块（序幕）	内容提要
第1回	
第2回	
第3回	
第4回	
第5回	

第一回：甄士隐梦幻识通灵，贾雨村风尘怀闺秀。第一回是楔子，用"女娲补天""木石前盟"两个神话故事，为塑造贾宝玉的性格和描写宝黛爱情故事，染上一层浪漫主义色彩。同时通过甄士隐一家由盛转衰的经历，暗示贾家的结局。

第二回：贾夫人仙逝扬州城，冷子兴演说荣国府。第二回交代小说人物，通过古董商人冷子兴的讲述，为读者开列了一个简明"人物表"，使读者未读全书，心中已然隐隐有座贾府存在。

第三回：贾雨村夤缘复旧职，林黛玉抛父进京都。第三回介绍典型环境，通过林黛玉的眼睛，对贾府做第一次直接描写，同时让重点人物亮相。

第四回：薄命女偏逢薄命郎，葫芦僧乱判葫芦案。第四回展现小说更广阔的社会背景，介绍了贾、史、王、薛四大家族的关系，把贾府置于一个更广阔的社会背景之中，使之更具有典型意义。同时由薛蟠案件自然带出薛宝钗进贾府的情节。

第五回：游幻境指迷十二钗，饮仙醪曲演红楼梦。第五回是全书总纲。通

过贾宝玉梦游太虚幻境，利用画册、判词及歌曲的形式，隐喻含蓄地将众多人物的发展和结局交代出来。别的小说就怕读者早知道结局，《红楼梦》却故意先说出结局，但却让读者更加着迷。

设计说明：

该活动设计旨在驱动学生进行整本书阅读时，能够从宏观视角对全书脉络有个大体认知，了解小说前五回的重要性及其具体作用，也是为后续活动设计进行铺垫。尤其是在有限的时间内，学生可能无法精读完整本书，但如果能够仔细研读前五回，并将其内容和价值研究透彻，分析清楚，那么对于《红楼梦》的基本情节和主题思想大体能够达到基础性掌握的阅读标准。

2.《红楼梦》到底写了多少人物？至今尚无定论。清人姜祺统计为448人，民国初年兰上星白统计为721人，近年徐恭时统计为945人。仔细阅读"冷子兴演说荣国府"一章，结合对整部小说的了解，尝试画出详细的贾府人物关系图。另外，贾家五代人名字偏旁代表辈分，分别为"水—人—文—玉—草"，对此，是作者无意之举还是有意为之？有何具体深意吗？请同学们结合小说内容及其相关研究资料来尝试谈谈自己的看法或观点。

3. 根据小说具体内容，完成下面的表格：

人物	雅号	住所	特色植物	习性特点	象征
黛玉	潇湘妃子		斑竹	斑点、有节	
宝钗		蘅芜院	藤萝		守拙、清正
	蕉下客		芭蕉、梧桐	雨打芭蕉	豁达、凄怆
迎春		紫凌州		软弱	寥落失意
惜春	藕榭	蓼风轩	蓼		
	稻香老农		蔬菜稻黍	平淡	清净无为
宝玉		怡红院	松树、海棠		坚定不屈

4. 小说第五回写贾宝玉在太虚幻境游历时偶然读到"金陵十二钗"画册，在"金陵十二钗"中，你最喜欢哪一位？能解释一下她的判词吗？请根据小说内容完成下面的"金陵十二钗"身世表。

人物	身份	判词	主要经历	结局
林黛玉				
……				

设计说明：

以上三个活动都是围绕人物进行设计的。小说这种文学体裁就是以塑造典型人物为核心的，尤其是《红楼梦》这部长篇巨著，人物形象的描写及其精彩绝伦的刻画更是被读者所津津乐道的关键亮点。通过人物关系的梳理、核心人物的性格总结与命运揭示，可以更好地帮助读者体会小说的核心思想主题。

二、单篇研读：熟悉小说环境，把握人物形象

（一）林黛玉进贾府

1.《红楼梦》有多个版本，对小说第3回目的表述有如下三种。甲戌本：金陵城起复贾雨村　荣国府收养林黛玉。乙卯本：贾雨村夤缘复旧职　林黛玉抛父进京都。程甲本：托内兄如海荐西宾　接外孙贾母惜孤女。对此，请同学们结合小说该回内容谈谈哪个版本的回目表达得比较妥帖、准确，并概括陈述该回在全书中的具体作用。

提示：第一次介绍小说中的主要人物；第一次安排了主人公宝黛见面。

2. 借助林黛玉之眼，贾府核心人物依次登场。但小说中的人物怎样出场，在写作上大有讲究。有的单独出场，有的集体出场；有的只见其人不闻其声，有的未见其人先闻其声；有的预做介绍、充分铺垫、引起悬念；有的出场后即以一连串的语言、行动描写让其充分亮相，有的还要反复亮相；有的虚写，有的实写；有的详写，有的略写。方法不一而足，但都由人物的地位、身份和性格特点所决定。请同学们根据上述分类梳理出场人物。

设计说明：

《林黛玉进贾府》是语文教材节选篇目，本回目内容集中地展现故事中的一系列核心人物，并且通过简单的见面或登场描写彰显这些人物的基本性格特征。据此我们可以展开对整本书的阅读与研讨。

3. 鲁迅先生曾说，《水浒传》和《红楼梦》的有些地方，是能使读者由说话看出人来的。请学生细读文本，通过语言、外貌、心理、行动等角度赏析主要人物形象。

首先，王熙凤——

（1）王熙凤是怎么进场的？有学习过这种写作手法吗？

（2）为何着重描写王熙凤的穿着？穿着是怎么样，体现了她什么样的形象或性格？

（3）王熙凤夸林黛玉为何要提嫡孙女？

（4）王熙凤过问林黛玉，嘘寒问暖，真心否？

（5）王夫人为何在这时提月钱的事？跟这个情节是否有冲突？

（6）王熙凤是怎么回答王夫人的？表现了她什么样的人物形象或性格？

其次，贾宝玉——

（1）在见到表哥前，林黛玉对表哥的印象是怎样的？主要是根据母亲与王夫人的转述。

（2）黛玉见到他后反应如何？请具体分析黛玉为何"一惊"。宝玉见到黛玉又如何？

（3）宝玉为何换身衣服？

（4）宝玉为何连续三问："妹妹可曾读书？""妹妹尊名是那两个字？""妹妹可有玉没有？"

（5）宝玉为何又摔玉？

（6）以上可以看出贾宝玉是个什么样性格的人？

最后，林黛玉——

（1）该回作者主要是从哪些方面描写林黛玉的？从中可以看出她什么样的性格特征？

（2）该回对王熙凤、贾宝玉的穿着都进行了细致刻画，但为何没有描写林黛玉的穿着？

（3）该回中提到林黛玉不能见外姓亲戚，不能哭泣等，但在进贾府这个过程中都做了，这折射了什么问题？

提示：用黛玉这双慧眼、俊眼去洞察贾府这个小社会，体认人世沧桑。

4. 在该回中，黛玉初见宝玉，便吃一大惊，心下想道："好生奇怪，倒像在那里见过一般，何等眼熟到如此！"无独有偶，宝玉看罢，因笑道："这个妹妹我曾见过的。"贾母笑道："可又是胡说，你又何曾见过他？"宝玉笑道："虽然未曾见过他，然我看着面善，心里就算是旧相识，今日只作远别重逢，亦未为不可。"为何两人会有如此反应？最后两人的结局如何？导致这种结局的原因为何？请简要谈谈。

设计说明：

以上两个活动设计旨在通过对核心人物形象的分析，引导学生体会并鉴赏小说的语言特色：作者三言两语就刻画出一个具有鲜活生命和个性特征的人物形象。更为重要的是借此教会学生赏析人物语言的方式方法，为分析其他人物性格或形象打下基础，以帮助学生课后自主研读小说。另外，细读该回目中的宝黛初遇，引出小说的爱情线索，同时也预示了两人的命运纠葛，为深入理解小说的思想主题埋下伏笔。

（二）刘姥姥进大观园

1.《红楼梦》研究专家、上海师范大学詹丹教授说，刘姥姥初进大观园与林黛玉进贾府构成了一种整体意义上的呼应关系。那么，请同学们根据小说内容，思考两个人物角色在哪些方面形成了对照和比较？另外，刘姥姥在全书中三进大观园，分别在第6、40（39回的后半与41回的前半也有所涉及）、113回中。请根据小说内容以及自我理解，完成下表：

进大观园的时间	进大观园的原因	进大观园所见景象	刘姥姥人物形象	其他人物形象
第一次				
第二次				
第三次				

2. 刘姥姥一进荣国府时耳闻目睹荣府表面上一派荣华繁盛的景象，由此"一进"便正式揭开了《红楼梦》故事的正传，但这之后作者为何要借刘姥姥的视角再次（两次）描写大观园？请同学们结合小说内容与相关研究资料谈谈。

设计说明：

刘姥姥是《红楼梦》中一个独特的人物角色，她不同于贾府中的贵族，她是底层小人物的代表。将刘姥姥和贾府中的这些人勾连起来，可以更好地彰显小说的百科全书式内涵。尤其是刘姥姥"三进三出"大观园的情节，不仅体现了传统小说"伏脉千里"的叙述手法，更为重要的是借助刘姥姥之眼将贾府早期的极尽奢华与最后的日暮途穷显现出来，形成一种视觉上、感官上的落差，进而体现小说精妙的艺术构造。因此，设计此活动旨在帮助学生更好地感受小说所描写的日常生活习俗和社会关系以及贾府核心人物的性格形象，尤其是帮助学生从刘姥姥视角更好地理解小说的主题思想。

3. 作者曹雪芹为什么在描写"诗礼簪缨之族""钟鸣鼎食之家"的荣宁二府和花团锦簇、美女如云的大观园时，不惜笔墨去刻画这样一个与周围环境、人物极不协调的刘姥姥呢？创作这样一位人物角色对全书又有什么样的价值内涵呢？可以从艺术结构、主题思想、文化意义等角度展开思考。

设计说明：

从学习方法上来说，精选《林黛玉进贾府》和《刘姥姥进大观园》来进行研读，这样的设计主要是想以单篇研读的方式带动整本书的阅读教学。林黛玉之眼不仅看到了贾府的兴盛繁荣，也看到了爱情的悲剧结局。刘姥姥之眼不仅看到了人事的复杂关系，也看到了家族的兴衰成败。通过这两个人物，可以更有效地体会人物形象，理解小说主题。

三、拓展延伸：品析文化内涵，研讨思想主题

1.《红楼梦》像一棵参天大树，贾府盛衰和宝黛钗爱情悲剧是其主干，"淡淡写来"（脂砚斋）的日常生活细节和社会习俗关系则犹如茂盛的枝叶。请细读小说中描写日常生活的片段和体现社会习俗的情节，以"《红楼梦》中的文化"为题撰写一篇小论文，1000字以上。

设计说明：

《红楼梦》可谓一部文化小说，它集中国文化之大成，神话文化、宗教文化、儒家文化、家族文化甚至民俗、饮食、建筑、服饰文化，都曾在《红楼梦》中留下了烙印，鉴于一般中学生的实际阅读理解水平，教学中，可着重引导学生从饮食、建筑、服饰等方面研读。

2. 鲁迅说："自有《红楼梦》出来以后，传统的思想和写法都被打破了。"《红楼梦》的艺术成就表现在网状的结构方式、精妙的人物描写、精美的小说语言等方面，请就其中的某一方面，结合小说中典型案例谈谈你的理解。

设计说明：

该活动设计旨在引导学生鉴赏与提炼小说的表达特色，如人物语言、情节布局等方面。该活动的意图不在分析的求全求善上，而在于引导学生感受经典杰作的表达风格上，进而提升学生分析与鉴赏小说的能力。

3.《红楼梦》中有很多水平很高、反映人物个性特征的诗词曲赋。如"海棠诗会"就充分彰显了不同人物的气质秉性。请细品小说中为某一人物所创作的诗词、楹联或灯谜等，任选其一撰写一篇不少于500字的文学短评。结束后，以小组为单位组织班级进行"《红楼梦》诗词赏评会"。

设计说明：

该活动设计旨在引导学生欣赏小说人物创作的诗词，从中体会小说的文化内涵。

4.作者在小说开头自云：因曾经历过一番梦幻之后，故将真事隐去，而借"通灵"之说，撰此《石头记》一书也。……自又云：今风尘碌碌，一事无成，忽念及当日所有之女子，一一细考较去，觉其行止见识，皆出于我之上。何我堂堂须眉，诚不若彼裙钗哉？实愧则有余，悔又无益之大无可如何之日也！当此，则自欲将已往所赖天恩祖德，锦衣纨袴之时，饫甘餍肥之日，背父兄教育之恩，负师友规训之德，以至今日一技无成、半生潦倒之罪，编述一集，以告天下人：我之罪固不免，然闺阁中本自历历有人，万不可因我之不肖，自护己短，一并使其泯灭也。对《红楼梦》的主旨思想，历来有多种观点，如政治说、爱情说、影射说、自传说等。对此，你有何看法？请就小说的思想主题写一篇研究综述。综述写法的具体要求可参看教材第127至128页内容。

设计说明：

结合前文的活动设计，尤其是相关研究资料，学生基本能够把握并理解小说的主题思想了，而设计此活动的目的在于引导学生进行研究综述的写作练习。在教师的帮助指导下，学生能够学习到撰写研究综述的一般步骤和基本要求，以此培养学生的梳理与整合相关信息、概括与分析核心观点的阅读与表达能力。同时，这也是统编高中语文必修教材下册第六单元"整本书阅读"所强调的学习目标，具有课程论意义，是教师必须要贯彻与落实的教学任务。

5.《红楼梦》博大精微，意蕴深广，我们的学习没有终点。请同学们结合自己学习这本书的体验，说说就阅读长篇小说而言，有何心得和体会。请每位同学至少总结三条经验，与同桌或班内其他同学相互交流、分享。

【思辨读写测评】

1.脂砚斋对《红楼梦》有过这样的评语："黛玉一生是聪明所误，……宝玉是多事所误，……阿凤是心机所误，……"请从这三个人中选择一个你熟悉的人物，结合具体情节谈一谈你对脂砚斋评语的看法。不超过250字。

设计说明：

该活动主要是想测评学生对人物性格的理解与人物命运结局的评论，从中了解学生的阅读鉴赏能力与思辨研讨能力。另外，任务要求结合具体情节或案例进行阐述，有利于检测学生对小说内容的熟悉程度，这也是整本书阅读教学必须要重视的一点，如果学生学习完整本书后，对内容还不甚了了，那么整本书教学的意义和效率将很值得怀疑。

2. 第三十四回中，宝玉因琪官儿、金钏儿等人的事情被贾政毒打之后，黛玉去探望他，哭得"两个眼睛肿得桃儿一般"，黛玉回去后，宝玉托晴雯给黛玉送去两块"半新不旧"的绢子，文中写道：这黛玉体贴出绢子的意思来，不觉神痴心醉，想到：宝玉能领会我这一番苦意，又令我可喜。我这番苦意，不知将来可能如意不能，又令我可悲。要不是这个意思，忽然好好的送两块帕子来，竟又令我可笑了。再想到私相传递，又觉可惧。他既如此，我却每每烦恼伤心，反觉可愧。如此左思右想，一时五内沸然。请仔细阅读相关的情节，探究宝玉送黛玉两方旧帕的意思，说说自己的理解。

设计说明：

该活动设计不再停留在对信息的整理上，而是上升到对小说内涵的理解上，主要想检测学生对小说人物形象以及人物之间错综复杂的情感关系的具体化分析，一方面可以根据理解的深刻性考察学生的语言品味和语言分析能力，另一方面也可以根据表达的逻辑性考察学生的语言评价和语言运用能力。

参考文献

［1］脂砚斋重评石头记（甲戌本）［M］.北京：人民文学出版社，2010.

［2］俞平伯.红楼梦研究［M］.上海：上海古籍出版社，2005.

［3］李鸿渊.《红楼梦》人物对比研究［M］.杭州：浙江大学出版社，2011.

［4］周中明.红楼梦的语言艺术［M］.南宁：广西人民出版社，2007.

［5］段江丽.1949年之后《红楼梦》主题研究述评［J］.红楼梦学刊，2006（1）.

［6］张灵.《红楼梦》主题人物的多样呈现及其意义蕴涵［J］.红楼梦学刊2015（3）.

［7］孙逊.《红楼梦》人物与回目关系之探究［J］.文学遗产，2009（4）.

万艳同杯共品

——《红楼梦》整本书阅读与研讨活动设计

贵州省毕节市第一中学　黄瑜华

【设计缘由】

　　"整本书阅读"的概念由叶圣陶提出，是高中语文学习的重要内容和形式。即"师生选用一本书作为教材，运用多种阅读方法，围绕整本书籍展开阅读、研讨等教学环节的混合式的教学模式"[1]。整本书阅读开展困难，相较于群文阅读与单篇阅读，整本书的阅读时间跨度更长，所需时间更多，在教学中，整本书阅读教学的开展对效率的要求更高。《红楼梦》被王国维誉为"艺术的绝大著作"，被周汝昌先生评为"中华文化的一个综合体和集大成"，被王蒙赞为"生活的百科全书，语言的百科全书"。这样一部古典文学的巅峰之作，成为"整本书阅读与研讨"的重要课程内容，对拓宽学生视野，建构阅读整本书的经验，提升阅读鉴赏能力，学习和思考中华优秀传统文化，从而促进学生的生命感悟和精神成长，具有重要意义。

　　"整本书阅读与研讨"是高中语文学习的重要内容和形式。"阅读是语文的命门，而思维是阅读的命门；在教学的意义上，有什么样的阅读就有什么样的思维，有什么样的思维就有什么样的阅读。"[2]怎样设计《红楼梦》阅读活动，让学生在生动有趣的活动中有针对性地阅读，是高中语文老师的一项重要任务。

【课例描述】

一、阅读准备

（一）教师推荐阅读书目和参考资料

1.《红楼梦》，人民文学出版社。

2.《红楼梦小引》，周汝昌著。

3.《红楼梦启示录》，王蒙著。

4.《细读红楼梦》，白先勇著。

5.《大观红楼》，欧丽娟著。

6.《蒋勋说红楼梦》，蒋勋著。

7.《红楼梦十五讲》，北京大学通识教材。

8.《红楼梦》，1987版和2010版电视剧。

（二）阅读时间安排

学生在高一年级假期初步阅读《红楼梦》，观看1987版和2010版电视剧《红楼梦》，做思维导图，并在班级群展示。初步梳理人物关系，掌握章回体小说的特点，了解人物个性特征及复杂的人物形象。在高一学年第二学期开展《红楼梦》整本书阅读与研讨，可以充分利用课内与课外相结合的方式，课内由老师带领学生读，课外由学生自读，组织《红楼梦》研读小组等多种形式的个体、团体阅读。利用吃饭前后、睡觉前等碎片时间阅读。

二、导读环节

（一）红楼初体验

初读《红楼梦》，学生会遇到很多难题，学生可向老师提问，清除知识背景、阅读心态和内容难点上的障碍。

1. 背景导读。介绍作者"生于繁华，终于沦落"的人生际遇和创作动机。

2. 语言导读。介绍小说口语与古典书面语结合的语言特点，描写不避琐细的写实主义特点。

3. 内容结构导读。可以导读通常被视为小说总纲的前四回，也可以阅读概述性地介绍红楼故事的主要内容线索方面的书籍，做好阅读铺垫。

4. 手法导读。介绍小说呼应设伏、谐音象征、不写之写等重要的艺术构思与手法。

5. 心态导读。告诉学生回到《红楼梦》所处的封建贵族世家的传统文化背景中，去揣摩体认人物的心理、思想和言行，进而更合理地理解人物的行为和命运。

活动安排：

1. 大家来画大观园

通过初读《红楼梦》，对大观园有初步的了解，大致描绘出大观园内各处亭台楼榭的主人住所（命名、楹联、隐喻）、爱好、性格特点、主要丫鬟等。

2. 红楼知识竞赛

《红楼梦》中人物繁多，关系复杂，许多关键情节和人物很难理清，初读者很难将这些细枝末节与故事主线结合起来，阅读中，可编写章回提纲，以初知小说内容，梳理故事情节，感知书中人物。通过填写阅读清单或完成每天阅读后的任务来考查识记和读取能力，检测学生对情节和人物等内容的关注，开展《红楼梦》知识竞赛，对学生理解文本有很大的帮助。

（二）红楼深度谈

根据《红楼梦》容量大的特点，可采用略读的方式进行快速阅读。快速阅读前，要求学生先阅读有关专家点评、内容梗概，从而抓住重点再进行整本书阅读。而后，可从诗词的角度理解章回的主要内容，针对教材中的重要篇章部分，进行全面、深入、精细的理解，掌握篇章结构、情节含义，将宏观的略读与微观的精读有效结合，从而提高阅读效率。

活动安排：

1. 红楼诗词论坛

《红楼梦》中包含大量的诗词曲赋，在全书中起到了揭示人物命运，推动情节发展，深化主题的作用，但因诗词艰深难懂，很多学生对《红楼梦》望而却步。初读《红楼梦》，学生可跳开艰深的诗词阅读，待精读时再以诗词为重点，并结合人物性格特点、情节发展线索等进行诗词阅读专项练习。可由老师进行专题讲解，如红楼女儿词专题、红楼判词专题、红楼谶语研究等，引导学生参与到诗词研究中来。读懂了《红楼梦》中的诗词，《红楼梦》就读懂了一半。

2. 我是红楼梦中人

以小组为单位，每一组选取一位红楼人物进行人物展示，为你所青睐的人物代言。以下载视频资料、自己制作小视频、自己表演、分享原文等方式充分展示属于"我"心中的红楼梦中人。让学生在品读《红楼梦》的过程中，关注原著、赏读原著。让学生在课堂上充分锻炼、展示自己，自然地提升学生的学习信心和参与热情。

（三）红楼质疑读

质疑是让学生通过思考、查阅资料对阅读文本进行辩证性思考，质疑能让学生的学习兴趣及效率更高。学生通过质疑提出不同的见解，从而加深对作品的理解。问题是思维的起点，引导学生发现问题、提出问题，并让学生懂得如何提问，这也会使学生终身受益。教师要营造出让学生发挥主动性和积极性的学习氛围，培养学生敢于提问的精神。在鼓励学生质疑时，更要教会学生如何去质疑，正如叶圣陶先生所说"在该提出问题的地方提出问题"。在阅读《红楼梦》作品时，应引导学生带着批判的眼光去阅读，并将遇到的疑问带到阅读课中，分小组进行讨论。激发学生的积极性，使学生对《红楼梦》的理解更加深入。如在阅读课文《林黛玉进贾府》时，学生若是顺着课文思路阅读，会发现林黛玉的处境一直是寄人篱下的。但若是从另外一个角度来看课文，有些学生可能会提出疑问，林黛玉的父亲是巡盐御史，林黛玉为何会身无分文，落魄至此？又如，秦可卿作为贾府长孙媳，父亲是一个小京官，而她竟然是在养生堂抱养的弃婴，贾王史薛四大家族的联姻说明贾府是非常注重联姻对象的，怎么会与连私塾教师都请不起的秦家联姻呢？

活动安排：

1. 红楼探微

引导学生在自主学习的过程中发现问题、探究问题、解决问题，培养学生细致入微的思维能力和见微知著的思维品质。

把对小说中具体细节问题的探究整理成文，在探究讨论会上由小组提出本小组的探微成果，由全班同学来共同讨论。将探究过程中的所感所思重新整理成文字，小组同学相互评分，推举论文魁首。然后小组魁首参与班级论文魁首评比。教师作为特别嘉宾，友情加入推举活动，其文章可作为特别文章，供每位学生阅读。

2. 点评红楼

当曹雪芹刚刚写出《石头记》还没有定稿时，脂砚斋对前八十回作了评点。现存的脂评本批语，对我们了解作者的生平和构思过程有一定的作用。从清代道光年间到光绪末年，评点派大为活跃。因其语言生动，相较大篇幅赏析文章，更受读者欢迎。这些点评对后世研究《红楼梦》起到了很大作用。模仿红学评点派，根据自己的体会进行批注式细读，如回前批、回后批、眉批、夹批、行间批等。教师展示脂砚斋以及晚清名家评点《红楼梦》的案例，要求学生从言行、心理、文法、语言、个性化感悟等角度，对某几回进行点评式阅读。

三、导读小结

有人说《红楼梦》中的每一个人都是一首诗，每座轩落都是一阕词，每个情节都是一出折子戏。教育部将整本书阅读与研讨写进中学语文课标，并且将《红楼梦》列入阅读书目，足见经典名著的整体阅读与研讨是何等重要。中学生如何以正确的方式更好地阅读经典名著，是我们一直研究的方向。

【评价与反思】

1. 阅读是一个由浅入深的过程。在浅层中培养兴趣，在深层中涵养情怀。本课例力求不仅让阅读有温度，而且更有深度。

2. 阅读需要借鉴，需要拓展。评论鉴赏、诗词歌赋、音乐影视……当阅读已然"千红一窟，万艳同杯"，百花齐放，万紫千红时，阅读之味有了，阅读之趣有了，阅读之教便也达成了。

3. 实践与体验最能引起深思，本课例采用活动引领，引导学生主动去感受，主动去探究，养成研读的习惯。

参考文献

[1] 叶圣陶.叶圣陶集.第16卷［M］.南京：江苏教育出版社，2004：58.

[2] 中华人民共和国教育部.普通高中语文课程标准（2017年版）［M］.
北京：人民教育出版社，2018：8.

从"乡土"中读懂中国

——《乡土中国》整本书阅读与研讨活动设计

贵州省大方县实验高级中学　宋谋齐

【学习情境与任务】

1.在阅读过程中，探索阅读整本书的门径，形成和积累自己阅读整本书的经验。重视学习前人的阅读经验，根据不同的阅读目的，综合运用精读、略读与浏览的方式阅读整本书，读懂文本，把握《乡土中国》丰富的内涵和精髓。

2.通读全书，勾画圈点，争取读懂；梳理《乡土中国》全书大纲小目及其关联，做出全书内容提要；把握书中费孝通先生的重要观点和作品的价值取向。阅读与《乡土中国》相关的资料，了解《乡土中国》的学术思想及学术价值。通过反复阅读和思考，探究《乡土中国》的框架内容和论述逻辑。

【学习内容与目标】

1.利用《乡土中国》中的目录、序跋、注释等，学习检索作者信息、作品背景、相关评价等资料，熟记核心概念，深入研读作家作品。

2.联系个人经验，深入理解作品；享受读书的愉悦，从作品中汲取营养，丰富自己的精神世界，逐步形成正确的世界观、人生观和价值观。用自己的语言撰写全书梗概或提要、读书笔记与作品评介，并通过口头、书面形式或其他媒介与他人分享。

【学习资源】

原著《乡土中国》，附件（古今读书趣谈）。

【学习任务与学习活动设计示意图】

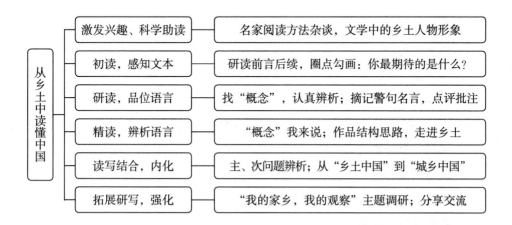

学习任务：学生在反复阅读《乡土中国》全文的过程中，每读一遍，重点解决一两个问题，有些地方应仔细推敲，有些地方可以略读或浏览。阅读要有笔记，记下自己思考、探索、研究的心得。阅读整本书，以学生利用课内外时间自主阅读、撰写笔记、交流讨论为主。安排6个课时。

进行专题学习，小组自由组织学习活动，深入思考、讨论与交流《乡土中国》有关的问题。教师应以自己的阅读经验，平等地参与交流讨论，解答学生的疑惑。

活动设计示意图：

激发兴趣、科学助读—初读—研读—精读—读写结合—拓展研写

【学习活动设计】

第1课时

学习活动要点：教师纵横谈古论今，传递正确的阅读价值观，激发学生阅读兴趣；指导科学有效的阅读方法，为后续真实阅读体验提供支撑。

环节一：名家阅读方法杂谈

（一）古人读书典故

1. 韦编三绝

2. 头悬梁锥刺股

3. 囊萤映雪，凿壁偷光

（二）名人读书故事

1. 范仲淹的读书故事

2. 李密牛角挂书

3. 陈平忍辱苦读书

4. 万斯同闭门苦读

5. 屈原洞中苦读

6. 司马光警枕励志

7. 陆游书巢勤学

8. 顾炎武读破万卷书

9. 欧阳修借阅典籍

10. 蒲松龄草亭路问

11. 贾逵隔篱偷学

12. 孟轲改过勤学

13. 陶弘景菜园求学

14. 董仲舒三年不窥园

15. 管宁割席分坐

16. 唐宋八大家之一的苏东坡

17. 郭沫若曾写过一副读书联

18. 鲁迅嚼辣椒驱寒

19. 施洋搓脚夜读

20. 黄侃误把墨汁当小菜

21. 曹禺真读书假洗澡

22. 王亚南苦读成才

23. 华罗庚厚薄读书

（三）读书的方法

1. 圈出概念举例证

2. 标画警句谈体会

3. 思维导图明结构

4. 联系现实善迁移

设计说明：

榜样激励，成功诱导。培养兴趣与专业，掌握科学方法。引发学生的阅读思考。

环节二：温故知新，文学作品中的乡土人物形象

（一）教材中的"乡土味"

《散步》

《羚羊木雕》

《济南的冬天》

《土地的誓言》

《社戏》

阿长与《山海经》

《信客》

《端午的鸭蛋》

《傅雷家书两则》

《孤独之旅》

《我爱这土地》

《乡愁》

（二）名著中的"乡土味"

陈忠实的《白鹿原》

沈从文的《边城》

路遥的《人生》《平凡的世界》

设计说明：

乡土在身边，美是亲近所得，美是邂逅所得。导出问题，激起思考。

第2课时

学习活动要点：初读文章，整体架构作者和文章信息，为研读做准备。同时，初步积累整本书阅读的体验和方法。

环节三：研读前言后序，圈点勾画

通过重刊序言、后记等，学习检索作者信息，了解本书的写作背景和写作目的，大致了解全书的主要内容和结构体例。

设计说明：

积累阅读体验，感受作家的人格和情怀，获取文章信息。

环节四：初读框架内容，导图辅助

选择阅读《乡土本色》《文字下乡》《再论文字下乡》《差序格局》《家族》《礼俗秩序》《无为政治》等，在阅读中提取关键词，把握核心概念，梳理文本思路，理解内容大意。

设计说明：

积累阅读体验，初步了解文章内容框架，选择精读内容。

环节五：你印象最深的是什么？后续阅读中，你最期待的是什么？

1.印象最深的是：_____。

2.后续阅读最期待的是：_____。

设计说明：

积累阅读体验，吸取精华，激发思考，研读作品。

第3课时

学习活动要点：初步厘清学术专著中的核心概念，感受作者的立场、思想和价值取向。激发自己思考，学会自己思考和表达。

环节六：寻找"概念"，标记圈画。思考：我会怎样说？

"概念"分为三类：

第一类是作者原创的概念，如差序格局、团体格局、礼治格局、横暴权力、同意权力、长老权力、时势权力等。

第二类是作者从其他学术著作中沿用的概述，如乡土社会、感情定向、阿波罗式、浮士德式、空间阻隔、时间阻隔、社会冲突、社会合作等。

第三类是作者将普通词语临时借用为社会学术语，如欲望、需求、功能、注释、仪式等。

设计说明：

积累阅读体验，创新阅读思维，研读文章主体内容，增强对"乡土中国"的认识和理解。

环节七：摘记警句名言，点评批注

阅读圈点勾画，勾画出各篇的核心概念、主要观点、精彩语句，重点关注基本概念、主要材料、论证方法、研究思路和语言特点。可以用自己的语言，写全书的梗概或提要、读书笔记和作品评介，可以是小论文，也可以是随想、杂感或读书札记，但一定是自己有感而发的。

设计说明：

积累阅读体验，精读核心内容，培养思辨思维，发展核心素养。

第4课时

学习活动要点： 重点研读学术专著中的核心概念，在接受和质疑中提升自己的思维水平，积累"乡土""农村""农民"等方面的学问和知识。初步形成自己的认识和理解。

环节八：研读辨析"概念"

（一）《乡土中国》中，"概念"我来说

差序格局、团体格局、礼治格局、横暴权力、同意权力、长老权力、时势权力、乡土社会、感情定向、阿波罗式、浮士德式、空间阻隔、时间阻隔、社会冲突、社会合作等。

设计说明：

积累阅读体验，比较分析学术感念，辨析研读；发展学生的学习品格，提升学生的思维品质。

环节九：导图文章结构思路，走进乡土

1.《乡土中国》行文的逻辑起点和脉络

本文的整体框架是怎样的？作者想解决什么问题，解决的方法技巧是什么，依据的道理是什么？问题解决得怎样？

2. 陈述作者观点，寻找论证方法

作者在文章里第几个部分第几页中提到过什么？我认为这种提法的依据是什么？在这里，作者主要运用了什么方法进行分析论述？

设计说明：

积累阅读体验，走进作品，重点研读。提升和发展学生思维品质。

第5课时

学习活动要点：积累阅读体验，辨别学术专著文章中的"主要和次要"问题，辨析作者观点和论证分析，比对现实，初步构建自己对"乡土""农村""农民"的理性认识。

环节十：质疑联系"现实"

学会质疑，将不理解的词句做好标记，将自己感兴趣的问题做好记录，与同学或老师交流讨论，完成教材中的"学习任务"。可以就书中某一个观点、一个故事、某种现象，生发开去，表达自己对相关问题的看法，记录自己的思考，抒发自己的阅读感想。

读到《乡土本色》中"靠种地谋生的人才明白泥土的可贵"，就可以思考：为什么奶妈要"偷偷地把一包土塞在我的箱子底下"？为什么晋公子重耳对"与之块"的野人，先是"欲鞭之"，后又"稽首受而载之"？为什么中国人有"安土重迁""故土难离""叶落归根""入土为安"的传统？为什么秦牧《土地》、艾青《我爱这土地》中那样描写土地？闻一多为什么要写《七子之歌》？

设计说明：

积累阅读体验，培育阅读敏感性，"进得去，出得来"。

环节十一：从"乡土中国"到"城乡中国"（新农村）

如果我们能把阅读与思考结合起来，就会觉得《乡土中国》对于乡土中国确实认识深刻，论述精当，内涵丰富，意蕴深厚。为了开阔思路，提高思考的质量，还要尽可能地创造条件，引导学生把自己的思考所得与同学、老师分享。可以是口头的，可以是书面的，也可以通过其他媒介方式，如微信、微视频等进行交流。

数据：1985年时全国有行政村94.1万个，到2016年时减少到52.6万个，减少了44%；全国自然村从1990年的377万个降到2016年的261万个，减少了30%；村民小组数量也大为缩减，1997年时全国村庄村民小组共535.8万个，到2016年时减少到447.8万个，不到20年的时间里，村民小组减少了88万个。

设计说明：

积累阅读体验，比较现实，辩证思考，关注"新农村"建设。

第6课时

学习活动要点：参与社会实践，观察社会生活，了解他们，了解自己，思考我从哪里来，将要到哪里去。在调研活动中，学以致用，培养济世情怀和严谨的治学态度。

环节十二："我的家乡，我的观察"主题调研报告展示交流

调研报告标题与作者：

调研报告背景与目标：

调研报告对象与人数：

调研报告主体：

（一）调研内容、过程与步骤

（二）调研重点与难点

（三）调研结果与价值

（四）调研建议与设想

（五）后记（感谢）

设计说明：

读写、读研结合，激发思考，关注新农村建设，关注精准扶贫、全面小康社会建设，激发爱国情怀。

参考文献

［1］顾之川.怎样阅读《乡土中国》？［J］.语文建设，2019（23）：4-7.

［2］程载国.学术类名著之理解性研读——以《乡土中国》为例［J］.语文学习，2019（02）：41-45.

［3］程一凡.《乡土中国》整本书阅读的目标定位［J］.中学语文教学参考：高中版，2019（19）：34-36.

［4］李奇. 让整本书阅读真实发生——《乡土中国》整本书阅读研读指导
［J］. 中学语文教学参考，2019（25）：43-46.

［5］徐飞. 共生教学视域下的整本书阅读——以《乡土中国》为例［J］. 语
文建设，2019（23）：8-11.

［6］刘守英，王一鸽. 从乡土中国到城乡中国——中国转型的乡村变迁视
角［J］. 管理世界，2018，34（10）：128-146，232.

从"乡土"来，到"乡土"去

——《乡土中国》整本书阅读与研讨活动设计

贵州省毕节市第一中学　赵韵如

【学习情境与任务】

社会学是一门研究社会规律的学科，它基于个人行为与社会结构，围绕现代性与现代性反思展开。作为一本社会学的入门级读物，《乡土中国》是我国著名社会学家费孝通先生最受欢迎的一本书。它取材于作者20世纪40年代后期，在西南联大和云南大学所讲的"乡村社会学"一课的内容，是解读农耕文化下中国社会文化形态的社会学名著。在书中，费老以中西对照的学术视野，扎根乡土本身，经过十几年的社会实践与调研，运用社会学方法来整体分析乡土社会。虽然这是一本70年前完成的书，但由于作者是用历史的眼光研究社会规律，因此，即使在已经发生了翻天覆地变化的当下社会，也有非常重要的社会意义。在了解了书中介绍的社会学知识之后，我们应该学以致用，利用假期社会实践的机会，结合作品内容对身边社会现象进行研究性学习和分析。这或许能让我们更清醒地面对脚下这片古老而亟待新生的土地。

【学习内容与目标】

1. 阅读与理解。制订完整详细的阅读计划，完成对《乡土中国》整本书十四个章节的通读。在阅读中培养社科类作品的阅读方法，关注文中阐述观点或者定义概念的句子，围绕核心术语和关键概念制作知识卡片，同时结合每一章的章节标题，绘制该章节的思维导图，做到把书读"薄"。

2. 整合与思辨。通过小组交流与展示、师生共同研讨等途径，发现并解决阅读中出现的问题。结合当下的社会现象，开展读书分享会、辩论会等活动，将理论知识与现实生活相联系，拓展思维的广度与深度，把书读"厚"。

3. 观察与实践。在深度解读文本的基础上，利用课余时间，开展研究性学习实践活动，观察身边与之相关的社会现象，从理性角度看待和分析现象背后的原因，提高自己收集处理信息的能力、解决问题的能力和协调交往的能力。

【学习资源】

1. 费孝通.乡土中国.北京：商务印书馆，2018.

2. 张冠生.费孝通晚年谈话录.上海：生活·读书·新知三联书店，2019.

3. 温儒敏.年轻时有意识读些"深"一点的书——《乡土中国》导读.名作欣赏，2019（34）.

4. 梁鸿.出梁庄记——当代中国的细节与观察.北京：台海出版社，2016.

5. 刘守英，王一鸽.从乡土中国到城乡中国：中国转型的乡村变迁视角.管理世界，2018（10）.

【学习任务与学习活动设计示意图】

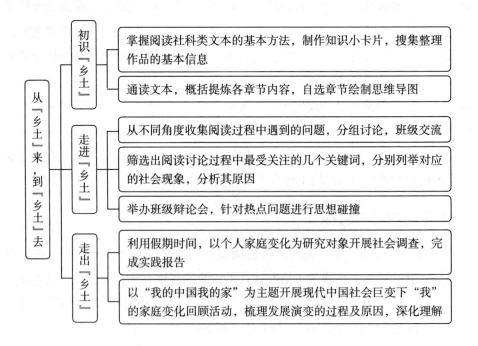

【学习活动设计】

一、初识"乡土"，梳理信息

1. 学生在教师引导的基础上，阅读"重刊序言""后记"和"附录"，了解《乡土中国》的写作背景和学术范围，结合温儒敏先生《年轻时有意识读些"深"一点的书——〈乡土中国〉导读》一文，关注并归纳出阅读学术论著的方法（可从教师提供的材料中归纳得出，或教师补充或学生补充）。

2. 制订切实可行的阅读计划，并进行自我监督，结合做批注的各类方法，将粗读与精读结合，每读完三章，筛选出章节关键词，制作知识小卡片。

阅读计划示例：

	阅读时间	阅读内容	关键词	概括与反思
《乡土中国》阅读计划				

3. 结合目录，以各章节标题为关键词，绘制思维导图，可以小组为单位集体制作，也可个人选择印象深刻的章节，重点研读后单独绘制。化繁为简，将厚书读薄。

设计说明：

《乡土中国》在结构和内容上都具有严密的逻辑，整本书以"论文集"的形式构成全书，具有很强的学术性，可以作为引导学生进行学术类著作研讨的入门级书目。按照《普通高中语文课程标准（2017 年版 2020 年修订）》对"整本书阅读"的要求，学生要"在指定范围内选择阅读一部学术著作"，掌握基本的阅读策略，阅读时应将快速阅读与批注式精读相结合，并由此"建构整本书阅读经验与方法"。在阅读学术类论著时，要注意培养学生的逻辑思维能力。在活动1中关注阅读版本、序言、目录，是为了了解作者的写作意图，把握全书主旨。《乡土中国》虽然语言简洁晓畅，但毕竟与学生平时经常阅读的文学作品不同，它没有引人入胜的故事情节，还有大量晦涩难懂的专业理论与抽象的学术概念。因此，活动2的知识卡片制作的目的在于激发学生的阅读兴趣，克服在阅读过程中产生的畏难情绪。有了一定心理准备之后，学生可以意识到阅读学术论著并没有想象中那么艰难。利用《乡土中国》结构严密、思路清晰的特点，在活动3中引导学生绘制每一章节的思维导图。思维导图可以让学生快速抓住章节论点，有助于厘清章节之间的逻辑关系。

二、走进"乡土"，互动对话

1. 通过初读作品，对文本有了整体的把握之后，选择具体章节进行深入研讨，厘清作者的论证思路，掌握举例论证、对比论证、类比论证、比喻论证等多种论证方法的使用。

章节位置	生活现象	定义概括	论证方法	问题与反思

2.《孟子》里叙述了这样一个故事：

桃应问曰："舜为天子，皋陶为士，瞽瞍杀人，则如之何？"孟子曰："执之而已矣。""然则舜不禁与？"曰："夫舜恶得而禁之？夫有所受之也。""然则舜如之何？"曰："舜视弃天下，犹弃敝屣也。窃负而逃，遵海滨而处，终身欣然，乐而忘天下。"

3. 请结合书中第6~8章的内容，分析这个故事中体现了哪些思想观念。

"班里转来一个农村同学，什么都没见过，真土，他父母还不认识字呢！""国外的孩子18岁就自力更生，不向父母要钱了，就彻底独立了，我们要向他们学习。""网上说在国外结婚就是两个人的事，在中国结婚是两个家庭的事。""妈和媳妇起了争执，其实确实是妈做得不对，可是妈是老人不能不孝啊！还是要给她面子。""什么，你的钱借给熟人了？那你还是别回来了……"这些耳熟能详的话，几乎围绕在每一个中国人的耳边。这不仅仅是言语，更是我们的羁绊、观念和困惑，它们无一不具备着深厚的社会性和繁复的社会根源。试概括这些现象反映出的当代中国所存在的问题。

4. 有人说，在现代化快速发展的今天，当下的中国已经不再是费老笔下的那个"乡土中国"了，你是否同意这种看法呢？在班级内展开讨论交流，确定正反方，组织一场辩论会。

设计说明：

社会科学是用科学的方法研究人类社会现象的学科，内容丰富，涵盖经济学、社会学、人类学、政治学等学科。温儒敏先生强调，在阅读社会科学论著时，要将"粗读"与"精读"结合，先"粗"后"精"。学生运用思维导图来独立阅读，并归纳学术论著的观点与内容的过程，实际上也就完成了"粗读"的任务，对全书的基本观点、写作意图有了理解。论述类文本的论证方法是"细读"过程中必须掌握的，活动1的设置正是围绕这一目的，让学生学会找寻学术著作中的观点与逻辑，感受作者在论证过程中强烈的问题意识，和靠材料说话的求实风格，同时关注多种论证方法的运用，多角度感受学术论著的逻辑严密性。活动2结合传统文化中儒家文化的经典事例，引导学生思考在现代化浪潮中，我们该如何看待儒家文化。通过文化反思，培养学生思维的深刻性与严密性。而活动3在前一活动的基础上，用社会上耳熟能详的实例，让学生反思我们身边的社会问题，做到理论与实际相结合，培养学生的思辨精神。社会学著作的最大特点，就是能带给学生科学思考问题的理论和方法。活动4开展的辩论会，可以引导学生辩证地看待文中的观点。阅读经典并不是一味吸收，要在学会用批判性思维对待理论和现实间的差距，用逻辑和理性多角度地思考问题，加深对生活关照和感知的同时，训练学生口语表达能力，使其在思维碰撞、观点交锋中深化对文本的理解。

三、走出"乡土"，实践笃行

1. 在认真研读《乡土中国》及相关研究著作的基础上，利用假期时间，以家庭为研究对象，开始实践研究活动，通过调查走访、查阅资料等方式开展社会调查，从不同角度了解家庭及其成员的生存变化。

××中学实践研究活动记录表如下：

姓名		班级		
活动主题				
活动时间		活动时间量	（　　）天	
实践 活动的目的 和背景				
实践 活动的过程				
实践 活动的收获				
实践活动的感想、 不足与反思				
社会实践 成果形式	记录表（　　）、评价表（　　）、论文（　　）、照片（　　）、 音频（　　）、视频（　　）、PPT（　　）、获奖证明（　　）、 其他（　　）			
个人自我 评价、鉴定				
			学生签名：　　　　年　月　日	
指导教师 （或班主任） 评价、鉴定	评定 等级	A（　　） B（　　） C（　　） D（　　）	认定 学分	
				教师签名：　　　　年　月　日

2. 在大时代背景下，千千万万个小家庭的发展变化其实也就是整个当代中国社会变化的缩影。以"我的中国我的家"为主题，举行分享展示会。

设计说明：

整本书的阅读不仅是读一本书，更是在读书的过程中，从一个人看到一个家族，从一个家族看到一个地方，从一个地方看到一个民族，从一个民族看到一个国家。《乡土中国》无疑带给了我们这样的契机，结合"当代文化参与"任务群，学生能够带着书中学到的理论，关注和参与当代生活，剖析、评价社会现象，强化"社会关爱、国家情怀"素养的培养，在活动1的实践研究中开展社会调查，拓宽视野，反思当代文化，既能训练学生的思维能力，又能增强学生的社会意识和社会参与感。活动2是在前一活动基础上的沉淀和提升，实践报告所反映出的小家和大家的变化，都是近年来中国翻天覆地变化的缩影，展示会可以不局限于班级，在校园中进行汇报分享，这样除了能培养学生的学习实践能力外，还能培养学生的组织统筹能力，更能激发学生的民族自信心和自豪感，真正发挥语文课程的育人功能。

【测评标准】

《乡土中国》通过对中国社会结构、国民性格、传统文化、社会发展演变等规律的研究，给出了中国的社会性格——乡土。其实乡土无关褒贬，中国几千年来的社会主体就是农耕社会，游牧民族征服过中国，可从来没有实现过对建立在农耕文明上的中国文化的征服。所以，中国的乡土性格是必然的。

在现代化并未完成的今天，中国社会的乡土性是否还有剩余？中国要实现全面的现代化是否要完全"去乡土化"？乡土社会对中国的未来是否完全是消极的？这些仍需进一步思考。我们的答案不在书本上，而是在现实社会中。结合梁鸿的《出梁庄记——当代中国的细节与观察》，写一篇1000字的小论文，谈谈你的看法。

设计说明：

测评方式为任务型阅读与写作，重在加深学生对作品的理解，要求学生能合理使用论证方法，有理有据、理性地表达个人观点，评价时以等级性评价和过程性评价为主。

网络文学的"是"与"非"

——"思辨性阅读与表达"时评学习任务群活动设计

贵州省毕节市金沙中学　欧欣煜

【学习情境与任务】

互联网时代，文化的形成过程与接受形式都在潜移默化地发生着变化。作为网络文化典型代表的网络文学也在悄然无声地影响着年轻人的阅读习惯与阅读品味。所谓"网络文学"，大致指以网络为载体而发表的文学作品，其本身并没有一个明确的概念界定与范畴边限。网络文学，因其独特的行文特征及传播方式，对当代社会文化发展具有不容忽视的价值和意义。然而因为网络文学多以互联网为展示平台和传播媒介，故而缺少一定的规范和监督，导致出现作品价值导向不正确及内容低俗、传播淫秽色情信息、侵权盗版等诸多问题。因此，本学习任务群特围绕网络文学的"是"与"非"，通过阅读、表达、探究、思考、辨析等语文学习活动，就网络文学的价值内涵、评价标准、创作趋向等进行深入、系统的研究，进而促使我们对网络文学有一个更加准确、客观、公正的认识。

【学习内容与目标】

1. 梳理并阅读有关"网络文化"的研究与评论文献，整体把握基本观点、态度及其论证思路与表达方式。据此围绕作者的观点或者行文中的谬误展开思辨性讨论。

2. 通过研讨，理解"网络文学"的价值内涵，对其利弊有完整全面的认识。清楚"网络文学"的评价标准，对陌生作品能够做出准确翔实的评判。知道"网络文学"的创作趋向，对其未来发展形势能够做出基本、客观的预测。

3. 合作思考"网络文学"的生命力所在，懂得"网络语言"的基本规范，区别并感受"文学语言"的独特魅力。通过有针对性的表达练习，促进学生充分体会并理解"网络"的不可或缺性与"网络文化"尤其是"网络文学"的学习必要性。

【学习资源】

王婉波《从玄幻到现实：网络文学正在悄然发生改变》（《光明日报》2019-12-18）、李安《如何建立网络文学评价体系》（光明网-文艺评论频道2019-09-24）、卢普玲《网络文艺作品讲故事：要"中看"更要"中用"》（《光明日报》2020-08-05）、张黎《网络语言，到底该规范什么》（《光明日报》2019-07-13）、王祥《不断顺应人类对情感体验的新需求——中国网络文学走向世界的启示》（《光明日报》2019-11-27）等。

【学习任务与学习活动设计示意图】

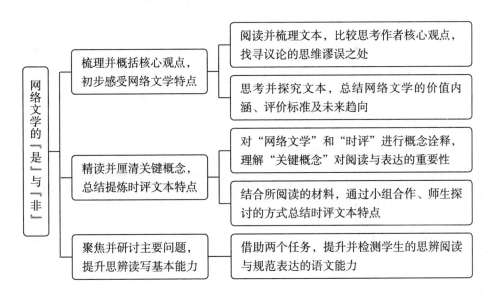

【学习活动设计】

一、梳理并概括核心观点，初步感受网络文学特点

1. 阅读卢普玲的《网络文艺作品讲故事：要"中看"更要"中用"》、王祥的《不断顺应人类对情感体验的新需求——中国网络文学走向世界的启示》两篇时评文章，请用简练的语言梳理并概括作者的基本观点（每篇文章不少于三条），以及支撑观点的理由和例证。可以按照下表格式进行整理和思考。

文　章	观点	理由	例证
《网络文艺作品讲故事：要"中看"更要"中用"》			
《不断顺应人类对情感体验的新需求——中国网络文学走向世界的启示》			

设计说明：

（1）该活动旨在督促学生有针对性地阅读文本，梳理核心观点。引导学生进行比较阅读，加强阅读的深刻性与思考的聚焦性，锻炼学生阅读与梳理、比较与探究的能力。

（2）撰写文章时，尤其是倾向于议论、评述性质的时评类文章，作者在行文中很容易产生思维谬误，即在字里行间或立论阐释的过程中容易出现"绝对判断、诉诸感情、强加因果、本末倒置、无中生有"等常见思维谬误问题，请从思维的严谨性、论述的清晰性两个角度对上面两篇文章进行点评（见下表），尝试找出文中可能存在思维谬误的地方。

文　章	思维的严谨性	论述的清晰性	思维谬误例句
《网络文艺作品讲故事：要"中看"更要"中用"》			
《不断顺应人类对情感体验的新需求——中国网络文学走向世界的启示》			

设计说明：

该活动旨在引导学生考察与反思文本，训练学生的思辨性阅读能力，养成

思辨性阅读习惯。更为重要的是，为后面的活动设计埋下伏笔，让学生感受时评文的表达特点与行文特色。

2. 李安《如何建立网络文学评价体系》一文中论述道："第43次《中国互联网络发展状况统计报告》显示，截至2018年12月，中国网络文学用户规模达4.32亿。据不完全统计，全国主要文学网站驻站作者达百万人以上，作品总数已超过2000万部，细分品类达200多种。"请从多个方面（经济、文化、制度等）思考网络文学何以如此畅行，以及网络文学可以从哪些方面进行研判和评价。

3. 文学是时代的反映。网络文学诞生发展的20多年，中国人的生活发生了翻天覆地的变化，整个社会生机勃勃，精神状态昂扬向上。但早期的网络文学创作者受制于年龄和阅历，对于现实生活缺乏把握能力，对于时代精神的感召缺乏足够的敏感，以致沉溺于虚无缥缈的幻想世界，作品娱乐性强而文学性弱，在许多作品中基本看不到生活与时代的痕迹。正如有研究者在评论网络文艺时说，"飞速发展的网络文艺在高度商品化、市场化、产业化的轨迹上仍存在低俗、庸俗、媚俗、批量生产、原创匮乏等问题，其整体的艺术追求和美学要素仍无法完全做到与时代精神同频共振"。请同学们阅读王婉波《从玄幻到现实：网络文学正在悄然发生改变》一文，用文中的一些观点或事实来回应上述评论，并就网络文学的未来走向说说自己的看法或建议。

4. 请同学们阅读《网络语言，到底该规范什么》一文，请结合生活经验或语文学习经验，谈谈网络语言的"利"与"弊"。另外，哲学家说："语言是人类的存在之家。"文学的生命基底就在于语言的灵动创新。请以小组为单位查阅相关资料，结合中国传统文学的语言表达特点（如传统文学语言往往具有形象性、抒情性、美感、多样性、含蓄性、独创性等特点），谈谈其与网络文学语言表达的异同点。

异　同	传统文学	网络文学
相同之处		
不同之处		

设计说明：

以上活动目的有三：第一，用问题或任务的形式驱动学生阅读三篇时评文章。第二，结合时评内容引导学生进一步展开思考。思考的核心主要是学习目标2中的"网络文学的价值内涵、评价标准、未来趋向"三个问题。第三，通过逻辑化的活动设计，使学生基本概括了解网络文学的意义及其所受到的议论。这三个活动设计紧密结合学生的语文经验和生活经验进行阐发，尽可能地体现了时评文本的现实性和针对性特点。

二、精读并厘清关键概念，总结提炼时评文本特点

1. 关键概念是指能够集中反映研究主题或者主要内容的核心概念。进行概念界定有助于我们更准确地把握研究的方向和决定研究的范围以及防止研究被误读等。"界"是"边界""界线"，"定"是划定，"界定"就是划定边界和界线。界定关键概念时，一般需要介绍概念的一般义和特指义。请根据所阅读的时评文章，在通过查阅相关资料进一步了解的基础上，尝试给"网络文学"和"时评"做个概念诠释（不要求符合定义的学术规范，重在将这两个概念与其他相近概念予以区分和明晰）。另请思考"关键概念"与我们作文审题有什么关联，据此有何进一步的思考，请举例展开讨论。

设计说明：

该活动设计的意义主要是引导学生体会"概念"对于表达的重要性。概念不清或模糊，将直接影响后续的深层次思考。概念理解，对表达来说具有牵一发而动全身的作用。然后进一步引导学生思考语文课程中的写作练习或作文练习，如审题立意、展开议论等，这些环节中都会涉及"概念"阐释、"概念"理解或"概念"控制的问题。尤其是在时评文写作或者议论文写作中，概念界定更是学生学习过程中不容忽视的一个知识点。

2. 网络文学作为新兴的文学形式，受益于互联网的普及与便利，已经成为一种主流的新兴文化。它不仅能够丰富传统文学，解放文字的虚拟性，还能够扩大文字的影响力，但是与此同时，受困于网络文学的随意性，作品写作的低门槛，导致网络作品质量参差不齐，更有甚者会误导大众认知，阻碍传统文化的发展，因此应该通过辩证的方法去看待网络文学。请同学们围绕"网络文学对于中学生阅读能力发展有利吗"这个主题进行辩论。个人先独立思考，然后小组内交流讨论后各推举一名代表作为辩手，最终形成四对四的辩论会，其余同学作为后援智囊团。另，根据课程标准设定辩论赛评判标准，邀请学科老师参与旁听和裁断。

设计说明:

一是结合前面所阅读的材料,引导学生将网络文学这种创作类型与自身联系起来进行反思;二是运用辩论赛的形式,丰富教学活动,提升学生的阅读与表达积极性,进一步加强与提升学生的思辨阅读与表达能力。

3. 有研究者总结:"时评就是针对时下新闻发表看法,属于评论性文章,即时事评论。它往往以社会生活中的种种现象作为评论的对象,上至国家大事,小到凡人琐事,有感而发,做出深刻评论。它可以是对先进的新生事物的赞颂、褒扬;也可以是对落后丑恶现象的批评、鞭挞;还可以就某一社会问题进行分析,阐发某种具有现实意义的道理。此类文评的对象是事实,所以叙是基础,议是叙的目的,是主。时评是论说文,但它在对事件做出理性判断和分析时并不排斥情感的作用,即要亦理亦情。"请结合阅读材料,以小组为单位,尝试总结时评文的语言特点及其行文逻辑。

设计说明:

该活动旨在通过小组合作探究的方式,借助多篇时评文本,总结时评写作的一般特点,如语言表达、行文逻辑、内容特点等。这也是本设计重点聚焦的学习目标。该任务的目的在于充分发挥学生的主观能动性和合作探究性,激发学生的更多创造性,大胆地总结,小心地验证,进而提出观点或看法。最后在师生协商下得出基本规律。这样的设计旨在创设一种生成性、探索性的课堂。

总结:

1. 时评文讲究"时效性、针对性、准确性、说理性、思想性",尤其要注重准确性和说理性。

2. 在写法上,分为就事论事和就事论理两类。

3. 在命题上具有开放性,可以仁者见仁,智者见智。

4. 在审题立意上,可以抓住中心事件,考察中心事件的构成因素,然后选取一个侧面、一个角度来立意。

5. 行文逻辑一般为:引用材料—分析材料—联系现实或事实说道理—结论;提出问题—分析问题—解决问题;引—点—议—联—结。

6. 写作要求一般有如下几点:选取恰当的当下新闻、确定鲜明独到的观点、搜集典型有力的论据、运用严密有趣的语言。

三、聚焦并研讨主要问题，提升思辨读写基本能力

1. 近日（2020年7月20日），浙江宁波一份小学六年级期末语文阅读理解题提供了袁隆平、李子柒等三段材料，让学生任选一个，为"心目中的风云人物"写推荐表。提供"网红"李子柒的故事，旨在展示中国传统田园文化，最后却介绍了李子柒的粉丝数，有家长直指"出题老师知识浅薄"，并质疑"网红"李子柒是否适合出现在考卷中。不少网友支持家长的质疑，"李子柒和袁隆平，不管是涉及领域还是影响，都没有可比性。题目不适合小学生"。"可以出有关'网红'的考题，对'网红'做评论，但不能具体到某个'网红'。"也有不少网友支持这种出题方式，"出这样的题就是要让小学生与时俱进，使他们除了课堂文化知识外，多了解一些其他方面的知识，拓宽眼界"。针对争议，出题者认为，这道题主要考查学生快速阅读和理解概括信息的能力，三个人物都是为理想不畏艰难，克服重重困难圆梦的典型，对孩子来说是正能量的鼓励。对此，你怎么看？请用时评的语言风格与行文思路进行简短评论（要求500字以内）。

2. 在卢普玲《网络文艺作品讲故事：要"中看"更要"中用"》这篇时评中，作者提到："明清评点派整理了许多值得学习的叙事技巧：草蛇灰线、伏脉千里、横云断岭、勺水兴波等，都是网络文艺创作值得琢磨和学习之处。"首先，请查阅资料明确解释这几种叙事技巧；其次，请结合已学或者已知的小说，举例说明各种叙事技巧的具体运用；最后，请谈谈网络文学创作中，可以如何运用这些叙事技巧。

3. 当前，一些以往在网络文学中很少见到的题材，如扶贫、支教、足球发展、相声传承等，都有一批优秀作品深入反映；一些以往很少涉及的群体，如乡村教师、基层警察、农民、牧民等，都有作品在描写。即使是穿越等具有鲜明网络文学特色的作品，其中的优秀之作，也不仅仅满足于横扫对手式的"爽文"，其思想性和艺术性都有了巨大提高。请同学们结合相关阅读材料，尤其是老师提供的相关研究论文，聚焦"网络文学能否'主流化'"这个问题进行深思，完成一篇2000字左右的研究性小论文。

设计说明：

统编教材总主编温儒敏说："在这个浮躁的时代，这个自媒体和手机娱乐狂欢的时代，读书兴趣与习惯培养虽然很难，但更加重要。语文课有这个责

任。"尤其是在错综复杂的信息茧房中，如何提高阅读力、思维力与表达力是语文课程学习的题中应有之意。思辨性阅读的目的，是获取真知或解决问题。思辨性表达（包括写作）需要严谨的思考与判断。应让思辨阅读与表达互动起来，融会起来，在彼此共生中提升学生的审辨、批判、评论、创新等能力。为此，本设计第三部分的两个活动重点，围绕"思辨性阅读与表达"这一点进行设计，以期训练与提升学生的思辨阅读与规范表达的语文能力。

【思辨读写测评】

阅读下面这段有关网络文学的评论材料，谈谈你有何见解或看法。请结合前面所学以及自主阅读相关资料进行评议，针对此材料完成一篇不少于800字的时评文章。

人文思辨：网络文学解构和重构了哪些东西？

福楼拜曾预言："艺术愈来愈科学化，科学愈来愈艺术化：两者在山麓分手，有朝一日会在山顶重逢。"艺术具有科学所缺乏的精神品格，而科学带给艺术的价值模式又不能不引起关注。网络与文学的结合恰恰能阐释这种关系——网络文学对于人文精神既有解构又有建构。

一方面，作者认为其人文精神的解构在于三点：匿名写作对主体承担的卸落、网络作品对传统价值观的颠覆、读屏模式对诗性体验的拆解。不过在20年后的今天，用来保护、引导互联网用户的重要手段——"网络实名制"约束了作者和网民无身份、无性别、无年龄的"三无"状态，将作品与观点规束到合理的自由范围内，这在一定程度上缓和了网络文学对人文精神的消解。另一方面，网络文学对人文精神的建构又体现在民众自由话语权的扩大、文学情感真实流露与挥发以及观点即时交互带来的心灵慰藉。此外，20年后的网络文学又被赋予了许多诸如记录时代发展、德育和美育等意义。

——节选自佚名《20年前对网络文学的展望，如今都实现了吗？》

【设计说明与评价标准】

该活动从题材和学习目标两个角度出发进行设计。第一，题材是有关网络文学的内容。第二，活动任务指向时评写作，与学习目标息息相关。从评价标准看，主要设计了四个层级：第一层级，学生能准确理解网络文学的价值与意义，能从特定的多元化的专业视角进行网络文学的评价与议论，在表达方面能准确地体现时评写作的基本要求和特点；第二层级，学生能准确理解网络文学的价值与意义，能从特定的专业视角对网络文学进行评价和议论，但视角比较单一，能准确表达自己的观点并较好地体现时评写作的基本要求和特点；第三层级，学生基本能够理解网络文学的价值与意义，但不能很好地展开评价和议论，观点或看法多流于信息堆砌，表达方面能够做到文从字顺，意义明确，但没有很好地体现时评写作的基本要求和特点；第四层级，学生基本能够理解网络文学的价值与意义，但过于片面地去评价和议论网络文学，在表达方面基本能够文从字顺，意义清晰，但与时评写作的具体要求相去甚远。

参考文献

［1］欧阳友权等.网络文学论纲［M］.北京：人民出版社，2003.

［2］欧阳友权.当代中国网络文学批评史［M］.北京：中国社会科学出版社，2019.

［3］夏烈.网络文学的新传统与未来性［M］.杭州：杭州出版社，2019.

［4］黄发有.论网络文学评论的拓展与深化［J］.当代文坛，2020（2）.

［5］秦志爽.以社会主义核心价值观引导网络文学发展［J］.人民论坛，2020（1）.

［6］张海涛.漫谈网络文学发展二十载［J］.出版广角，2019（5）：36–38.

［7］陈献兰.网络文学：传统文学的泛化和异化［J］.学术论坛，2009（7）.

在线社会的"利"与"弊"

——"思辨性阅读与表达"时评学习任务群活动设计

贵州省毕节市金沙中学　欧欣煜

【学习情境与任务】

2020年4月，中国互联网信息中心公开发布第45次《中国互联网络发展状况统计报告》。文件显示，中国互联网发展在政治、经济、安全、民生等各种领域中不断取得重大突破，有力地推动了网络强国建设迈上新台阶。可以说，今天的中国已然全面进入互联网社会，开放、互惠、共享、交融、即时等时代特征，为人们带来了更多获得感，帮助普通大众拥抱万千世界，实现心中理想。尤其是随着人工智能的发展，人与人、人与物、人与自然、人与社会不仅组成了一个新的、动态的在线生态系统，而且将人们和其他的一切都带入了一个以数字和技术为核心的全新领地。然而，算法逻辑支撑下的信息茧房时代，会出现很多泯灭人性或弱化人类潜能的问题和现象。如刷抖音，软件后台的"推送"是算法的线性运用，而非人类的主动选择，进而很容易导致时间的浪费与信息的被动接受。因此，如何保障在线社会或者数字信息时代的和谐发展是我们必然会面临的全新挑战，与每一个人都息息相关。换言之，这要求我们必须拥有较好的媒介素养和审辨是非的能力。为此，本专题学习重在引导学生真正地明白个人与社会的关系，懂得表象与本质的差异，以及能够准确把握真理与谬误的边界，等等。

【学习内容与目标】

1. 通过阅读时评文，引导学生感受自身所处时代的基本特征，明确个人与社会之间密不可分的关系，坚持正确的价值导向，树立远大的人生理想。

2. 结合当前社会中的一些现象，引导学生透过表象去思考问题的本质，把握信息来源的多样性和真实性，并且能够即时有效地进行多角度分析和评判，进而独立、清晰地表达个人观点。

3. 根据时评文章观点和社会现象研讨，引导学生提升自我辨别是非、真假、善恶、美丑的能力，发展理性思维和媒介素养，进而能够在数字时代中准确把握信息本质，科学严谨地消解矛盾。

【学习资源】

杨鑫宇《理性和逻辑：对抗"后真相时代"的武器》（《中国青年报》2019-11-11）、《媒体的报道一定真实吗？》（《中国青年报》2019-11-25）、《你阅读的信息决定着你是怎样的人》（《中国青年报》2019-12-16）、马雷《人工智能易容术来了，我们准备好了吗？》（《半月谈》2020-03-25）、南帆《弹幕：一个奇特的屏幕现象》（《光明日报》2020-05-13）、刘敏《别让谣言侵害你的数字化生活："媒介素养"教育的价值》（《光明日报》2020-06-04）、熊璋《在线社会悄然而至》（光明网-理论频道2020-08-19）、杨鑫宇《走出"同温层"才能打破"信息茧房"》（《中国青年报》2020-08-20）。

【学习任务与学习活动设计示意图】

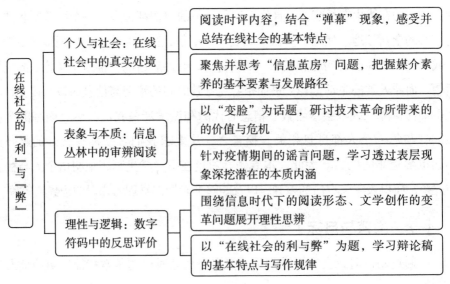

【学习活动设计】

一、个人与社会：在线社会中的真实处境

1. 阅读《在线社会悄然而至》《你阅读的信息决定着你是怎样的人》两篇时评，根据文本内容梳理作者的核心观点，并结合自身体会对其展开简单评论（见下表），最后用简练的语言概括你所处的社会或时代呈现出哪些基本特点。

时评文本	观 点	评 论
《在线社会悄然而至》		
《你阅读的信息决定着你是怎样的人》		

2. 曾经有一句流行语，说的是"天空飘过五个字……"如今观看网络电影、网剧或网络综艺节目，时常是屏幕飘过一串字，甚至对整个屏幕实现全方位的覆盖，形成另一种意义上的"霸屏"效应。弹幕评论已经成为人们在观看网络文艺节目时难以忽视的存在。弹幕评论作为一种新兴文艺现象，为何会广受青睐？这究竟是一种接地气的话语表达，还是仅仅是一个基于互联网技术的无聊游戏？请同学们阅读《弹幕：一个奇特的屏幕现象》一文，就"弹幕"这种文化现象的产生原因及其价值，结合作者观点用自己的话谈谈对"弹幕"的理解和看法（见下表）。

《弹幕：一个奇特的屏幕现象》	
产生原因	
现实价值	
读者观点	

3. 《易·乾》中有言，"同声相应，同气相求"，本意是同样的声音能产生共鸣，同样的气味可相互融合。换言之，即同类人、事往往可以相互感应、相互印证。在智能互联网、数据信息化这个特定的时代中，我们被网络所裹挟，被信息所围绕，我们很容易不由自主、被动处之。请阅读《走出"同温层"才能打破"信息茧房"》这篇时评，思考"信息茧房"产生的具体原因。请根据文本内容谈谈我们应该如何在社交网络中有效打破这种"信息茧房"。

设计说明：

该部分主要设计三个任务：第一个任务重在引导学生通过阅读时评内容感受在线社会的基本特点，主要是理论梳理；第二个任务以"弹幕"这个文化现象为例，引导学生切身体察在线社会的真实状貌；第三个任务聚焦"信息茧房"的问题，引导学生思考自己是如何被在线社会所影响和塑造的。总体而言，该部分的任务，学生通过阅读时评，结合自身生活中的所见所闻，可以较好地予以回答。在解决问题的同时，驱动学生思考个人与社会、当前与未来、信息与媒介等主题，有利于学生更深入地展开后续研讨。

二、表象与本质：信息丛林中的审辨阅读

1. 现在随便使用一台电脑或者手机，加上原始的照片、视频素材等，利用一些特定的软件即可实现自己定制的变脸效果，如川剧变脸绝活般惊艳世人。《聊斋志异》中的"画皮"更是将这种想象发挥到极致。吴宇森导演的电影《变脸》则将人类的这一设想代入善与恶的角色互换、伦理冲突与哲学思辨，引人深思。请阅读《人工智能易容术来了，我们准备好了吗？》一文，并思考人类为何会对变脸如此痴迷，以及这种技术的进一步发展可能会引发哪些问题。可以根据文本内容来回答，也可以通过搜集相关支撑性材料来辅助回答。

2. 请阅读《媒体的报道一定真实吗？》《别让谣言侵害你的数字化生活："媒介素养"教育的价值》两篇时评，以此为基础写一篇文章，不少于400字。要求：只写文章提纲，如标题、开头、分论点、结尾等。

3. 网络谣言是指通过网络介质（例如微博、网络论坛、社交网站、聊天软件等）而传播的没有事实依据的，带有攻击性、目的性的话语。主要涉及突发事件、公共领域、名人要员、颠覆传统、离经叛道等内容。网络谣言类型很多，如下表所示。请结合自身经历，根据谣言类型列举一例。

谣言类型	解　释	举　例
凭空杜撰型	没有任何事实依据的编造杜撰，不管其真实性是否被验证	
夸大其词型	往往有基本事实，但对事实夸大其词和进行了扩大化的处理	
断章取义型	谣言是从某个大的内容中摘取的，造成了完全不同甚至相反的理解	

续表

谣言类型	解 释	举 例
刻意暗示型	没有直接针对某个事物编造谣言，但内容却会给人以最直接的形象暗示，以至产生明显的联想和攻击效果	
逻辑诡辩型	看似非常有道理的逻辑分析，其实是充满了狡辩，或者偷换概念，或者弄错前提	
记忆偏差型	谣言的产生不是故意的，但却在发布的过程中出现了差错，后来又在传播中被误读	

设计说明：

该部分设计的四个任务主要聚焦于信息丛林中人的思辨阅读能力，如第一个任务，以"变脸"为话题，引导学生思考技术革命所带来的价值与危机，重在培养学生发现问题、审视问题的能力；第二个任务结合疫情背景，就网络谣言问题展开思考，旨在引导学生正确认识谣言产生的深层原因，进而提升区分、辨别谣言的能力；第三个任务顺延第二个任务，仍以疫情为背景，就典型的谣言类型列举身边的谣言现象，从而引导学生积累相关知识，强化审辨信息的阅读能力。

三、理性与逻辑：数字符码中的反思评价

1. 尼尔·波斯曼在《技术垄断：文化向技术投降》一书中写道："我们像魔术师的学徒一样，在信息洪流中被冲得晕头转向……信息已经成为一种垃圾，它不能回答人类面对的大多数根本问题……"杨鑫宇在《理性和逻辑：对抗"后真相时代"的武器》一文中说："所谓媒介素养，就是在鱼龙混杂、'人人都有喇叭'的舆论环境里，准确地以理性的标准识别出哪些声音更有价值，更加可信，哪些声音又存在问题，应当质疑。"结合时评内容，请同学们思考：如何在信息繁杂的时代中保持理智和客观？可以分条回答，要有逻辑，有深刻的洞见。

2. 晓辉在《数字时代，我们的大脑被改变了》一文中说道："对网络科技的深度依赖，改变了人类的思维方式。这在阅读时表现得最为明显。对书籍的深阅读，与在网页上那种为了获取信息，而进行的浅阅读是不一样的。"对此美国技术专家尼古拉斯·卡尔在《网络也有黑暗一面》一书中有过一段隐晦的

表达："过去几年中，我一直有一种不舒服的感觉，觉得某些人或某些东西正在改变我的大脑，我目前的思考方式与过去相比已经截然不同，当我阅读时，能最为强烈地感觉到这一点。持久地阅读一本书或一篇长文，曾经易如反掌，我曾耗费数个小时徜徉在长长的文字里，我的大脑能够抓住叙述的演进或论点的转折，从而进行思考。但如今不再如此，往往阅读两三页后我的注意力就开始漂移了，我感觉我一直在试图将自己任性的大脑拽回到书本。"首先，你对这段话有何感想？其次，请思考传统阅读与数字阅读有何不同之处和利弊之别（见下表）？最后，在信息时代，如何权衡两种阅读形态，进而帮助我们养成良好的阅读习惯，持续不断地提升阅读能力？

阅读形态	相同之处	不同之处	优势	局限
传统阅读				
数字阅读				

3. 美国著名电脑文化专家尼古拉斯·尼葛洛庞蒂曾说："计算不再只和计算机有关，它决定我们的生存。"中国著名作家何志云却说："网络虚拟的完整世界虽然触手可及，但严格说来它与人们本来的生存状态关系不大。如果上网作家自身意志不够坚强，就很有可能被网上眼花缭乱的世界所迷惑，最后使自己的生活、写作都为网络所淹，这是很可怕的一件事。"对此，请谈谈你的看法。

4. 某市高中举行"在线社会的利与弊"辩论会。

正方：在线的信息时代滚滚而来，微博、微信、抖音、快手等已成为我们日常生活中不可或缺的应用软件。寥寥数十字或短短一分钟，便可以传递信息、交流感情，也可表明观点、启迪思想。开放、便捷的交流软件，让表达门槛变得轻松简单：人人都可走上前台去展示自我、分享生活，很多平凡的人生在信息时代生发出别样的精彩。

反方：在线的信息时代的繁荣背后，便是隐忧。网络上擅长"新闻""文案"的标题党，每每断章取义；沉迷"自媒体"的低头族，看的不是知识而是花边新闻……人们往往缺乏整体思考，懒于深刻认识。只言片语的吐槽变成众生喧哗的狂欢，人的世界观、价值观也在不断沦陷。

假设你作为正方或反方（任选一方）的主辩手，要根据辩论主题做最后的总结性发言，以此情境写一篇辩论稿（教师引导学生总结辩论稿的基本特点与写作规律），不少于500字，确定立意，自拟标题。

设计说明：

该部分设计较前两个部分，在认知与学习方面的要求更高。该部分旨在培养学生的理性思考与逻辑思辨的阅读与表达能力。第一个任务重在宽泛地引导学生反省自己认识世界的方式，进而明确理智与客观对于正确"阅读"世界的重要性；第二个任务通过传统阅读与数字阅读两者相比较，引导学生结合自身体验展开研讨，从而于在线社会中或日常学习中帮助学生更好地发挥两种阅读形态各自的优势，做好相应的筹划应对；第三个任务是针对有矛盾的两段话展开思考，旨在督促学生能够辩证地思考问题，从而反思评价的深刻性与恰切性；第四个任务是一个写作练习，以"在线社会的利与弊"为辩题，引导学生进一步掌握辩论稿这种文体的基本特点，习得辩论稿的一般写作思路和方法。总体来说，该部分设计，一方面旨在培养学生思辨阅读的习惯，另一方面是为了有效提升学生理性的、逻辑化的表达能力。

【思辨读写测评】

近年来，数字产业化和产业数字化呈现快速发展态势，与5G、人工智能等新型基础设施加快建设紧密相关，尤其是今年年初，大数据、人工智能、云计算等数字技术，在疫情监测分析、病毒溯源、防控救治、资源调配等方面发挥了很好的支撑作用，成为数字化治理的一次生动实践。那么，从国家、社会、工作、生活、个人等角度来看，数字时代究竟给我们带来了哪些好处？其中又有哪些隐患？请学生根据时评文章的相关论述，结合自身学习经验来尝试谈一谈。最后整理完成一篇议论文，不少于600字。回答时，请注意以下几点要求：立场明确、观点清晰、表达连贯流畅、有针对性地举例以及辩证地看待问题。

【设计说明与评价标准】

该任务是紧跟学习过程后的一个评价活动，旨在引导学生结合时评所论以及自身经验，就数字时代的价值和危机展开全面性思考，可以从多个角度切入，重在培养学生的发散思维能力与审辨评价能力。因为学生最后提交的是一份作文，所以要明确评价的一般标准，进而才能发挥评价的诊断与促进的双重功效。

评价标准一：学生立论明确，能够辩证地思考问题，分论点清晰，关联紧密，富有层级，举例恰当，表达连贯流畅，行文结构整饬。

评价标准二：学生立论明确，基本能够把握问题实质，分论点清晰，关联紧密，举例合宜，表达连贯流畅，行文结构完整。

评价标准三：学生立论比较明确，基本能够把握问题实质，分论点清晰但层次性稍欠缺，举例合宜，表达比较连贯流畅，行文结构比较完整。

评价标准四：学生立论相对明确，但与问题实质有段距离，分论点清晰但层次性不强，举例不能很好地支撑论点，表达基本连贯流畅，行文结构基本完整。

评价标准五：学生立论模糊，不能准确把握问题实质，有分论点但彼此没有关联，举例与观点匹配性不高，表达不够连贯流畅，行文结构比较零散。

参考文献

［1］约翰·哈特利.数字时代的文化［M］.李士林，黄晓波，译.杭州：浙江大学出版社，2014.

［2］尼尔·波兹曼.技术垄断：文化向技术投降［M］.何道宽，译.北京：中信出版社，2019.

［3］张开，丁飞思.回放与展望：中国媒介素养发展的20年［J］.新闻与写作，2020（8）：5-12.

［4］于殿利.读屏的社会文化寓意［J］.北京：现代出版，2018（6）：5-12.

［5］陈军科.理性思维：文化自觉的本质特征［J］.北京师范大学学报（社会科学版），2003（5）.

一场"情"与"理"的邂逅

——"文学短评写作"学习任务群活动设计

贵州省毕节市金沙中学　欧欣煜

【学习情境与任务】

文学是一种重要的文化艺术形式，文学作品一般折射着人们对美好生活的向往与希冀。文学短评属于文学评论的范畴，是通过简要的文字与文学作品的情感思想进行对话的过程。写作文学短评，有利于学生梳理、积累个人的阅读经验，领悟创作、鉴赏的规律，提高文学审美能力。统编高中语文教材必修上册第三单元的写作课程目标就是"学写文学短评"。该单元的人文主题是"生命的诗意"，选文收录了不同时期、不同体式的八首诗词名作：曹操《短歌行》、陶渊明《归园田居（其一）》、李白《梦游天姥吟留别》、杜甫《登高》、白居易《琵琶行（并序）》、苏轼《念奴娇·赤壁怀古》、辛弃疾《永遇乐·京口北固亭怀古》、李清照《声声慢》。该单元旨在引导学生阅读并品鉴古典诗词的语言特征，感受、体验伟大诗人的独特情感，领悟、研讨不朽名作的艺术魅力。在此基础上，为了提升文学短评的深刻性、针对性、精当性等特征，我们还引导学生了解研究综述的基本特点和一般写法，以及诗歌、小说等文学表达的基本原则和写作规律，进而帮助学生更好地掌握分析文学作品的一般方法，习得文学短评写作的一般要求，实现思辨阅读与创意表达的双重功效。

【学习内容与目标】

1. 通过阅读相关研究文献，了解短评与文学短评的概念和内涵，能够区分评论与读后感、议论文之间的差异，积累与总结常见文学体裁的艺术特征或者表现手法等，懂得"因体而论"的写作原则。

2. 通过相关文学评论的深度阅读，梳理并归纳文学短评的基本特征，如以议为主、叙议结合、情理相融。掌握文学短评的一般写作技法，如从"小"处切入、视角新颖、深度挖掘等。

3. 通过对文学短评的修改、升格，学以致用，进行创意表达。在赏评文学作品的情感、形象、思想内涵、艺术特点的过程中，提升个性化的文本解读能力与思辨性的文学审美素养。

【学习任务与学习活动设计示意图】

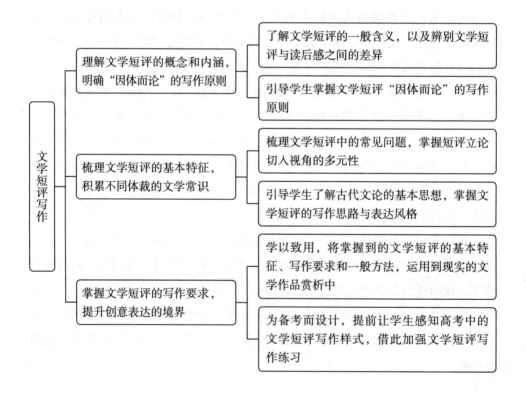

【学习活动设计】

一、理解文学短评的概念内涵，明确"因体而论"的写作原则

1. 短评的一般含义

灾难文学是一个十分具有研究价值的文学题材。灾难文学传达给我们的，不是灾难过程的简单记录和浅显的展览，也不是生糙的痛苦情感的一般宣泄。灾难文学体现了一种共同的意义指向——灾难意识。

——刘洋《灾难文学论》

2020年春节，……在抗击疫情的战斗中，广大文学工作者积极投入到这场没有硝烟的战争中，面对疫情带来的灾难，以文学为武器吹响了时代的号角，展示了灾难来临时期文学工作者的责任和担当，用文学展示社会风尚，记录时代风云，弘扬时代精神，取得了良好的社会效应。

——陈玉福《抗击疫情与文学创作》

结合材料，根据以上两段评论，请你就"短评"的一般含义进行阐释。200字以内。

提示：短评，顾名思义，"短"是指它篇幅短小，"评"是指在文体上属于议论文的范畴。它短小精悍，言简意赅，涉及的内容非常广泛，包括社会评论、文学评论、艺术评论。

2. 文学短评的基本含义

下表中的三段话，是不同读者对茅盾文学奖获奖者、70后代表作家徐则臣最新力作《北上》所做的简评，根据你所知道的文学短评知识，你觉得下面哪一段是短评？哪一段是读后感？说说你的判断理由。然后请就文学短评的一般含义进行阐释（200字以内）以及就短评与文学短评之间的区别和联系做简要概括。

文　章	点　评
《徐则臣新作〈北上〉：在关于一条大河的故事里，阅读我们的民族与文化》，摘自凤凰网2019-01-21	这部小说阔大开展，气韵沉雄，以历史与当下两条线索，讲述了发生在京杭大运河之上几个家族之间的百年"秘史"。"北"是地理之北，亦是文脉、精神之北。大水汤汤，溯流北上，该小说力图跨越运河的历史时空，探究普通中国人与中国的关系、知识分子与中国的关系、中国与世界的关系，探讨大运河对于中国政治、经济、地理、文化，以及世道人心变迁的重要影响，书写出一百年来大运河的精神图谱和一个民族的旧邦新命
徐勇：《物的关系美学与"主体间性"——徐则臣〈北上〉论》，摘自《南方文坛》2019年3期	这部小说，它不仅仅是"民族秘史"，它更象征一种"人类共同体"：在这条河上发生的故事，不仅是不同国家的人之间的故事，更是作为"人"的存在形态的故事。在某个关键点上，比如说1900年"义和团运动"和"八国联军入侵中国"这样的时刻，国族身份具有其浓烈的政治内涵，但就是这样的时刻，国族性及其区分也只是相对的，就像马福德和如玉的关系，他们是两个国家的青年男女的关系，更是超越国族意义上的爱情关系。他们之间的爱，具有超越民族国家的意义，所以马福德最后会为了如玉，而与日本人同归于尽
《徐则臣〈北上〉：大水汤汤，溯流北上》，摘自澎湃新闻2019-01-17	这部小说，情节上呈现出一种焰火结构。焰火在空中炸开之后的形态是具有整体性的，同时也是发散性的，有无数光点散在夜空，在小说里面爆发的这一瞬，其实是有迹可寻的，很具体，就是小波罗死在船上的那一个瞬间。在那时候，他把自己随身带的东西分发出去，每个人领到一个礼物，这个情节细节变成整部小说后面那么多人物、那么多故事线头最终得以接续起来的核心关节。比如孙过程，他拿到的是相机，他的后代再次将镜头对准运河上的人和事。邵常来得到罗盘，他的后辈就是跑船的

提示：文学短评是文学评论的一个分支，主要以具体的文学作品为评论对象，并对对象的某一点进行深入品析和阐发，进而得出某个评论性观点。文学短评是对作家、作品和其他文学现象进行评论且篇幅相对短小的一类文章，主要是评论作家创作的得失，分析作品的思想内容、艺术特色等。

3."因体而论"的评论原则

（1）统编语文教材高一上册第一单元"青春咏怀"收录了《百合花》和《哦，香雪》两篇文章，前者描写的是战争年代一名革命军人的牺牲，后者描写了改革开放初期山村少女对现代生活的向往。两篇小说的时代背景、主题思

想、表现手法等都有很大不同。请结合自己的阅读感受，选择一个角度，对两部作品进行简要点评。（要求：300字左右）

（2）本单元"生命的诗意"收录了八首不同时期、不同体式的优秀古诗词，每篇作品都具有深刻的思想意蕴和独特的艺术匠心。如曹操的《短歌行》运用比兴手法和典故表述兴志，陶渊明的《归园田居》用白描手法呈现日常生活，李白的《梦游天姥吟留别》用瑰丽奇特的想象表现心中梦境，等等。请从本单元中任选一首诗词，就自己感触最深的一点进行深入思考，然后作简要点评。（要求：300字左右）

（3）第一个任务是小说文体，大家在点评时，切入的角度以及运用的概念术语主要有哪些？第二个任务是诗歌文体，大家在点评时，切入的角度以及运用的概念术语主要又有哪些？都是文学短评，为何两者存在以上区别和差异？对此，你有何心得体会？请结合个人的学习体验简要谈谈自己的看法。

设计说明：

该部分设计旨在引导学生了解"短评"与"文学短评"的一般含义，"文学评论"与"读后感"之间的差异，以及文学短评"因体而论"的写作原则。在设计上，尽可能以当前学生们比较关心的时事和学生们比较熟悉的材料基础借组织开展教学活动，在保障学生可以"跳一跳够得着"的理念基础上，尽力地调动学生解决问题的兴趣，激发学生参与任务的激情。

二、梳理文学短评的基本特征，积累不同体裁的文学常识

1.《琵琶行》是我国古代诗歌中的经典杰作，历来对它的评赏文章不计其数，下面截取四段短评，请从批判的角度看看其中存在的问题。

第一段：大弦声音沉重抑扬如暴风骤雨，小弦细促轻幽、急切细碎，如人窃窃私语。嘈嘈声切切声互为交错地弹奏，就像大大小小的珍珠一颗颗掉落玉盘。一会儿像黄鹂在花下啼鸣婉转流利，一会儿又像泉水在冰下流动滞涩不畅。好像水泉冷涩琵琶声开始凝结，凝结而不通畅声音也渐渐地中断。像另有一种愁思幽恨暗暗滋生，此时声音暂歇却比有声更动人。

第二段："凄凄不似向前声，满座重闻皆掩泣"，不幸者的沦落之情全融进音乐之中，所以声声扣人心扉，更加"凄凄"感人。听者已不是"悄无言"，而是"皆掩泣"，表达了"满座"之人对琵琶女的深切同情。

第三段：该诗主要描写了诗人一次偶然机会在江边遇到了一个身世可怜的

琵琶女，然后邀请她弹唱一曲，琵琶女借曲声叙述自身遭遇与内心情感，诗人白居易感同身受，最后不禁呼出那句千古名句："同是天涯沦落人，相逢何必曾相识。"

第四段：该诗是一首长篇叙事诗，主要是围绕琵琶女的人生境遇展开故事的。其中，曲折多变的情节，使琵琶女富于戏剧性的遭遇得到突出表现，她的琵琶绝技也得到了细致的描绘；而作者的心情和感慨也能淋漓尽致地表达出来。尤其是文章后半部分，诗人自叹经历，处处以环境衬托自身的感慨，充分描写了漂流沦落的悲切之情。最后情景交融，很自然地推出两个艺术形象都有怀才不遇、沦落天涯的感慨的结论。

设计说明：

该活动旨在引导学生辨别文学评论中的一些常见问题，如四段点评依次出现的问题是：重复内容导致"有内容但无评论"，曲解文意导致"错误或有偏颇的评论"，蜻蜓点水导致"流于表面解释，缺乏深刻解读"，过于零散导致"评论没有聚焦"。以《琵琶行》这篇学习过的文本为例，有利于学生更好地窥探文学短评的常见问题，进而为后续的总结活动打好基础。

2. 下面都是前人评论我国古典名著的片段，请同学们分别说说它们是从哪个角度进行评价的，从中有何收获。

（1）在鲁达打店小二一段描写上面，金圣叹批道："一路鲁达文中，皆用'只一掌''只一拳''只一脚'，写鲁达阔绰，打人亦打得阔绰。"

（2）写宋江在浔阳江遇险，金圣叹有一段批语："此篇节节生奇，层层追险。节节生奇，奇不尽不止；层层追险，险不绝必追。"

（3）毛宗岗评点《三国演义》："文有正衬反衬。写鲁肃老实，以衬孔明之乖巧，是反衬也。写周瑜乖巧，以衬孔明之加倍乖巧，是正衬也。"

（4）鲁迅："《水浒传》里的一句'那雪正下得紧'，就是接近现在大众语的说法，比'大雪纷飞'多两个字，但那'神韵'却好得远了。"

设计说明：

以耳熟能详的古典名著为例，引导学生思考文学短评切入视角的多元性，如以上四段短评分别从"人物""情节""手法""环境""炼字"等角度进行评论。与此同时，还可以在此基础上引导学生体会"点"与"面"的关系，即重点思考这种赏评视角之于理解整个文本有何具体作用。学生在批判性地反思短评的过程中，其实也在仔细体会文学短评的相关写作要求。

3. 根据下面两段文学短评，请学生总结文学短评在写作逻辑和表达风格上有何特点？

（1）"通感"又称"统觉"或者"感觉挪移"，是指不同感官之间的联系运用。如"嘈嘈切切错杂弹，大珠小珠落玉盘"这句诗，作者为了表现"嘈嘈切切错杂弹"的声音效果，巧妙地利用了视觉中的可视物"大珠""小珠"，让"珠子落盘"的声音来对应"嘈嘈切切"的声响效果，可谓神来之笔，匠心独运地表达出内心对音乐（琵琶声）的感受。

（2）长期以来，评论者对李白《梦游天姥吟留别》一诗"梦境"的阐释，不外乎是说诗人憎恨封建社会的现实，追求自由、理想的乐土。例如……凡此种种，不一而足，都认为梦中之景，是诗人追求和向往的自由、理想的世界。笔者认为，上述对李白《梦游天姥吟留别》中"梦境"的理解，或昧于言外之主旨，或遗其篇中之大义，未能切中肯綮，实有重新探讨之必要。其一，笔者认为，评价一首诗的思想内容，应紧密地结合作者的生活经历来考察……其二，从诗歌描写的梦中景物的本身来看……其三……综上所述，李白的这首《梦游天姥吟留别》，不应归为一般的游仙或记梦诗一类，而是诗人托梦以记事，记事以显志，借梦游之遭际，写人生之不幸，是诗人第二次出入长安的真实写照。诗中的"梦幻世界"也并非"自由的、理想的乐土"，而是诗人一年多来心颜不开的翰林生活实录。诗人借鉴了古代屈原诗歌的"比兴"手法，以梦境反映现实，借天上影射人间。那么，对于"梦境"，诗人是追求、向往，还是惊惧、鄙弃，也就一目了然了！

——吴泓《是追求、向往，还是惊惧、鄙弃？——关于〈梦游天姥吟留别〉诗中"梦境"》

设计说明：

该活动设计旨在引导学生掌握文学短评的一般写作思路与表达风格。文学短评一般是"总—分—总"的结构，表达风格上主要是以议论为主，兼及叙述。其中"叙"要精当，"论"要有据。对《梦游天姥吟留别》中"梦境"的阐论，既让学生了解了短评的常用结构，又让学生体会了叙议结合的表达风格，其中还能感受到对所论问题的研究综述，只有在充分掌握和理解所论问题的基础上，我们的评论才能客观、准确、严谨、专业！

4. 下面是传统有代表性的诗评观点，请同学们阐释其大意，并凝练其观点。

钟嵘《诗品》：曹公古直，甚有悲凉之句。

司空图《二十四诗品》：不着一字，尽得风流。

严羽《沧浪诗话》：太白有一二妙处，子美不能道；子美有一二妙处，太白不能作。子美不能为太白之飘逸。太白不能为子美之沉郁。

王夫之《姜斋诗话》：以乐景写哀，以哀景写乐，一倍增其哀乐。

王国维《人间词话》：有我之境，以我观物，故物皆着我之色彩；无我之境，以物观物，故不知何者为我，何者为物。

5. 阅读尤西林《走向"评"—"论"相融共生的文学评论》、刘真福《文学鉴赏方法举隅》等文献，结合传统诗评观点和前期所学内容，尝试总结文学短评的基本特征，梳理文学短评写作的一般要求，完成下表。先独立思考，然后小组合作，最后师生交流明确。

文学短评	总　结
基本特征	
写作要求	

提示：文学短评的立论角度有主题思想、形象、构思、语言、艺术手法（如表达方式、表现手法、叙述方式、描写对象、描写技巧等）等。

设计说明：

以上两个活动设计旨在引导学生了解古代文论的基本思想，并在此基础上进行交流探讨，梳理与总结文学鉴赏或文学短评的基本特点与写作要求。这也是课堂学习中检验学生对所学内容掌握情况的两个活动，重在对"学"的指导与促进，同时为后续活动的开展打好基础。

三、掌握文学短评的写作要求，提升创意表达的情理境界

1. 对一篇习作的评价

韶光驰隙，原以为前方会有设想过千万遍的溪水长流。却不承想，那只是暴风雨前的宁静，丈夫的离去，引起了词人开头的"寻寻觅觅，冷冷清清，凄凄惨惨戚戚"。

我寻寻觅觅着丈夫的身影，猛然回头，却发现只有冷冷清清的厅堂，一宵海棠零落尽，从此清秋再无人，剩下的大概只有我心中的凄凄惨惨戚戚了吧。

词人用的十四叠字，虽无一"愁"字，却无不言"愁"绵长的叠字，将她的"愁"不断延伸。岁月蹉跎，故人已长逝，早已是几年踪迹几年心，而红颜白发，刹那芳华，独留一人，情何以堪。若词人舍去这叠词的用法，变成"寻觅，冷清、凄惨戚"的话，哪里还会有"期待是最漫长的绝望"。爱不可说，忆不可说，愁不可说，痛不可说，只能用这不断重复的叠字表达心中所感。

烟波渺渺梦几度，良辰美景虚无数。

待到秋时花开尽，暮雨相思离人误。

——宁波中学学生王子塈《评〈声声慢〉的开头叠字》

李清照的《声声慢》是我们在本单元学习过的一首情感充沛的宋词，上面是一位高中生的评论，请同学们阅读并思考：该短评最出色之处在于什么地方？该短评是立足于叠词产生的什么效果进行点评的？该短评中采用了何种论证方法？

2. 对一篇范文的反思

此十四字之妙：妙在叠字，一也；妙在有层次，二也；妙在曲尽思妇之情，三也。

良人既已行矣，而心似有未信其即去者，用以"寻寻"；寻寻之未见也，而心似仍有未信其便去者，用又"觅觅"；觅者，寻而又细察之也。觅觅之终未有得，是良人真个去矣，闺阁之内，渐以"冷冷"；冷冷，外也，非内也。继而"清清"，清清，内也，非复外矣。又继之以"凄凄"，冷清渐甚而凝于心。又继之以"惨惨"，凝于心而心不堪任。故终之以"戚戚"也，则肠痛心碎，伏枕而泣矣。似此步步写来，自疑而信，由浅入深，何等层次，几多细腻！

不然，将求叠字之巧，必贻堆砌之讥（贻讥：招致讥责），一涉堆砌，则叠字不足云巧矣。故觅觅不可改在寻寻之上，冷冷不可移植清清之下，而戚戚又必居最末也。

且也，此等心情，惟女儿能有之，此等笔墨，惟女儿能出之。设使其征人为女，居者为男，吾知其破题儿便已确信伊人之不在途也，当无寻寻觅觅之事，男儿之心粗故也。

——傅庚生《中国文学欣赏举隅》

就傅庚生先生对李清照《声声慢》开头叠字的短评，请同学们从表达方式、行文构思、思考向度、论证方式等角度与习作进行比较，尝试总结其优点，或者指出其不足。

设计说明：

以上三个活动是承接第二部分最后两个活动而设计的。该活动设计着重参考了孙瑾《含英咀华妙笔生花——"文学短评"写作指导教学课例》一文，特予以说明。该部分活动旨在引导学生"学以致用"，将掌握的文学短评的基本特征、写作要求和一般方法运用到现实的文学作品赏析中。通过"习作"与"范文"的两相比较，有利于进一步引发学生思考文学短评中的常见问题，进而完善相关知识体系。

【参考资料】

1. 设计之前，先让学生完成任务单，然后据此了解学生对文学短评写作存在的认知偏差，如"以叙代议""面面俱到""缺乏情智"等。然后有针对性地调整教学方案，进一步优化学习活动设计。（参考石莉《披文以入情，由情而入理——浅谈文学短评写作指导》一文）

文学短评写作准备任务单

一、通过本单元的学习，我对作品_____中的_____问题产生了较为浓厚的兴趣。
二、我之所以关注此问题是因为（请分条陈述原因）：
三、我计划按照以下步骤来论述这一问题（请列出写作纲要）：
四、为证明我所要论述的观点，我通过查询、搜索，收集了以下资料作为论据（请注明论据出处）：

---

2. 相关阅读材料：《普通高中教科书·语文（必修上册）》（人民教育出版社2020年版）、尤西林《走向"评"—"论"相融共生的文学评论》[《西安交通大学学报（社会科学版）》2017年5期]、刘真福《文学鉴赏方法举隅》（《课程·教材·教法》2007年8期）等。

唇枪舌剑辩英雄

——"思辨性阅读与表达"辩论活动设计

贵州省毕节市第一中学　赵韵如

【学习情境与任务】

近年来，以互联网为载体的各种语言类娱乐节目蓬勃发展，如《奇葩说》《超级演说家》等节目受到了年轻一代的广泛关注。高中生正处于德智体美劳全面发展的重要阶段，他们有着强烈的表达欲望，想要获得他人的尊重与认同。辩论的赛场正是一个展示自己的舞台。《普通高中语文课程标准（2017年版）》将学生的学习任务划分为不同的任务群，在"思辨性阅读与表达"任务群中明确提出，"围绕感兴趣的话题开展讨论和辩论，能理性、有条理地表达自己的观点，平等商讨，有针对性、有风度、有礼貌地进行辩驳"。这就需要在日常训练中锻炼学生的逻辑思维，在实战演练中提高学生的表达能力，在总结反思中形成学生的理性思维。

【学习内容与目标】

1. 阅读与鉴赏。阅读《简单的逻辑学》《深度说服》，观看"国际大专辩论赛"视频，结合教师课堂讲解，掌握辩论的方法与技巧，学习辩论的基本礼仪。

2. 表达与交流。根据已经获得的辩论技巧，围绕"时势造英雄"还是"英雄造时势"准备驳立论观点及相关资料，撰写发言稿，组织辩论活动。让学生在真实的辩论环境中学习表达和阐发自己的观点，做到有理有据、以理服人。

3. 评价与反思。通过问卷发布辩论比赛评价表，选出最佳团队和最佳辩手，组织学生讨论、评价辩论赛中各位辩手的表现，总结经验教训。学生课后以本场比赛的题目为主题，任选正反方观点写一篇议论文。

【学习活动概述】

活动围绕如何组织一场高质量的辩论赛展开。通过阅读和观看文字、视频资料，让学生掌握基本的逻辑知识和辩论礼仪，再将理论运用到辩论赛的实践中。以赛前的培训准备、赛中的激烈对决和赛后的总结提升三个环节，发展学生实证、推理、批判与发现的能力，增强学生思维的深刻性、敏捷性、灵活性和批判性，使学生获得逻辑思维和辩证思维的发展。辩论结束后，结合辩论比赛评价表整理本场比赛各方经验教训，让全班同学都参与其中，在辩手们的观点中形成自己的立场和观点。

【学习资源】

1.《辩论》（人教版必修四教材表达交流部分）

2.《简单的逻辑学》（麦克伦尼，中国人民大学出版社）

3.《深度说服》（梁秋阳，江苏凤凰文艺出版社）

4."国际大专辩论赛"视频

5.梳理15种常见的逻辑错误。

（1）诉诸结果。

依据某观点若成立（或不成立）所产生的结果好坏，来判断一个观点是否正确。

例如：若上帝不存在，人们便能为所欲为。（即使一个纯物质的世界的确会带来显而易见的可怕后果，也不能说明上帝的存在。）

（2）稻草人谬误。

有意滑稽地重复他人观点，以达到攻击模仿出来的论点而非实际论点的目的。

例如：反对达尔文提出的人类是从黑猩猩变来的观点。（人类和黑猩猩在数百万年前拥有共同的祖先。歪曲观点比驳斥证据要容易。）

（3）诉诸无关权威。

a.诉诸古代智慧，仅因为其起源古老就认为是正确的。

b. 诉诸模糊权威。例如：某某专家表示。

c. 某种观念仅仅是一种偏好。例如：几个世纪之前人们每晚能睡够9小时，现代人睡眠时间不够。（过去这么做，无法证明今天也需要这么做。）

（4）词义模糊。

语言歧义，在论证过程中通过改变词义来支持一个无事实根据的结论。

例如：你几乎在任何事上都敢冒风险；投资、交友、订婚，怎么还能反对信仰？

（5）虚假两难。

给出一个由两种范畴组成的有限集合，并假设讨论范围内的一切事物都必须属于该集合。若拒绝其中一个范畴，便只好接受另一个。

（6）乱赋因果。

在没有证据支持的情况下为一个事件假定一项原因。事件B紧跟着事件A发生，可能有关系，可能是巧合，也可能是被其他事件影响。

a. 后此即因此。

例如：1967年我画了一张机器人图，《星球大战》就拍出来了。

b. 伴此即因此。

例如：一国消费和获得的人数高度相关但不代表多吃、多得。

（7）诉诸恐惧。

利用听众的恐惧，设想某命题若被接受将产生一个可怕的结果，而不是提供实证以证明接受该命题将导致一个必然的结果。

例如：A说，你们都选我，如果B上任，会加税且失业率会上升。

（8）轻率归纳。

从样本中得出结论，但该样本太小，或太特殊，缺乏代表性。

例如：在大街上找10个人，问其对总统削减赤字的看法以代表整个国家。

（9）诉诸无知。

没有证据证明某命题是假的，就认为其为真。

例如："无法想象真的有人曾经登录月球，这件事一定是假的。"

（10）起源谬误。

仅仅因为某观点的起源就贬低或者维护它。

例如：他当然会支持那些罢工的人，因为他们都是一个村子的。（这里我们评估的不是这种观点本身是否合理，而是因为其和抗议者来自一个村庄，就认为这种观点本身没有价值。）

（11）罪恶关联。

通过指出某个被社会妖魔化的个人或者群体也认同某观点，以诋毁该观点。

例如：我的对手提倡一种与轴心国的医疗保健系统类似的系统。（这是不可接受的。该系统与轴心国的同类系统类似，对其是好还是坏没有影响。）

（12）诉诸虚伪（潜台词：你也做过，你虚伪）。

通过指出某人的观点与其本人的行为或以往陈述相矛盾来反驳该观点。用指控来回答指控，把注意力从观点本身转移到提出观点的人的身上，是"特别的人身攻击"。

例如：抗议者声称反对物质享受，却在继续使用智能手机并购买咖啡。

（13）滑坡谬误。

接受某命题将无可避免地导致一系列事件，且其中的一个或者多个事件是不受欢迎的，以此来诋毁该命题。

例如：我们不该允许人们不受约束地上网，因为接下来他们会经常光顾色情网站，用不了多久，我们社会的道德结构会土崩瓦解。（毫无根据地猜想；预先假设）

（14）诉诸潮流（诉诸大众）。

以许多人（甚至是大多数人）均相信某命题的事实为依据，来证明该命题一定是真的。其常常阻碍开创性理念被普遍接受。

例如：大家都在用！你也快来买吧！

（15）人身攻击。

通过攻击一个人本身，而不是攻击其论点，以转移讨论话题，最终达到诋毁其论点的目的。

a. 侮辱性人身攻击。

例如：你又不是历史学家，你说的没有价值。

b. 处境类人身攻击（从其动机）。

例如：你又不是真正关心降低犯罪率，你只是想要人们给你投票。（即使某人将因他人接受其论点而受益，也不意味着他一定是错的。）

【学习任务与学习活动示意图】

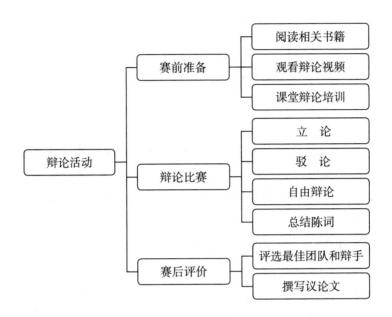

【学习活动设计】

一、学习辩论知识，进行赛前培训

1. 阅读《简单的逻辑学》《深度说服》，学习基本的逻辑知识和辩论技巧，利用晚自习时间观看"国际大专辩论赛"视频，结合教师课堂上的梳理点拨，学习辩论的基本礼仪。

设计说明：

让学生阅读与辩论相关的书籍，能让学生对辩论有一个规范的了解，而不是将辩论当作所谓的"两边吵架"。通过观看视频，能激发学生的学习兴趣，让学生领略名家风采。当学生有了一定的知识性积累时，教师在课堂上再进行针对性讲解，规范本次辩论赛的具体流程，讲解辩论赛的基本礼仪，包括入场、赛中、结束时的语言行为规范，让学生能够做到有风度、有礼貌地进行辩驳。

2. 以小组为单位进行初步选拔，在小组讨论中由学生自己选出本组语言表达能力较强的同学，分成正反方，每方四位同学，再由组员自己选出队长，确定队名和队伍口号，开始准备辩论资料。

设计说明：

让学生在讨论中发现自己的爱好和特长，并不是所有的学生都喜欢辩论，通过选出队长，确定队名、口号等方式，可以激发学生的创造力，提高团队的凝聚力。

3. 双方由队长组织赛前准备工作，通过撰写立论陈词，分析、解构辩题，收集、检索资料，进行模拟辩论等赛前训练。

设计说明：

辩论者，亦分辩者和论者。辩者"辨"也，分析求证；论者"讲"也，说明论证。辩论的前期准备工作主要在"辨"，区别、辨别、分析求证，再者"论"，以己之言，驳倒对方。需要在前期做大量的准备工作，才能在赛场上运筹帷幄，谈笑风生。

二、唇枪舌剑，组织班级辩论比赛

1. 立论阶段

（1）正方一辩开篇立论，限时3分钟。

（2）反方一辩开篇立论，限时3分钟。

2. 驳立论阶段

（1）反方二辩驳对方立论，限时2分钟。

（2）正方二辩驳对方立论，限时2分钟。

3. 质辩环节

（1）正方三辩提问反方一个问题，反方任一辩手应答。提问时间不得超过30秒，回答时间不得超过1分30秒。

（2）反方三辩提问正方一个问题，正方任一辩手应答。提问时间不得超过30秒，回答时间不得超过1分30秒。

（3）正方三辩质辩小结，限时1分30秒。

（4）反方三辩质辩小结，限时1分30秒。

4. 自由辩论

自由辩论时间为8分钟，先由正方开始，双方每次一人轮流发言，不可由同一方连续发言，每方分别计时4分钟。在自由辩论中，每一位辩手的发言次序、次数不受限制；发言辩手落座视为发言结束，即为另一方开始的时间标志，另一方辩手必须紧接着发言；若有间隙，时间照常累计。

5.总结陈词

（1）反方四辩总结陈词，限时3分钟。

（2）正方四辩总结陈词，限时3分钟。

设计说明：

学习辩论可以增强思维逻辑能力和应变能力。在完整、正式的比赛过程中，培养相互协作、相互尊重的品质。不仅台上的辩手能对问题有正确的认识、更深刻的思考，也能对台下观众有所启迪，有助于学生与他人更好地沟通交流。

三、评选最佳团队、辩手

比赛结束后，利用"问卷星"软件统计观众投票，评选最佳团队和辩手。

辩论评价表

团体部分

第1题：对辩题的理解和论述能在广度上展开，在深度上推进，整个辩论过程条理清晰，给人层层递进之感。［单选题］

A. 正方　　　　　　　　　　B. 反方

第2题：语言流畅，论据充分且有说服力，事实引用得当，推理过程明晰且合乎逻辑，说理透彻。［单选题］

A. 正方　　　　　　　　　　B. 反方

第3题：有团队精神，队友之间能相互支持；论辩衔接流畅，方向统一，攻守兼备。［单选题］

A. 正方　　　　　　　　　　B. 反方

第4题：语言流畅，富有感染力，在辩论过程中能尊重观众、尊重对手，精神面貌良好，体现出很好的团队风格与气度。［单选题］

A. 正方　　　　　　　　　　B. 反方

第5题：你选出你认为具有说服力的一方。［单选题］

A. 正方　　　　　　　　　　B. 反方

个人部分

第6题：语言表达部分：陈词是否流畅，用词是否准确，引述资料是否充实恰当。［正反方各选一位］

第7题：逻辑推理部分：逻辑性是否强，语言是否具有层次性与条理性。［正反方各选一位］

第8题：辩驳能力部分：反应敏捷，提问简明扼要，能迅速抓住对方观点及失误，切中要害，反驳有理有据。［正反方各选一位］

第9题：辩论风度部分：表情自然，落落大方，能尊重对方辩友、评委和观众，风度优雅，幽默洒脱。［正反方各选一位］

第10题：请综合全场，选出每队的最佳辩手。［正反方各选一位］

【标准评价】

1. 辩手代表交流汇报双方在辩论过程中的准备策略，发表比赛感受。观赛同学亦围绕评价表点评指出双方辩论活动中的亮点和不足。教师最后对辩论中的基本能力和要求进行归纳总结。

设计说明：总结补充的目的是要在评价中提出意见和获得经验，使知识系统完善。通过辩论活动，能够发展学生的批判性思维，锻炼敏捷、流畅、简明的口头表达力。同时，更要学会倾听他人的观点，才能形成良好的思辨氛围，提高理性思维水平。

2. 围绕本次辩论主题，任选一方观点，写一篇议论文，不少于800字。

设计说明：

思辨性的表达不仅仅体现在口头的表述上，更要形成文字，引发学生深入思考。在有趣热闹的活动结束之后，让学生沉静下来，用批判性思维对整场比赛的观点进行梳理，学习辩论过程中的论证方法，学会质疑他人的观点，对辩题进行多元解读。以文本的形式阐述和论证自己的观点，再次训练了学生的语言表达能力，同时也丰富了他们对现实生活的理解和感受。

让演讲在理性的思辨中熠熠生辉

——"思辨性阅读与表达"演讲活动设计

贵州省织金县第一中学 杨鸿妃

【学习情境与任务】

演讲一直是交流、互动的重要工具之一，时至今日许多人都是通过演讲来传递思想的。演讲本身其实就是提升思辨能力、丰富情感的过程，在准备演讲的过程中，学生通过查阅相关资料，在获取信息的基础上满足好奇心。演讲还可以提升自身的自信心，在结合听众不同态度的基础上对材料进行甄别。因此，在高中语文教学中引入演讲活动，能够更好地培养学生的思辨能力，为学生的未来发展奠定基础。

在部编版高中语文教材必修上册的第三单元就编入了《在马克思墓前的讲话》《就任北京大学校长之演说》两篇演讲词，这两篇演讲词各有特色，学生通过分析这两篇演讲词，理解演讲的精髓，并学以致用。同时，学习该单元最主要的目的是感受时代先锋人物的责任感与使命感，引发当代青年应该具有怎样的抱负、承担怎样的使命的思考。所以本活动设计拟以"责任与使命"为主题展开。

【学习内容与目标】

1. 能够正确运用演讲技巧、借助相关素材阐述与论证自己的观点。

2. 能够通过活动进行听、说、读、写的训练，提升思辨阅读与表达的能力。

3. 能够感受时代先锋人物的责任感与使命感，能就当代青年"责任与使命"提出自己深刻的见地。

【学习资源】

在开设语文演讲活动的初期阶段，教师要借助多媒体给学生展示与演讲相关的材料，充实课堂教学内容，如可以给学生展示名人演讲视频或是竞赛演讲等，以此来激发学生参与演讲活动的积极性，在锻炼学生分析、探究能力的基础上使其理解演讲的精髓，进一步培养学生的思辨能力。通过给学生展示适合的视频资料，加深学生的学习印象。在完成视频展示后，教师还要及时组织学生对视频中的精彩部分进行分析，在列举其特点的基础上明确演讲要点。通过引入具体的内容能够丰富学生的思想认识，同时也可以让学生在脑海中形成生动的画面，在师生共同分析与评价中掌握演讲方法。在后续练习中可以鼓励学生使用这一方法，实现学以致用的目标。"通过观看与分析，不仅可以帮助学生掌握演讲技巧，还可以锻炼学生的综合能力，使其在不断尝试与创新中提升自身的演讲能力。"

1. 学习《就任北京大学校长之演说》，提炼演讲的特点。

2. 学生自主学习部编高中语文教材第三单元的其他课文，收集时代先锋人物的素材；小组合作，课外收集其他时代先锋人物的素材。

3. 观看《超级演说家》相关视频，学习演讲技巧。

4. 将收集到的素材进行整理加工，写一篇以"当代青年的责任与使命"为主题的演讲稿，演讲时间在3分钟之内。

5. 准备时间：一课时。

【学习活动设计】

第一课时（方法学习）

（一）引入课堂

导入《烛之武退秦师》的论辩艺术，引出刘勰的"一言之辩，重于九鼎之宝；三寸之舌，强于百万之师"，提出思辨表达的重要性，表明演讲活动能够更好地培养我们的思辨表达能力。我们该如何进行思辨演讲？就让我们一起从这堂课中寻找答案吧。

（二）学习领悟

1. 请同学们谈谈自己对演讲词的理解。

你认为一篇优秀的演讲词应该具备哪些特点？

2. 自主学习《就任北京大学校长之演说》，提炼演讲词的特点。

语言生动、精彩，有感染力；有针对性；观点明确，逻辑性强。

3. 学习《在马克思墓前的讲话》与《就任北京大学校长之演说》，思考：马克思的责任与使命是什么？蔡元培对当代青年有哪些要求？你对当代青年的"责任与使命"有什么看法？

设计说明：

确定演讲主题后，教师要组织学生对需要进行演讲的话题进行学习与探讨，通过倾听别人的观点来丰富自己的演讲素材，教师要及时对学生的观点给予合理性的建议与评价，这一环节的设计不仅可以锻炼学生对知识的理解与分析能力，同时也可以调动学生参与的积极性，提升学生的思辨能力。

可以引导学生借助"曼陀罗思考法"对这一主题进行思考、提问，从而理清自己的思路。

我们的责任与使命还可能是什么	如果我们一生都没有责任与使命，会怎么样	如果一个国家、民族没有责任与使命会怎么样
我们的责任与使命是什么	责任与使命	我们该怎样履行责任与使命
为什么要有责任与使命	什么是责任与使命	

1. 如何写作演讲稿（同样借助"曼陀罗思考法"学习演讲稿的写作）

演讲稿的结构	怎样写演讲稿	演讲稿的要求
演讲稿的特点是什么	演讲稿	演讲稿的注意事项
写作演讲稿的目的是什么	什么是演讲稿	如何将演讲稿付诸实践

↓

安排结构	写稿（观点鲜明、扣合现实）	修 改
拟写标题	怎样写演讲稿	
收集材料、选择材料	明确主题	

2.素材准备

（1）课内素材收集：阅读课文《喜看稻菽千重浪——记首届国家最高科技奖获得者袁隆平》《"探界者"钟扬》。

（2）小组合作课外素材收集，分享交流。

疫情期间最美逆行者、凉山火灾消防员、精准扶贫第一驻村书记等。

（3）提炼素材，选择符合自己观点的素材。

（4）演讲时应该运用什么样的方法？观看《超级演说家》中刘媛媛《寒门贵子》的演讲视频，引导学生总结出演讲的方法与技巧。

一次精彩的演讲，不单是指演讲的内容，还包括语速的控制、情感的表达、肢体动作的使用。

设计说明：

准备演讲内容是培养学生思辨能力的重要阶段。所以在确定好演讲主题后要及时组织学生对相关资料进行收集，在具体分析与评价的基础上进行全面研究，逐渐形成自己的观点，在提出具体论据的基础上满足逻辑推理要求，得出最终的结论。教师同时还要及时向学生讲述不同的演讲方法，帮助学生组织好演讲的内容，确保学生思路的清晰性。这一环节已经成了锻炼学生分析与推理能力的重要环节，让学生在不断地训练与互动中提升自身的思辨能力。

（5）结合你对当代青年的"责任与使命"的看法，借助素材，运用所学到的演讲稿写作方法写一篇演讲稿。

第二课时（大显身手）

学生是本次活动的主要策划人、参与者，所有的环节均由学生自主完成。

（一）引入活动

"时代呼唤担当，民族振兴是青年的责任。鲁迅先生说，青年'所多的是生力，遇见深林，可以劈成平地的，遇见旷野，可以栽种树木的，遇见沙漠，可以开掘井泉的。"这是习近平总书记在2019年纪念五四运动100周年大会上的讲话。他提出了我们这个时代青年的责任与担当。我们作为这个时代的青年，该有怎样的责任与使命？接下来，我们把课堂交给大家，你们说，我们听。

【评价标准】

主持人宣读演讲稿的评价标准和本次演讲的评分标准。

演讲稿评价表如下：

	项　目	得　分
1	主题明确，观点鲜明，见解独到，价值观取向正确	10
2	材料真实可信，概括性强，简明扼要，体现时代精神	10
3	材料与观点扣合紧密，问题分析透彻	15
4	论点、论据之间有较强的逻辑关系	15
5	构思巧妙，引人入胜，行文流畅	10

演讲稿评价表如下：

评价项目	评价细则
演讲内容（60分）	参见上表
语言表达（25分）	演讲者语言规范，吐字清晰，声音洪亮圆润。（10分）
	语速恰当，情感起伏得当，能流利熟练地表达演讲内容。（15分）
形象气质（5分）	演讲者形象气质良好，精神饱满，能较好地运用肢体语言、神态配合表达演讲内容。（5分）
会场效果（10分）	演讲具有较强的感染力、号召力，能够营造良好的演讲效果，演讲时间控制在5分钟之内。（10分）

（二）学生展示

略。

（三）学生互评

略。

（四）反思

语文教学中，演讲成为学生语言表达必不可缺的一项实践活动。在人教版（2003）高中语文教材中收录了梁实秋的《记梁任公先生的一次演讲》，在这篇文章中，学生可以透过文字感受到梁任公先生演讲的特点，感知梁任公先生在演讲时所展现出来的独具一格的魅力，这是值得学生学习和借鉴的。《就任北京大学校长之演说》又为演讲词的写作提供了范例，其鲜明的观点、严谨的结构，给予当代青年的谆谆教诲都体现得淋漓尽致。学生除了要在阅读中学习理解这些文本外，更重要的是要会学以致用，将演讲词的写作、如何演讲融入自己的实践中。学生不仅要读，还要会写、会讲，先读后讲，以读探究，以讲活动，以演讲的方式学习演讲是本活动设计的思路。

在"读"的教学过程中，教师要学会"放手"让学生主动探究，挖掘演讲的特点，以及演讲词的写作方法。在挖掘这些方法技巧时，教师还要恰当引导学生学习演讲内容，特别是作者合理运用材料的能力：材料该怎样筛选、提炼？该如何与观点扣合？材料的使用与观点的论证是否具备相应的逻辑关系？学生主动获得的效益将在下一步活动实践中得到完美呈现。

探究演讲知识，实践演讲活动，活动的开展为学生提供了切实可行的实践平台。学生是活动的策划人、参与者，活动的策划不仅能考查学生对演讲知识的掌握，还能激发学生全方位的思考能力，学生的大局意识也随之被"唤醒"。在"讲"的过程中，学生能更进一步加强对演讲词的理解与运用，同时还能锻炼学生的语言表达能力、应变能力与思维能力，学生的思维在演讲中变得更加严谨与深刻。

语文学习是理论知识的理解，而实践活动是将理论内化为能力的过程，唯有这样，学生的语文学习才显得更加立体，学生的思想才更加广阔，思辨表达能力才能得到提升与发展。

如何阐述自己的观点

——报纸社论文章"思辨性阅读与表达"专题学习活动

贵州省大方县实验高级中学　宋谋齐

【专题学习活动设计意图】

1.《高中语文必修教材（下册）》第一单元后的单元学习任务是"如何阐述自己的观点"，在教材中列举了阐述自己观点的方法和注意事项，但缺少必要的案例支撑。本专题学习活动设计补充了相应的案例，以便课堂教学活动得以有效开展。

2. 本专题学习活动的设计，通过补充学生的个人知识体系（报刊知识）和查阅权威报纸社论文章，培养学生"思辨性阅读与表达"的能力，提升和发展学生的"思维品质"。

3. 本专题学习活动设计共有五个板块：专题学习活动知识储备，报纸概述，社论文章，"思辨性阅读与表达"问题研讨，执教感言。

第一部分　专题学习活动知识储备

查阅教材第19～20页"如何阐述自己的观点"，简述以下内容：

1. 在梳理自己观点时，"想"要注意哪些事项；

2. 如何让他人明白自己要阐述的观点；

3. 在阐述自己的观点时，如何理性和对待他人观点；

4. 阐述自己的观点，有哪两种常见的结构。

第二部分　报纸概述

引文出处：百度.报纸［EB/OL］.百度百科.2020–03–10

请根据引文出处进行查阅，简述以下内容：

1. 报纸的概念；

2. 报纸的发展史；

3. 中国古代报业；

4. 报纸的内容特点；

5. 报纸的分类；

6. 报社的组织架构；

7. 报纸的职能。

第三部　分社论文章

引文出处：百度.社论［EB/OL］.百度百科.2020–03–10.

请根据引文出处进行查阅，简述以下内容：

1. 社论与评论员文章的区别

（1）社论。

（2）评论员文章。

2. 人民日报社论文章

人民日报"副刊20"，2020年12月22日，星期二。

网页文献：人民日报.面向未来，营造更美人居环境［EB/OL］.人民日报.2020–12–22.

网页地址：http：//www.ckxxbao.com/renminribao/335388_20.html

面向未来，营造更美人居环境

作者：崔愷（中国工程院院士）

党的十九届五中全会提出了2035年基本实现社会主义现代化的远景目标。其中，与人民生活息息相关的城乡建设领域有三大具体目标：一是基本实现新型城镇化；二是广泛形成绿色生产生活方式；三是城乡区域发展差距和居民生活水平差距显著缩小。秉持"创新、协调、绿色、开放、共享的新发展理念", 积极运用前沿科技最新成果, 人居环境的未来值得期待。

城市建设发力"存量提升"

2019年, 我国城镇化水平提高到约60%, 是国家经济发展和社会进步的重要标志。新发展阶段, 城市建设迈向"存量提升"。具体来说, 应当结合不同地区的不同需求, 在现有城市空间资源基础上去织补、更新与提升。需要保护的, 不仅是具有历史价值的"挂牌"文物保护建筑, 更是所有可以被改造利用的建筑。需要提升的, 不仅是少量单体建筑, 更包括整体街区品质; 不仅是实体建筑, 也包括建筑之间不同尺度、不同层级的外部公共空间品质; 不仅是地上空间, 也包括地下空间的综合开发与利用。

在城市交通和基础设施的升级改造上, 不仅要解决交通拥堵问题, 也要提升步行、慢行系统的体验感和便捷度; 不仅要大力发展城市间长距离的快速交通, 还应关注城市交通系统的接驳换乘; 不仅要提高集约式的城市水、暖、电系统的效率, 更要有机结合各地的不同特点, 发展分布式、多元化的基础设施配套系统。此外, 城市存量发展还需秉承韧性城市的发展理念, 守住城市安全底线, 提高城市防灾抗灾能力, 综合应对各种安全风险。

系统打造城市绿色生态

打造绿色生态环境是一个大的系统性问题。从城市层级来看, 可以从五个方向努力。其一, 增加总体绿量。这不仅指加大城市公园的建设, 还指重视社区绿地和房前屋后分散绿地的植树量, 同时鼓励市民参与阳台、屋顶和墙面等立体绿化的构建。其二, 疏解空间, 保证城市风廊、水系与外部自然生态系统的有机衔接。其三, 着力建设绿道和分布式的体育运动场地、设施, 发展健康运动的公共空间。其四, 推动城市清洁能源建设, 充分利用大面积的建筑屋顶资源, 普及太阳能光伏系统, 把"耗能"的城市转化成"产能"的城市。其五, 结合不同地方的特点, 因地制宜地制定绿色市政、绿色交通、绿色建设、绿色运维的全维度和全过程的管控标准。

从建筑层级来说, 一方面, 大力推广建筑节能技术; 另一方面, 秉承"实用、经济、绿色、美观"的建筑理念, 以节俭为设计策略, 以适宜技术为设计手段, 创造出环境友好型的人居环境, 做到"少扩张多省地、少人工多自然、少拆除多利用"。通过这"三少三多", 节省土地资源, 引导健康生活方式, 延长建筑使用寿命, 实现更全面和长久的节能环保。此外, 通过建筑布局的优化、建筑内部的用能分区、建筑开放空间的营造，也可以有效减少用能空间和用能时间。这不仅将系统提升建筑的节能性能，还可以让使用者拥有绿色健康生活，形成气候响应型的绿色建筑新风貌。

技术集成成就智慧建筑

近年来，智慧建筑显示出广阔的创新前景，越来越受到人们的关注。从建筑设计来说，三维建模、虚拟现实技术早已替代传统的二维体系，成为方案创作的重要工具。同时，三维信息模型工具对设计全过程的技术协同、造价控制、工艺流程，发挥着越来越重要的作用。气候参数、环境参数、日照参数进入模拟计算，则引导了建筑从布局到形态到空间组织的绿色设计走向。此外，参数化设计推动建筑形体和装饰面材向非线性化方向转变，形成新的建筑语言。从建造来说，"全现场施工"正在向"工厂生产、现场装配"方向发展，无人化的建造机已经出现，可有效减少人工和材料消耗，提高质量和速度。对于小型建筑和构筑物项目，新型胶性材料的应用推动了3D打印智慧化建造技术的迅猛发展。

网络信息技术已成为智慧建筑的标准配置，满足不断提升的工作、生活需求。各类设备设施技术数据的采集和协同，大大提升了运行效率，降低能源、资源消耗。建筑安全和防灾应急疏散的监测和警示系统，灯光调控、环境感应显示与建筑界面的一体化……诸多体验型智能技术让建筑"活"起来，成为"人—物"互动体验的智能建筑。目前，智慧建筑的基本理论和技术路线已经清晰，许多技术集成在实验室中已经实现，距离广泛应用于建筑工程指日可待。

绿色、智慧技术将全面推动"规划—建筑—技术—材料与产品研发"的全体系构建，形成"绿色、生态、宜居、智慧"建设新局面，为人类居住环境改善带来了光明前景！

第四部分 "思辨性阅读与表达"问题研讨

问题：

1. "面向未来，营造更美人居环境"主要针对的是什么？意图是否清楚，观点是否明确。

2. "面向未来，营造更美人居环境"要解决哪些问题？对其中的观点你是否能接受。

3."面向未来，营造更美人居环境"其观点形成的依据是什么？文章是从哪些方面进行阐述的。

4.请你设想或还原一下"面向未来，营造更美人居环境"一文写作的思维过程。（建议用思维导图形式呈现）

第五部分　课后任务

任务：

1.【查阅】人民日报"7评论"，2021年2月5日，星期五。

网页文献：人民日报.还用户清朗网络环境［EB/OL］.人民日报.2021-02-05

网页地址：http：//www.ckxxbao.com/renminribao/406228_7.html

文章标题：净化APP，还用户清朗网络环境/作者：杜鑫

2.通过对本专题学习活动的学习，在阐述自己观点方面，你学到了哪些思维方法，请选择一个话题或事件，阐述自己的观点，800字以上。

我手写我心，共叙故园情

——《家乡文化生活》专题活动设计

贵州省织金县第四中学　王　稳
贵州省织金县第一中学　杨鸿妃

【学习情境与任务】

　　"月是故乡明"是杜甫寄托于月的对家乡的愁思，"乡愁是一湾浅浅的海峡，我在这头，大陆在那头"是余光中对亲人、祖国浓浓的思念。家乡那一轮圆月承载着我们成长的记忆，那一弯流水流淌着我们逝去的岁月，那一块块红砖镌刻着我们生命的印痕，那里的一切都是我们情感和精神的重要依托。我们每个人都见证着家乡的发展、变迁，时代的年轮带来了家乡的物质变化，却带不走那里的文化精髓，为了保留家乡最美丽的风采，我们的学习以"我手写我心，共叙故园情"为主题，展开三个活动，即三个学习任务："把酒话桑麻"之家乡人事物访谈活动；"君自故乡来，应知故乡事"之家乡文化生活现状调查活动；"我对这土地爱得深沉"之参与家乡文化建设活动。

【学习内容与目标】

　　1. 通过查阅资料、实地考察、人物访谈等方式，了解家乡的人、事、物、历史、文化、习俗等，通过整理相关资料，整合访谈内容，记录家乡的人和事物。

　　2. 以小组为单位，确定家乡文化生活现状的调查主题，通过访谈、考察等方式了解家乡的文化生活现状，并形成调查报告、演示文稿等成果。

3. 在家乡文化生活现状调查的基础上，借助专业研究，对丰富家乡的文化生活提出切实可行的发展建议。

【学习活动概述】

围绕"我手写我心，共叙故园情"这个主题，设计了三个学习任务。每个任务都是语文核心素养的显性体现，访谈、调查对应语言建构与运用，整理资料，形成成果对应思维发展与提升，记录家乡人和事物，对家乡提出建议对应文化传承与理解。"把酒话桑麻"之家乡人事物访谈活动以及"君自故乡来，应知故乡事"之家乡文化生活现状调查活动，在实践过程中必须要理论联系实践，通过阅读访谈和调查报告的范本，掌握撰写访谈、调查报告的技巧，观看访谈节目，学习访谈技巧。在准备活动时，梳理家乡人事物和文化习俗，确定访谈对象，在访谈时，可以通过文字记录或影像记录的方法收集素材；对收集到的成果进行整理、加工、查缺补漏，为下一步活动打好基础；撰写调查报告，结合访谈成果以及调查报告，发现家乡发展过程中存在的问题；借助专业研究，提出可行性的意见与建议，积极参与家乡文化生活建设。

【学习资源】

1. 王思斌《访谈法》（课本文献）
2. 《费孝通：我的早年生活——费孝通访谈录》（百度文库）
3. 杨澜对话科锐国际CEO郭鑫（视频资料）
4. 毛泽东《调查的技术》（课本文献）
5. 梁思成《关于北京城墙存废问题的讨论》（百度文库）

【学习任务与学习活动设计示意图】

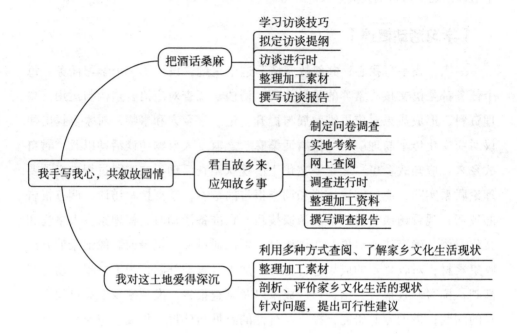

把酒话桑麻
- 学习访谈技巧
- 拟定访谈提纲
- 访谈进行时
- 整理加工素材
- 撰写访谈报告

我手写我心，共叙故园情

君自故乡来，应知故乡事
- 制定问卷调查
- 实地考察
- 网上查阅
- 调查进行时
- 整理加工资料
- 撰写调查报告

我对这土地爱得深沉
- 利用多种方式查阅、了解家乡文化生活现状
- 整理加工素材
- 剖析、评价家乡文化生活的现状
- 针对问题，提出可行性建议

【学习活动设计】

活动一："把酒话桑麻"之家乡人事物访谈活动

一、访谈学习

（一）学习访谈技巧

1. 阅读《费孝通：我的早年生活——费孝通访谈录》，具体分析这篇访谈录在内容选择和写作方法上有哪些特点。

2. 学习王思斌的《访谈法》，总结访谈的基本技巧。

3. 观看视频《杨澜对话科锐国际CEO郭鑫》，边看边速记杨澜的提问，理清她采访郭鑫所提问题之间的逻辑关系，学习"如何围绕访谈目的去撰写访谈提纲"。

设计说明：

访谈是了解情况、获取信息的一种有效途径，它在生活中随处可见，但学生对于这种获取信息的方式并不熟悉，也缺少相应的实践活动，所以设计这一环节的目的是使学生通过学习访谈范本，观看视频，从中总结出访谈的基本理论知识，为下一步开展访谈工作打下基础。

（二）拟定访谈提纲

了解访谈对象，确定访谈主题，拟定访谈提纲。

访谈目的						
访谈对象		性别		年龄	
访谈成员		访谈时间		访谈方式	
提问提纲	问题1：…… 问题2：…… 问题3：……				

设计说明：

拟定访谈提纲有助于学生有针对性、有目的性地完成访谈，同时能避免出现笼统、含糊不清的问题，影响访谈效果。

二、访谈进行时

结合拟定出来的访谈提纲，对访谈对象进行访谈实践，在访谈时做好访谈记录。

家乡人物访谈记录表：

访谈目的						
对象		性别		年龄	
访谈成员		访谈时间		访谈地点	
组员分工					
访谈提纲	问题1： 问题2： 问题3： 问题4： 问题5：		访谈记录	问： 答： 问： 答： 问： 答：	
访谈小结					

设计说明：

这一活动环节是对前面理论学习的实践，它突出了对某一交际情境中言语技能的掌握，让语文基于真实语用，是语言建构与运用、思维发展与提升的体现。学生通过参加这种综合性的言语实践活动，"有效地运用语言文字与他人交往，在表达与交流中，不仅可以传递信息、获取信息，还能获得文化理解，提升语文运用能力和人文修养。"

三、整理加工素材，撰写访谈报告

访谈结束后，要及时做好访谈资料的分析整理，在整理时，要注意把握作者的情感态度，去伪存真。对资料的整理要根据主题进行筛选，选取有故事内涵的、在家乡变化发展进程中有代表性的人或物的相关事迹，在家乡的发展变化中有决定性作用的事迹，等等，并借助上网查阅的方式，对这些资料进行查证以及补全，选择合适的落脚点，撰写一篇访谈报告。

设计说明：

后续工作的完善也是提升学生整合信息的能力的思维品质的重要环节之一。学生在整理加工素材时，会更深一层地了解家乡文化生活，也会更加激发学生对家乡的热爱。应培养学生的思辨能力，对于现有的资料不能"拿来"就用，而应该客观公正地审视材料，通过其他渠道对相应的材料进行查证。最后将这些素材进行重新整合，注意各素材间的逻辑联系，对这些素材进行论述，最后形成访谈报告。

四、评价交流

以小组为单位，在班上进行成果交流与展示，根据下面的评价量化表采取自评与他评的方式进行评价。

评价项目	评价指标	自评	他评	得分
访谈目的	目的明确、具体。（10分）			
	目的明确，比较具体。（7分）			
	目的不够明确与具体。（5分）			
访谈对象	受访对象选择合理，能够顺利有效地达成访谈。（10分）			
	受访对象选择较合理，能够达成访谈。（7分）			
	受访对象选择不够合理，较难达成访谈。（5分）			

评价项目	评价指标	自评	他评	得分
组员分工	组员分工合理，团结协作，能快速有效地完成任务。（10分）			
	组员分工较合理，团结协作，能完成任务。（7分）			
	组员分工不够合理，欠缺团结协作能力，任务完成不积极。（5分）			
访谈提纲	提纲详细，提问有理有序，流程清晰。（10分）			
	提纲较详细，提问较有理有序，流程较清晰。（7分）			
	提纲不够详细，提问不够清楚，流程不够清晰。（5分）			
访谈记录	记录真实完整翔实，能够完全还原访谈过程。（10分）			
	记录较真实完整，能够还原大部分访谈过程。（7分）			
	记录不够完整，不能还原访谈过程。（5分）			
访谈小结	小结全面完整，能够总结经验，反思不足，能提炼出有效信息。（10分）			
	小结较完整，能够总结经验，反思不足，能提炼出部分有效信息。（7分）			
	有小结，但不完整，能够总结经验，反思不足。（5分）			
资料整理	资料完整全面，能够客观辩证地分析整理材料。（10分）			
	资料较完整，能够客观辩证地分析整理材料。（7分）			
	资料较完整，能够分析整理材料。（5分）			
访谈报告	报告内容充实，逻辑性强，能提炼出访谈重要信息。（20分）			
	报告内容较充实，逻辑性较强，能提炼出重要信息。（17分）			
	报告内容不够充实，逻辑性不强，能提炼出重要信息。（15分）			

活动二：　"君自故乡来，应知故乡事"之家乡文化生活现状调查活动

一、学习毛泽东《调查的技术》

自主阅读毛泽东《调查的技术》，学习调查的相关知识。

补充：如何设计调查问卷。

二、制定调查问卷

开展家乡的文化生活调查可以选择不同的主题。根据课本的活动提示，本活动确定以"家乡文化遗产保护传承情况调查"为主题，围绕这一主题，引导学生制定调查问卷。问卷的内容除了必备的基本问卷内容外，正文部分应该紧

紧扣合主题，家乡的文化遗产的主题、年代、地点、受保护情况、传承情况、当地民众的认知等都是问卷调查的主要内容。

三、调查进行时

（一）发放调查问卷

调查问卷的受访对象应该涉及不同年龄阶段的人物，每个阶段的受访对象对于家乡、对于文化遗产都有不同的理解，只有面向各个年龄阶段，我们收集到的数据才会更加精准，调查报告才会更具有说服力。

（二）网上查阅、实地考察

问卷调查不是唯一获取材料的途径，在收集证据的过程中，还应进行实地考察、网上查阅，确保收集到的信息真实可信、完整全面。

活动流程：

1. 小组成员分工合作，各司其职。结合之前学习的理论知识，制定的调查问卷以及其他调查方式的安排工作，小组成员的工作必须细化、具体。

2. 确定调查线路，发放问卷，实地考察。根据网上查阅的相关资料，对家乡文化的遗产进行实地考察，在考察过程中，要认真观察，做好记录，尽可能详尽地留下第一手材料（包括影像资料）。及时回收调查问卷，及时整理记录，对于调查问卷的结果，可采取图表的形式加以呈现。

（三）整理加工资料

这一活动环节需要学生对问卷调查、上网查阅、实地考察收集得来的文字材料进行加工整理，检查核对资料的真实性、可靠性，辨别受访者的情感态度，统计问卷调查呈现的结果，进行文献资料的去粗取精，等等，对这些资料深入挖掘分析，对家乡文化提出自己的认识和思考。

设计说明：

调查是学生将语文运用到课堂之外的一项实践活动，是获取信息、收集证据的一项实用性技能，是完善调查报告的重要途径。这一环节的设计引导学生完成调查和整理材料，学生在这一环节中获得语言建构与运用能力、思维发展与提升能力、审美鉴赏与创造能力、文化传承与理解能力，从而提升学生的语文学科核心素养。

四、撰写调查报告

将收集到的资料进行整理分析，根据下列结构单，小组分工合作撰写一篇关于家乡文化遗产保护情况的调查报告。

附：调查报告参考结构单

标题	明确调查主旨
摘要	简要概括报告内容
目录	列出报告主要包括哪几部分
调查背景与目标	调查的背景和设定的目标
调查步骤与方法	怎么实施调查，经历了哪些步骤，运用了什么方法
调查内容与分析	调查的主要问题，获得的各种信息，以及对这些信息的分析（这是调查报告的主干部分）
结论	总结调查的主要内容，提出自己的看法
建议	列出解决问题的措施
资料来源	列出参考的文献资料的来源

设计说明：

调查报告的撰写是将零散的资料整合起来，透过现象进行深入分析，准确地反映客观事实，得出结论。具有真实、准确、逻辑性强的特点，这就要求学生在写作过程中能够对材料进行加工整理，通过分析，挖掘其隐含的信息与结论。

五、评价交流

以小组为单位，在班上进行调查报告的展示，教师收集各小组资料，对相应的活动环节进行测评。

评价项目	评价指标	自评	师评	得分
制定调查问卷	问题清晰、具体，逻辑性强，能提取有效信息。（10分）			
	问题较清晰、具体，逻辑性较强，能提取部分有效信息。（7分）			
	问题较清晰、具体，能提取小部分有效信息。（5分）			
实施环节	小组分工明确，信息收集完整、全面、真实有效，调查形式丰富多样。20分			
	小组分工较明确，信息收集较完整、较真实有效，调查形式多样。（17分）			
	小组分工不够明确，信息收集不够完整，调查形式单一。（15分）			

续　表

评价项目	评价指标	自评	师评	得分
调查报告的撰写	调查报告完成，观点鲜明，逻辑性强，有理有据，且能具体问题具体分析。（20分）			
	调查报告完成，有一定观点，提出问题，并对问题有一定的思考。（17分）			
	调查报告基本完成，能发现问题。（15分）			

活动三："我对这土地爱得深沉"之参与家乡文化建设活动

一、利用多种方式查阅寻找对策

（一）了解家乡文化发展现状

活动一和活动二为学生提供了两种获取信息的方式，学生可以利用现有的资料以及通过其他获取信息的方式多渠道进行查阅，了解家乡文化生活现状，透析出家乡在发展进程中存在的问题。

家乡文化生活现状可以从以下几方面入手进行调查：家乡的风俗习惯、邻里关系、生活方式、文化环境、历史建筑、文化遗产等，选择其中一项，看看存在哪些问题，哪些方面需要改进，有哪些改进的可能，具备哪些条件，等等。

例如：织金的古建筑群在发展进程中，渐渐失去了原有的模样，该如何保存维护这些古建筑群？在城市发展进程中，这些古建筑群该保留还是该拆去？你有什么好的建议？

（二）查阅文献，从文献典籍中寻找对策

通过查阅建筑文化类图书、地方县志、网络信息等，借助专家学者的研究成果，寻找适合家乡建筑文化传承发展的初步对策，及时做好记录，将对策有条理地罗列出来。

（三）咨询专家，从专家学者处寻找对策

家乡的发展离不开专业的技术人员，同学们可以通过访谈相关的专家学者，向他们寻求帮助，为家乡的发展献计献策。

（四）问卷调查，从家乡人处寻求对策

制定"家乡建筑文化传承发展的现状与对策"调查问卷，发放和回收问

卷。回收问卷后，对资料进行整理分析，做好数据统计，从数据中寻求答案，并且条分缕析，将可行的答案加以梳理。

设计说明：

设计此活动的目的重在整合活动一和活动二，加强学生对访谈、调查等实用性技能的实践，将语文活动运用到真实的语言情境中，使学生能对收集到的材料进行甄别、分析，提升学生的思维品质。

二、针对问题，提出可行性建议

以小组为单位，从访谈和调查中发现的问题入手，整理出通过多渠道获得的家乡文化发展的建议，提出自己的看法，完成下面的活动任务单。

活动项目	活动具体内容
建言目的	
建言选题	
资料来源	
组员分工	
过程记录	
整理小结	

设计说明：

这一环节的设计旨在引导学生将零散的信息有条理地梳理出来，形成资料的归类。

三、精读范本，学写建议书

1. 学习梁思成《关于北京城墙存废问题的讨论》、李斯《谏逐客书》，总结建议书写作时应注意的问题。

2. 确定选题，撰写一篇关于家乡文化发展的建议书。

设计说明：

设计此环节的目的在于引导学生将理论联系实践，聚焦当代文化，为家乡文化生活发展献计献策，参与当地文化建设，在参与中提高语言文字运用能力，提升思维水平。

参考资料

［1］张清.“十个人的十年”访谈录［J］.语文教学通讯，2019（7-8A）.

［2］钟峰华，祝炜奇，金晓杰.家乡文化生活，有你也有我——部编版必修上第四单元教学设计［EB/OL］.（2020-09-08）［2020-10-03］. http：//mp. weixin. qq. com/s/cZQi2lhvLp8YZ1ZgvWo-3A.

学而不思则罔，思而不学则殆

——"学习之道"专题学习活动设计

贵州省毕节市第二实验高中　朱天凤

【学习情境与任务】

以"读"的方式创设情境完成基本的文本梳理，然后穿插讨论、演讲、辩论等活动，增强学生的实践水平和能力。

【学习内容与目标】

统编版必修上册第六单元的人文主题是"学习之道"，选取了《劝学》《师说》两篇文言文经典篇目，《反对党八股》《拿来主义》两篇经典选文，以及《读书：目的和前提》《上图书馆》两篇现代随笔，旨在引导学生思考学习的意义、目的和方法。单元导读上明确："本单元文章从不同角度论述有关学习的问题，或阐述学习的意义，或讨论学习的态度和方法，或描述读书的经历与感受，使我们获得不同的启迪。""通过梳理探究和反思，形成正确的学习观，改进学习方法，提高学习能力。要准确把握作者的观点和态度，关注作者思考问题的角度，学习他们有针对性地表达观点的方法，学会发现问题，从适合的角度，以适当的方式阐述自己的看法。"

同时，本单元也属于"思辨性阅读与表达"任务群，在阅读中要把握作者的观点、态度和语言特点，理解作者阐述观点的方法和逻辑，要分析、质疑、多元解读，培养学生的思辨能力，通过对古代优秀文章中的经典观点、论述方法的学习，可以有针对性地进行评论和表达，并学会阐述自己的观点，力求立论正确，语言精练，论据恰当，有理有据。

【学习资源】

荀子《劝学》、韩愈《师说》、毛泽东《反对党八股》、鲁迅《拿来主义》、黑塞《读书：目的和前提》、王佐良《上图书馆》。

【学习任务与学习活动设计示意图】

核心任务：在学习中思考探索，在思考探索中推进学习：

任务一：自读课文，梳理字词。

任务二：精读课文，将课文分为两组，分别比较学习。

任务三：研读课文，鉴赏课文艺术手法，尤其是论证手法。

任务四：重读课文，分析文章的现实意义并进行质疑研讨。

活动安排：

1. 自读：自主梳理—小组合作—练习检测。（二课时）

2. 精读：①为什么要"学"？②怎样"学"？（二课时）

3. 研读：围绕观点有效论证说理的方法。（一课时）

4. 重读：回到写作现场，感受历史意义；关照现实，这些文本对现实的启示意义。讨论解决有质疑之处。（一课时）

【学习活动设计】

任务一　自读：解决字词，疏通文意

1. 预习任务

（1）查清生僻字，熟读这几篇课文。

（2）结合课下注释和工具书，疏通文意，圈画出不懂之处，并尝试利用网络资源自行解决，做好批注。

（3）查阅课文中出现的文言和文化现象。

（4）把学习中遇到的问题列举出来。

活动一：积累文言知识、文化常识。主要针对《劝学》和《师说》，积累文中重要文言现象，把握文言规律，培养文言文阅读的兴趣和语感。

主要分类：一词多义、古今异义、特殊句、古代文化常识。

活动二：对于后面四篇现代文，要求通读至少两遍，尝试用思维导图的形式画出文本的内容结构图。

设计说明：

本任务安排两个课时。主要部分在课下预习完成，课上主要是以展示交流活动代替作业检查，每节课一个活动。梳理文言字词和文化常识这一过程中，主要涉及语言建构与运用以及文化传承与理解，画思维导图的目的是梳理文本，并在此过程中锻炼学生的思维能力、归纳概括能力和动手能力。

附：

练习检测单

一、一词多义

于：青，取之于蓝，而青于蓝；冰，水为之，而寒于水。善假于物也。

而：君子博学而日参省乎己；吾尝终日而思矣；积善成德，而神明自得；蟹六跪而二螯。

师：古之学者必有师；吾师道也；吾从而师之；巫医乐师百工之人。

无：是故无贵无贱；圣人无常师。

贤：其贤不及孔子；师不必贤于弟子。

惑：惑之不解；于其身也，则耻师焉，惑矣。

二、古今异义

君子、从而、众人、学者、所以

三、重点句式

判断句：

虽有槁暴，不复挺者，輮使之然也。

师者，所以传道授业解惑也。

倒装句：

蚓无爪牙之利，筋骨之强。

其闻道也固先乎吾。

句读之不知，惑之不解。

被动句：

不拘于时。

四、文化常识

巫医乐师百工之人、六艺经传皆通习之、青出于蓝、锲而不舍。

教养与修养、消磨与消耗、钟情与衷情。

任务二　精读：分类梳理学习

1. 为什么要"学"（《劝学》《读书：目的和前提》）

活动一：勾出文中富有哲理的语言，读读背背，并谈谈自己的心得体会。

示例：荀子《劝学》中的"青，取之于蓝，而青于蓝，冰，水为之而，寒于水，木直中绳，輮以为轮，其曲中规，虽有槁暴，不复挺者，輮使之然也。"通过正面设喻阐明学习的重要性，又通过"蚓"和"蟹"、"骐骥"和"驽马"、"锲而不舍"和"锲而舍之"正反对比论证，将道理说得更加明白具体。

黑塞《读书：目的和前提》中的"这两部书告诉我，在灰色的大海里也可以捞到珍珠。"用了比喻的修辞手法，将群书比喻为大海，宽阔但不是那么美好，不是所有人都适合所有的书，但在这些书里，一定有适合你的，这正像是一粒粒的珍珠，照亮你的学习之路。孩子去上兴趣班，最大的意义在于找到孩子喜欢的、适合的内容，或者是让他的人生有更多的可能性。

活动二：两篇文章都是说学习的目的和意义的，可又有明显的不同，试做分析。

内容上：荀子的《劝学》主要是劝人们学会做人，主要着眼于品德的养成，在荀子看来，学习可以改造人恶的本性，可以提高人的自我品德修养。

黑塞的《读书：目的和前提》认为读书是获得教养的主要途径，赞美了读书的主要作用，劝说人们要用心研读经典作品，在经典中发现世界，认识社会，完善自我修养。

写作手法上：《劝学》全文紧扣"学"字，议论纵横捭阖，不离论学；立足"劝"字，多方取譬设喻，致力诱导。论述了学习对行动的指导意义、学习的重要性和学习应采取的态度和方法，是典型的议论性文章。

黑塞的《读书：目的和前提》是随笔，随笔是散文的一种，行文缜密而不失活泼，结构自由而不失谨严，富有理趣，不受文体、字数的限制。

语言特色上：荀子的《劝学》语言形式整齐，音韵和谐，具有韵律美。文中大量采用对偶、排比句式，整齐和谐又增强了文章的气势。

黑塞的《读书：目的和前提》语言深刻而富有哲理，长句居多，以自身经历为例，更具有说服力。文中比喻形象且发人深思。

2.怎样"学"（《师说》《上图书馆》《反对党八股》《拿来主义》）

活动一：勾出文中富有哲理的语言，读读背背并谈谈自己的心得体会。

韩愈《师说》中"是故无贵无贱，无长无少，道之所存，师之所存也"，这句话写了选师的标准，突破了当时的阶级局限，别说在当时，即使在当下，也很有现实意义。用判断句式，肯定地指出"道"和"师"的关系，可联系"学高为师""文人相轻"等观点进行论说。

王佐良《上图书馆》中说："我读得有趣，对作者的其他小说也产生了好奇心。""这样也就部分地满足了我对外间世界的好奇心，也从旁学到了一些英文。"有趣，好奇，永远是求知的起点，提供给阅读者源源不断的动力。"学到英文"对作者来说是额外的收获，但反观我们当下的阅读，更多的是为了阅读而阅读，少了内在驱动力，多了几分功利的色彩，甚至读整本书都成了奢侈，许多人选择"导读"式阅读来替代自己的阅读和理解。

毛泽东《反对党八股》中说："我们很多人没有学好语言，所以我们在写文章做演说时没有几句生动活泼、切实有力的话，只有死板板的几条筋，像瘪三一样瘦得难看，不像一个健康的人。"这是毛泽东批评党八股的第四条罪状，在这个段落中，作者用"瘪三"来形容那些言之无味的文章，既写了问题现象，也说了解决办法，还强调了语言学习的重要性。其实这篇文章本身就是语言生动活泼、言之有物的典范之作。

鲁迅《拿来主义》中说："总之，活人替代了古董，我敢说也可以算得显出一点进步了。"这句话运用反语的修辞手法，对一味送去者进行了辛辣的嘲讽，对他们的卖国行径进行了无情的批判，为后面的立论作铺垫。

活动二：四篇文章都是说学习方法的，可侧重点明显不同。他们分别侧重哪些方面？作者为什么这样取舍？你更认同谁的观点，为什么？

韩愈《师说》：从师的必要性、重要性。

王佐良《上图书馆》：亲近书，热爱阅读。

毛泽东《反对党八股》：怎样写文章、做宣传。

鲁迅《拿来主义》：怎样学习、继承、批判、吸收。

取舍问题可联系时代背景，体现好文章有针对性，"为时""为事"的特点。

设计说明：

在大单元下又根据内容将六篇课文分为两个板块，目的在于在比较中深化学习，对同一个话题不同的人有不同的观点和表达，而且不同的文体体现出的风格也有所区别。本活动的侧重点在于让学生分析理解内容相同的文章，不同的文体：议论文和随笔或者议论文和杂文有怎样不同的表达，这种不同的表达其实也体现出作者的个性色彩。

任务三 研读：围绕观点有效论证说理的方法

活动一：试以本单元其中一篇课文为例，分析作者是如何用准确的语言、恰当的证据，有逻辑地表达和阐述自己的观点的？对我们的写作有何启示？仿写一篇议论文。

《反对党八股》《拿来主义》：破和立的关系。

《劝学》《师说》：议论文中立论、论据、论证的关系和方法。

《读书：目的和前提》《上图书馆》：随笔自由活泼的写作内容和写作手法。

活动二：我们处于高中学习阶段，这几篇文章对你的高中学习有何启示？结合自己的读书经历，写一篇演讲稿，注意明确观点，合理论证。

设计说明：

在前面教学内容的基础上设置了两个写作活动，一个是讨论后拟写一篇议论文，另一个是结合自己的学习经历写一篇演讲稿。

议论文的写作主要以《劝学》《师说》为范本；演讲稿的写作主要是针对四篇现代文，要求学生注意演讲稿的针对性、鼓动性、可讲性。两个活动的目的都是培养学生的逻辑思维能力和表达能力。

任务四 重读：回到写作现场，感受历史意义；关照现实，理解文本对现实的启示

意义；讨论解决有疑义的地方。

活动一：孟子说："非独贤者有是心也，人皆有之，贤者能勿丧耳。"也就是说要保持本心。可荀子说："人非生而知之者，孰能无惑？"你赞同谁的观点？选其中一方，组织一次辩论赛。

活动二：韩愈说"师不必贤于弟子"，可老师担负着"传道授业解惑"的责任，也即所谓"学高为师，身正为范"。该如何理解？

学习形式：网络资料检索、班级表达、写作。

活动要求：理性讨论，观点明确，表达顺畅，有条理性，陈述有针对性，发言有风度。

学习过程：自行梳理—课上讨论—以个人观点完成论述文章。

活动三：针对当下学习中的某些问题，以——"'劝学'新说"为题。写一篇不少于800字的文章。

设计说明：

活动一、活动二通过辩论赛的形式对文中有疑义的地方进行突破，目的在于提升学生的逻辑思维能力和思维品质，发展实证、推理、批判与发现的能力，不必有准确的答案，只要言之成理即可。活动三是作文写作，是教会学生学以致用，并有效反思自己在学习过程中的经验和缺陷。这个活动既是为了训练写作能力，也包括了对学生思维能力的训练，同时完成单元学习任务的第三个练习。

【评价标准】

1. 预习检测单式的书面检测评价，可在课前和课后分别进行，对积累型知识进行有效的检测评价。

2. 在课堂上主要采用自主学习和合作交流的方式进行评价，可采用自主学习评价表的方式。

参考资料

[1] 中华人民共和国教育部. 普通高中语文课程标准（2017年版）[M]. 北京：人民教育出版社，2018：4-7，18-19.

[2] 王宁，巢宗祺. 普通高中语文课程标准（2017年版）解读. [M]. 北京：高等教育出版社，2018.

[3] 教育部考试中心. 中国高考评价体系 [M]. 北京：人民教育出版社，2019.

[4] 俞发亮. 议论文写作与理性思维 [M]. 福州：福建教育出版社，2019.

丰富你的词语库

——"词语积累与解释"专题学习活动设计

贵州省毕节市第二实验高中　朱天凤

【学习情境与任务】

1. 以梳理积累为目的：以树状图的方式梳理、积累字词；搜集带"子""儿"字后缀的词语，并判断感情色彩。

2. 以理解使用为目的：品评惯用语，每人收集三句以上惯用语，并且编个小故事把这几句熟语串起来，给大家讲一讲；两位同学配合写通知，其中一位同学写文字通知，另一位同学转换为广播稿通知，看看需要注意哪些方面。

3. 以总结反思为目的：以"成语中的_____文化"为题，写一则语言札记；任选一位作家，研读其作品，探究他使用词语的艺术，写一则语言札记。

【学习内容与目标】

本单元是语文活动教学单元。学生的语文活动是思维活动、情感活动与交际行为的同步与统一，是在具体的语言交际情景中进行的。要提升语文课的品质，推动学生主动学习，就必须要认识到语文活动在建构语文课程方面的作用，厘清它的教育特点。

本单元教材的编排由两部分内容构成，并充分考虑到了其内部逻辑，一是三个学习活动，二是一组学习资源。学习活动是教学的主体，学习资源是用来帮助学生自读学习的。学习活动中的"丰富词语积累"部分，安排了三个学习任务，其内在逻辑是词语不是孤立存在的，它们之间存在各种关系；积累了丰富的词语之后，要把握古今词义的联系与区别，这个部分也安排了三个学习任务；丰富了词语积累，把握了词语演变，学习的终极目的是用好词语，用好词语的难点在于挑选出那个"合适"的词语，挑选词语的难点不在词义的"迥异"上，而在词义的"微殊"上，因此教材又安排了四个任务，从词义、用法、感情色彩和语体色彩的角度去辨析词义。

本单元单元导语上也明确指出，"要了解汉语词语的特点，通过各种方式积累词语；学习辨析词语的方法，把握词义变化的规律，认识古今汉语的联系与差异；结合词义特点，探究语言表达中词语选择的艺术，提高理解和运用词语的能力"。

所以，本单元的学习，应该以学生的言语活动为主要形式，通过形式多样的各种小活动，让学生参与和实践，充分运用自己的各种感官接触和使用语言，在做的过程中加深对语言知识的理解，并且不断验证自己已经掌握的知识，逐步将语言知识内化为自身的语言能力。

【学习资源】

主要依靠"学习活动"后附的"学习资源"。学习资源共有三个部分，涉及六个作家对语言文字的理解讲析，理论性强，专业程度高，学生需要耐着性子慢慢阅读，涉及的专业知识对于刚入校的高中学生来说有一定难度，所以先不必大量拓展课外资源，可以以课后练习的形式供学有余力的学生研究学习。

【学习任务与学习活动设计示意图】

一、学习任务

核心任务：丰富词语库，学习词语的积累与运用子任务。

任务一：积累词语（字词、熟语、新词语）

任务二：辨析词义（一词多义和古今异义）

任务三：词语选择的艺术，理解和运用词语（易错词语、成语；理解和运用词语）

活动安排：

任务一活动：

1.树状图梳理积累字词（一课时）

2. 积累熟语，交流展示（一课时）

3. 新词新语，制作词语档案（一课时）

任务二活动：

1. 分析一词多义和古今异义，撰写学习笔记（一课时）

2. 分析一段文言字词的变化情况，验证学习笔记（一课时）

3. 梳理"学习资源"上涉及的一系列专有名词（一课时）

任务三活动：

1. 收集梳理易错词语成语，理解词义，小组交流讨论（一课时）

2. 词义的辨析和词语的使用（分清感情色彩和语体色彩）（一课时）

【学习活动设计】

任务一 积累词语（字词、熟语、新词语）

活动一：以文中"理"字的梳理方式为例，任选一个字（语素），以树状图的方式梳理、积累字词。梳理完成后思考有什么好的办法可以积累和梳理词语。

方法归纳：

（1）根据字源推究本意，汉字中的象形、会意、指示都有这个功能。

（2）根据偏旁联系分析，偏旁多与种属相关。60%的形声字都能用这种方式推测。

（3）通过语义的各种关系聚合在一起，如同义关系、反义关系、亲属关系、顺序关系等。如：家、舍、鄙等12个谦辞，贵、拜、雅等18个敬辞。

（4）词语家族的凝结关系有语音关系、语义关系、语法关系。语音关系有同音、同韵、双声、叠韵等；语义关系有同义关系、反义关系等；语法关系为有的由相同语素构成，有的由形近语素构成，有的所作句子成分相同等。

活动二：积累熟语，交流展示。（一课时）

（1）领略成语魅力。分类整理成语（如爱国、民本、诚信、荣辱、世情、师友、读书、岁月、动物、植物等，也可自己拟定），同学分工，各选一类，以"成语中的文化"为题，写一则语言札记。

（2）品评惯用语。收集惯用语，小组讨论交流，这些惯用语反映了什么现象，并辩证地分析这些惯用语。如绊脚石、保护伞、抱佛脚、穿小鞋、吊胃口、背黑锅、炒鱿鱼、耳旁风、开绿灯等。

（3）有趣的歇后语。以小组为单位，收集与四大名著相关的歇后语，并试着创作一两条歇后语。

活动三：新词新语，制作词语档案。（一课时）

词语	来源	含义	体现社会变化特征	反映文化现象
硬核				
柠檬精				
C位				
洪荒之力				
……				

设计说明：

本任务安排三个课时。主要是根据教材编排按照先解字再释词的顺序分板块安排活动，每节课一个活动。在活动中完成学生的语言建构与运用，同时贯彻文化传承与理解，如解"鱼"字，"鱼，水虫也。象形。鱼尾与燕尾相似"。（《说文解字》）就会涉及鱼崇拜、丰收、婚恋嫁娶、相思传书、困境贫苦等。还在此过程中锻炼学生的思维能力。画树状图的目的是梳理字源和发展状况，也为任务二的活动一作有效的铺垫。熟语的使用既关注词语的积累运用，也关注词语的时代性特征，教学生辩证地看待这些语言，既培养学生的时代精神，也锻炼学生的思维能力、批判精神。

课外活动：归类学成语。

1.收集梳理含有十二生肖的成语。

2.收集与数字相关的成语。

3.收集与"五行"相关的成语。

4.收集与"风、雨、雷、电、云、雨、雾、霜、雪、朝、暮"有关的成语。

5.收集与"妖、魔、鬼、怪、生、老、病、死"相关的成语。

6.收集十个不是四个字的成语。

7.分别收集十个AABB型、AABC型、ABAC型的成语。

任务二 辨析词义（分析一词多义和古今异义，撰写学习笔记）

活动一：阅读教材"学习资源"部分第137页王力教授《古代汉语》的节选

部分，分析古汉语字词的规律，并撰写学习笔记。从学过的文言字词中找出三个例子验证说明。

活动二：阅读教材"学习资源"部分第130页吕叔湘教授《语言的演变》的节选部分，像吕叔湘教授分析《邹忌讽齐王纳谏》那样分析一段文言文材料，尤其关注古今异义词与一词多义词的内容的梳理归纳。如："耶娘妻子走相送，尘埃不见咸阳桥。"（杜甫《兵车行》）"牺牲玉帛，弗敢专也，必以分人。"（《曹刿论战》）"纵一苇之所如，凌万顷之茫然。"（苏轼《赤壁赋》）"停杯投箸不能食，拔剑四顾心茫然。"（李白《行路难》）"尚采不死药，茫然使心哀。"（李白《古风》）

活动三：阅读"学习资源"，试理解并梳理语言、语音、语义、词汇、语法、语体、词义、词性，这些专有名词的含义和它们之间的关系。

设计说明：

本任务安排两个课时。每个课时一个活动，活动一立足文言一词多义的积累运用，活动二落实文言词语的古今异义辨析。活动三阅读理解汉语知识，初步学习用理论支撑感性知识。活动一有前面的树状图作铺垫，应该可以从实践上升为理论性的探究，所以设置了一个学习笔记的撰写，活动二很考验学生的文言功底，可以根据学生基础，选择《世说新语》或《古文观止》进行练习。两个活动都注重将读与写联系起来，在充分使用教材的基础上再进行有效的拓展运用。

任务三　词语选择的艺术，理解和运用词语

活动一：收集梳理易错词语、成语，小组交流讨论，理解词义，尤其关注以今律古，望文生义类。找出它的近义词，加以区分归类。

如：毫厘不爽、文不加点、不刊之论、五风十雨、一言九鼎、炙手可热、万人空巷、罪不容诛、曾几何时、明日黄花、危言危行、下里巴人、山高水低、七月流火、差强人意等。

活动二：词义的辨析和词语的使用。（分清感情色彩和语体色彩）

（1）阅读教材"学习资源"部分第137页叶圣陶《认真学习语文》和尘元《在语词的密林里》的节选部分，搜集带"子""儿"字后缀的词语，并判断感情色彩。

（2）阅读下面这些句子，探究作者是怎样利用词语的褒贬色彩表达自己的情感态度的。

① 我用儿童的狡猾的眼光察觉她爱我们，并没有存心要打的意思。

——魏巍《我的老师》

② 中国要作家，要文豪，但也要真正的学究。

——鲁迅《我们怎样教育儿童的？》

③ 几个女人有些失望，也有些伤心，各人在心里骂着自己的狠心贼。

——孙犁《荷花淀》

④ 而且我这样大年纪的人，难道还不能料理自己？想想那时的我，真是太聪明了。

——朱自清《背影》

⑤ 除下帽子油光可鉴，如小姑娘的发髻一般，还要将脖子扭几扭，实在标致极了。

——鲁迅《藤野先生》

⑥ 有几个慈祥的老板到菜场去收集一些菜叶，用盐一浸，这就是她们难得的佳肴。

——夏衍《包身工》

（3）两位同学配合写通知，其中一位同学写文字通知，另一位同学转换为广播稿通知，看看需要注意哪些方面。

① 语体：书面语和口语表达。

② 广播稿表达时应注意语音歧义。

③ 都要注意把时间、地点、人物、事件说清楚。

活动三：任选一位作家，研读其作品，探究其使用词语的艺术，写一则语言札记。

设计说明：

本任务安排两个课时，都是针对词语的运用问题。活动一关注词义，尤其是成语易望文生义的一类，这也是学生最容易用错的成语，通过收集、辨析、归类、运用，学生应该能较好地掌握这类词语。活动二有三个小内容，关注感情色彩和文体色彩，学生理解起来应该不难，难处在于理论的提炼和使用，所以设置了"写通知"的实践活动，加以巩固。活动三是对作家作品的语言艺术进行分析，理论性较强，可设置为选做题，或者老师直接给学生提供一些有代表性的作家或是作品，降低赏析的难度。

课外作业：

1.留心生活，观察搜集生活中的标语、广告用错字或词的现象，并加以改正。

2.在观看的电视节目、电影，阅读的新闻杂志中找到五种以上用错成语、俗语的情况并加以改正。

【评价标准】

1.采用学生自我分析式评价，引导学生分析自己是怎样获得答案的，反思自己思考问题的过程，以帮助学生学会学习。

2.采用互评方式。创设宽松的互评氛围，使学习主体转变为评价主体，对学生更透彻地把握学习内容、促进元认知发展都有极为重要的意义。

3.采用检查书面作业的方式，如学习笔记、学习札记等，更有效地了解学生对知识的掌握情况，能更好地引导理解，强化训练。

参考文献

［1］中华人民共和国教育部.普通高中语文课程标准（2017年版）［S］.北京：人民教育出版社，2018：4-7，18-19.

［2］王宁巢，宗祺.普通高中语文课程标准（2017年版）解读［M］.北京：高等教育出版社，2018.

生命、学习、人生的意义和价值

——"倾听理性的声音"专题学习活动设计

贵州省大方县实验高级中学　宋谋齐

【学习情境与任务】

1.情境

"理性"教育的价值真理，使受教育者容易在教育的功利化中逐步迷失自己，走向功利与操控，忽视了对学生生命意义与人生价值的引导，缺少必要的人性关怀。那些与学科知识关系不大、与有效获取考试分数看似毫无关系的价值，受到无情的挤压和排斥。今年在"停课不停学"的口号下，各地各校网络线上课程甚嚣尘上，但几乎都是"学科知识"的教学，尤其中学更是如此。面对这些困境，我们该怎么办？——倾听理性的声音。

2.任务

（1）阅读文本《理性精神：教育的永恒追求》（节选，有删改）；阅读、（观看）文本及音视频。

（2）认识与理解生命，理性地思考生命的意义和价值。

（3）认识与理解"中国梦""中国智慧"的时代意义和价值，理性地回答学习的意义和价值。

（4）理性地规划自我，撰写个人人生职业规划并分享交流。

【学习内容与目标】

1. 内容

（1）期刊论文：《理性精神：教育的永恒追求》。

（2）音乐故事：《天堂里有没有车来车往》《天亮了》《生死不离》《武汉伢》《一带一路》。

（3）音乐视频：《天堂里有没有车来车往》《天亮了》《生死不离》《武汉伢》《一带一路》。

2. 目标

（1）使学生认识与理解生命的尊严与珍贵、生命的意义与价值、生命的有限与超越等，知道人为什么活着，人生活的意义在哪里，什么是幸福生活，灾难面前人生命的价值，等等。

（2）培养学生追求真理、崇尚公平与正义、乐于人道主义救助及公益行善、敢于担当（铁肩担道义）、勇于奉献的高贵品质与卓越精神。

【学习资源】

文本：《理性精神：教育的永恒追求》《天堂里有没有车来车往》《天亮了》《生死不离》《武汉伢》《一带一路》。

音视频：《天堂里有没有车来车往》《天亮了》《生死不离》《武汉伢》《一带一路》。

【学习任务与学习活动设计示意图】

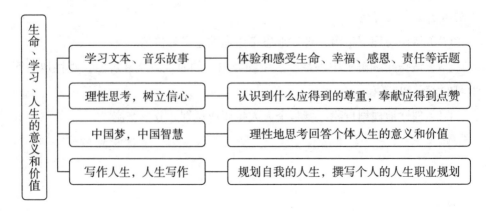

学习任务：通过文本、音视频，认识与理解生命、人生和学习，理性地思考生命、人生的意义与价值，树立道路自信、理论自信、制度自信、文化自信。

活动设计：共分4课时。

第1课时，学习文本、音视频资源。第2课时，认识和理解生命，认识到如何理性看待幸福的内涵。第3课时，认识和理解"中国梦""中国智慧"，树立道路自信、理论自信、制度自信、文化自信；理性地回答人生的意义和价值。第4课时，理性地规划自己的人生，与"中国梦"同呼吸、共命运。

课前3分钟开始播放汤晶锦翻唱的韩红的《天亮了》。上课，导入：请学生介绍《天亮了》背后的故事。引出韩红与"武汉加油"的故事，由疫情引出汶川故事"生死不离"。这些故事中，什么最让你感动？感动之余，请你思考为什么你会感动。引出：生命话题。追问：你认为生命的意义与价值是什么？继续追问：那么你认为学习的意义与价值又是什么？引导学生理性思考：学习的真正意义是什么？人生的意义与价值呢？促使学生明白：生命是珍贵的，学会为他人与社会的幸福奉献自己，才能实现自我价值，我们也才能摒弃"自恋自私、精于算计、斤斤计较、贪婪成性的人性弱点"，追求生命的高贵与卓越。基于以上对生命的理解，你认为"一带一路"合作倡议伟大在何处？促使学生思考明白：人类命运共同体，大国担当情怀，其核心思想是对生命的尊重，对幸福的理解。引导学生树立正确的学习观、人生观、价值观、幸福观等。

认识生命的珍贵，学会感恩；认识幸福的来之不易，岁月静好的背后是有人在负重前行；认识中国梦、中国智慧方案的卓越，明白个体人生的意义和价值的理性定位，与国家同呼吸、共命运。

【学习活动设计】

环节一：阅读文本，观看视频

任务1：阅读文本《理性精神：教育的永恒追求》《天堂里有没有车来车往》《天亮了》《生死不离》《武汉伢》《一带一路》。

任务2：观看《天堂里有没有车来车往》《天亮了》《生死不离》《武汉伢》《一带一路》视频。

设计说明：

熟悉文本视频资源，获得对生命、幸福、感恩、责任和教育等的初步认识。

环节二：话题"生命的意义与价值""学习的意义与价值"

1. 这些故事中，什么最让你感动？感动之余，请你思考：为什么你会感动？

2. 生命的意义与价值是什么？

3. 学习的意义与价值又是什么？

明确：每个人都渴望自己的生命得到呵护与尊重，平安幸福是我们共同的追求，在奉献中才能实现自我。引导学生理性思考学习的真正意义是什么。呵护与尊重生命，守望幸福。

设计说明：

引导学生思考明白，生命是珍贵的，学会为他人与社会奉献自己，才能实现自我价值。这些中国故事彰显了对生命的尊重；幸福是需要呵护与奉献的。生命应得到尊重，奉献应得到点赞。

环节三：话题"中国梦""中国智慧"

1. 认识和理解"中国梦"对生命的尊重，对幸福的守望和呵护。

2. 认识和理解"中国智慧"对国际社会和人类发展的促进之处。

3. 在理性的思考中回答个体人生的意义和价值，树立道路自信、理论自信、制度自信、文化自信。摒弃自恋自私、精于算计、斤斤计较、贪婪成性等人性弱点，追求生命的高贵与卓越。

设计说明：

促使学生思考明白，人类命运共同体，大国担当情怀，其核心思想是对生命的尊重，对幸福的理解。中国思路才是解决国际各种问题的正确方向，才是人类不断前行的正确方向。引导学生树立正确的学习观、人生观、价值观和幸福观，树立"三信（信仰、信念、信心）"，学会奋斗与奉献。

环节四：话题"写作人生，人生写作"

1. 理性地规划自我的人生，给出对生命、幸福、人生理性思考后的答案。

2. 撰写个人的人生职业规划。要求：明确人生的奋斗目标，理性回答个人生命的意义和价值等。

设计说明：

强化理性认识，规划设计自己的人生，明白未来人生意义和价值的大小应从当下学习开始。

【评价标准】

1. 学生的课堂参与度，对生命的理解度，对幸福的理解度，对感恩的理解度，对中国梦的理解和认识度，对中国智慧的理解和认识度，对自我人生意义和价值的理解和认识度。

2. 学生的人生职业规划是否理性，是否科学，是否清晰地阐述了个体人生与国家民族之间的科学内涵，等等。

附：音乐创作背后的故事

［1］百度.天堂里有没有车来车往［EB/OL］.百度百科.2020–12–10

［2］百度.天亮了［EB/OL］.百度百科.2020–12–10

［3］百度.生死不离［EB/OL］.百度百科.2020–12–10

［4］百度.武汉伢［EB/OL］.百度百科.2020–12–10

参考文献
吴永军.理性精神：教育的永恒追求［J］.教育发展研究，2020，40
（2）：1–8.

探索与发现：深入研究的乐趣

——"知识性读物"专题学习活动设计

贵州省毕节市金沙中学　王义翔

【学习情境与任务】

在不懈的探索中，屠呦呦发现了青蒿素，让很多人摆脱了疟疾的折磨；在不懈的探索中，加来道雄从充满幻想的孩童成长为一代理论物理学家；同样是在探索中，梁思成高度概括了中国建筑的特征，林庚则从文学角度探究了"木叶"这种文学现象。与生俱来的好奇心和想象力，神秘而又充满诱惑和挑战的广阔的未知世界，让我们总想去探索和发现。为此，统编语文教材必修下册第三单元就安排了一组知识性读物，以反映自然科学和人文社会科学相关领域中的探索及其发现。本单元隶属于"实用性阅读与交流"任务群，其中的知识性读物与文学类文本相比，有截然不同的风格特点，后者往往是语文课程学习与考试评价的重要文本类型，前者往往趋于弱势，处于若有若无、时隐时现甚至无人关注的状态。后者的语言一般是诗性的语言，习惯用形象、意象、故事传达意蕴，而前者的语言一般是逻辑严谨的语言，靠概念、判断、推理去传达原理和知识。阅读知识性读物，如果不能理解学术语言和专业术语、概念，不能理解科学思维，就谈不上读懂内容、获得知识。一句话，知识性读物的研习，有赖于以概念为本的读写思维。

【学习内容与目标】

1. 掌握知识性读物的基本阅读方法。阅读时能够把握关键概念和术语，厘清文章思路，等等。

2. 发展学生科学思维。使其能分析作者阐释说明、逻辑推理的方法，体会文章严谨准确的特点。

3. 培养学生的科学精神和科学态度。使其能自觉运用所学知识，探究实际问题，形成自己的见解。

【学习任务与学习活动设计示意图】

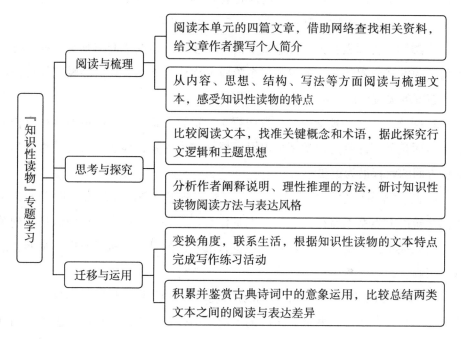

【学习活动设计】

一、阅读与梳理

1. 请同学们阅读本单元的四篇文章，另通过网络查找相关资料，给文章作者写篇个人简介。四位作者任选其一，300字以内。

作 者	个人简介
屠呦呦	
加来道雄	
梁思成	
林 庚	

示例：

阿尔伯特·爱因斯坦（Albert Einstein，1879年3月14日—1955年4月18日），出生于德国乌尔姆市的一个犹太人家庭（父母均为犹太人），1900年毕业于苏黎世联邦理工学院，入瑞士国籍。1905年，获苏黎世大学物理学博士学位。爱因斯坦提出光子假设，成功解释了光电效应，因此获得1921年诺贝尔物理学奖，1905年创立狭义相对论。1915年创立广义相对论。1955年4月18日去世，享年76岁。他是20世纪著名的理论物理学家、思想家及哲学家，也是相对论的创立者，是现代物理学及20世纪最重要的科学家之一。

2. 阅读《青蒿素：人类征服疾病的一小步》，请同学们结合文本内容概括青蒿素的发展历程，并从中找出每个阶段中你认为能够表现屠呦呦工作艰苦和科研态度的关键词或关键句，并加以说明。

3. 阅读《一名物理学家的教育历程》，这篇文章并不是简单地叙述成长的故事，而是具有深刻的科学精神内涵。根据文本内容，你认为成为优秀科学家哪些方面的教育最为重要？

4. 阅读《中国建筑的特征》，可知本文是用分条陈述的方式向我们介绍中国建筑的九点基本特征。它们分别是什么？另外，这九点特征应该是并列关系，我们能不能根据自己的喜好，随意打乱它们的顺序？概括时需要全面、准确、精炼。

5. 阅读《说"木叶"》，用图示法说明古诗词中"木叶""树叶""落木"和"树""木"这些概念之间的不同。另外，请借助文后的"意象"内涵解释补白，手绘《说"木叶"》一文所引诗歌及其所涉意象的知识图谱。

设计说明：

专题设计的第一部分主要是让学生了解文本，熟悉单元结构，故设计了"阅读与梳理"的环节。这个环节一共五个任务，其中第一个任务是从文本作者角度引导学生"知人解文"，以便更深入地了解文本内容及其所欲传达的思想情感。第二到第五个任务分别对应四篇文本，让学生从内容、思想、结构、写法等方面阅读与梳理文本，一方面旨在引导学生培养积累语料、爬梳文献、整合信息的能力；另一方面通过任务驱动学生有针对性地进行思考，如科普文或研究小论文，往往注重科学性和客观性特点，而忘却了文本的人文性和精神性价值，因此在任务中特别设计了问题三，以让学生仅以思索这类知识性读物给我们带来的精神熏陶，但这种精神不是单一的，如科学态度、实事求是等精神，也包括不怕艰苦、一丝不苟、持之以恒等人文精神，因此不要简化科学精神本身的复杂性。在第四篇文本《说"木叶"》中，特意引导学生感受传统诗词的独有魅力，体会古人用语行文的匠心独运。

二、思考与探究

1. 阅读屠呦呦在诺贝尔奖颁奖典礼上的致辞（《屠呦呦诺奖报告演讲全文》，新华网2015-12-18），比较其与《青蒿素：人类征服疾病的一小步》在文本内容、写作目的、语言表达上的不同。

文 章	文本内容	写作目的	语言表达	文章体式
《屠呦呦诺奖报告演讲全文》				
《青蒿素：人类征服疾病的一小步》				

提示：

文本内容方面：课文主要介绍了发现青蒿素的科学历程及研究方法、青蒿素的疗效、此发现的贡献等；诺奖致辞主要表达感谢，介绍自己与青蒿素的缘分及精神追求。写作目的方面：课文从医学角度让人们了解青蒿素的研究过程及中医药的贡献，阐释医学原理，专业性强；诺奖致辞主要表达获奖心情和感谢之意，表达献身科学的精神追求。语言表达方面：课文语言简练、准确、严密，具有科学性；诺奖致辞更感性，注重形象性和感染力。文章体式方面：课文是一篇由演讲词和论文合编而成的文本，但究其内容而言，以论文为主；而诺奖致辞是一篇演讲词。两者表达目的和表达风格都有所区别。

2. 比较阅读《青蒿素：人类征服疾病的一小步》和《一名物理学家的教育历程》两篇文章，请同学们思考两位科学家是如何深入浅出地介绍自己的科学探索与发现过程的。另外，在300字以内，写出他（她）们的科研之旅带给你的启示。

3. 阅读知识性读物，要注意文中的概念和行文的思路。细读《中国建筑的特征》和《说"木叶"》，选择其中一篇，从中找出关键概念，用一个图表（思维导图）揭示这些概念之间的关系，并说说文中是怎样围绕这些概念进行论说的。

4. 比较阅读《中国建筑的特征》和《说"木叶"》两篇文章，请同学们思考两位作者是如何把专业性较强的概念、术语、知识与思维阐释得如此清楚的，比较两文在思考方法和语言表达上各自有何特点，完成下表。

课　文	研究方法	表达特点
《中国建筑的特征》		
《说"木叶"》		

设计说明：

专题设计的第二部分主要是引导学生进一步研读文本，挖掘单元文本中那些学生可学并能掌握的知识与技能，在此基础上体会与总结知识性读物的一般特点。为此，该部分设计了"思考与探究"的环节，环节中一共安排了四个任务或活动，其中第一个任务引导学生把握演讲词和小论文合编而成的文本与纯粹的演讲词之间在表达目的和表达风格方面的差异，进而引入第二篇文本，让学生比较阅读两个作者是如何介绍自己的科学探索与发现的，实际上旨在引导学生掌握作者的行文布局与表达思路。第三个任务旨在培养学生图文转换的能力和素养，根据文本内容，比较并研磨出文本的论说框架。最后的任务是围绕后两篇文本的内容与形式两方面进行的活动设计，其中研究方法旨在督促学生对文本内容作进一步考量，引导学生对文本形式作进一步把握。上述四个任务，重在培养学生的比较阅读、概念推理、逻辑思辨等自主学习的能力和素养。

三、迁移与运用

1. 在《一名物理学家的教育历程》一文中，作者关于鲤鱼"科学家"的幻想十分有趣，如果我们以动物的眼光来观察人类，是不是也很有意思呢？假如有一位动物（如狗、猫、鸡、燕子等）"科学家"，专门研究人类的某些行为，它写了一篇"科普文"——人类行为之谜。请你结合该文特点，替这位动物"科学家"做一回代笔人怎么样？不少于500字。

2. 在我们的周边，不管是乡镇还是城市之中，总会不经意发现很多具有中国建筑特征的现代建筑，请根据《中国建筑的特征》一文所概括的中国元素来进行随手拍，然后选择其中令自己最满意的一幅作品加以命名和装裱，并为之撰写一段200字左右的配套文案。

3. 《说"木叶"》一文谈到了诗歌的暗示性问题，这和我们的诗歌鉴赏及文学阅读密切相关。在我国诗歌中，如"柳""梅""菊""月""鸿雁""大鹏"等意象，都具有很强的暗示性，往往能引起读者的联想和共鸣。请同学们自选形象，尽可能多地搜集资料（每种形象不少于5首诗歌），分析他们在具体诗词中的含义，并思考其暗示性的由来。试举例论述。

示例：梧桐、雨

（1）梧桐更兼细雨，到黄昏，点点滴滴。这次第，怎一个愁字了得！

（2）草际鸣蛩，惊落梧桐。正人间，天上愁浓。

（3）寒日萧萧上琐窗，梧桐应恨夜来霜。

（4）无言独上西楼，月如钩。寂寞梧桐深院锁清秋。

（5）梧桐树，三更雨，不道离情正苦。一叶叶，一声声，空阶滴到明。

小结：雨，由于丝丝缕缕，淋淋沥沥的特点，成为哀伤、愁思的象征；梧桐，一叶知秋，也是牵愁惹恨的事物，是凄苦的象征。两者相加更是愁上加愁。

4. 通过本单元学习，横向比较四篇文章的研究过程、研究方法、研究精神、行文思路和语言特点等。在此基础上，请同学们以小组为单位尝试从文本特点、阅读取向、阅读类型、阅读方式等方面总结文学类文本与知识性读物之间的典型差异。

文类	文本特点	阅读取向	阅读类型	学习方式
文学类文本				
知识性读物				

提示：

文学类文本：特点为主题内蕴、艺术变形、语言多义等，阅读取向为审美鉴赏，阅读类型为鉴赏性阅读，学习方式为感受形象、品味语言、体验情感等。知识性读物：特点为观点明确、逻辑严密、语言准确，阅读取向为获取知识，阅读类型为认知性阅读，理解性阅读，学习方式为把握概念、理清逻辑、体验科学思维等。

设计说明：

专题设计的第三部分旨在引导学生"学以致用"，使学生通过本单元所学，能够对一些基本问题进行解答，为此，该部分安排了"迁移与运用"的活动环节。其中第一个活动旨在引导学生变向思维。狗、猫、鸡、燕子等都是生活在人类身边的动物，它们可以说对人类很熟悉。而人类若转换视角，通过它们的双眼来看人类，会有什么样的观点和态度呢？这种阅读与表达形式，可以有效激发学生的学习兴趣，提高学生阅读与表达的欲望。另外，同学们可观看纪录片《动物世界》，扩展学习内容。第二个活动是引导学生走出课堂，体察周边生活，用"语文"的眼睛去"阅读"和"表达"。这个设计主要是利用"随手拍"进一步引导学生对中国古代建筑基本特征的理解和掌握，搭配题目和说明词，可以起到评价学生对文本熟悉程度的作用。第三个活动是贴合单元文本内容进行的传统文化古典诗词的品味鉴赏学习，旨在引导学生感受古典诗词中的意象运用，一方面可以了解学生的诗词常识掌握情况，另一方面可以帮助学生积累相应的文学储备。最后一个活动旨在引导学生梳理并总结本单元的知识性读物学习心得，用文学类文本相关特点予以对照，有利于学生进一步感受两种文本类型的基本差异，从而体会并感受两种文本类型的阅读与表达方式的不同，进而使学生日后再遇到相应文本类型时能够有针对性地进行阅读与表达。

【思辨读写测评】

阅读本单元后面的写作知识短文《如何清晰地说明事理》，然后根据语文学习经验与社会生活经验，自选某一对象进行有针对性的习作练习。完成后小组在内分享、交流。要注意了解同学们是否明白你要说明的事理，存在哪些疑惑与误解，分析产生问题的原因，等等。然后据此进一步修改习作，争取做到清晰明确。写作对象，可从以下范围中任选其一：动物世界、天文地理、生活常识、自然现象、文化习俗等。习作不少于800字，题目自拟。

设计说明：

本单元的写作任务是"清晰地说明事理"，但整个单元的学习重点并非"复杂说明文"或"事理说明文"，写作任务本身也强调"想要把事理说明清楚，需要在认识和表达两方面多下些功夫"，并不只强调说明文写作的具体方法和技巧，而是重视深入理解事理，把握说明事理的思路。因此设计这个读写活动，旨在引导学生进一步体会知识性文本是如何有序行文、清晰说理的，从而使学生真正掌握应对知识性读物的阅读与表达能力。

写作任务评价标准1：说明事理清晰明确，研究深入，有自己的发现创新；

行文结构完整，思路清晰，有良好的思辨逻辑；说明方法多样，与说明对象的匹配性良好；文章语言准确、简练，通俗易懂，表达流畅。评价标准2：说明事理基本清晰明确，研究较为深入，没有常识性错误；行文结构较为完整，思路基本清晰，有一定的思辨逻辑；说明方法不少于三种，与说明对象的匹配性较好；文章语言准确、流畅，明白易懂。评价标准3：说明事理不够清晰明确，有个别常识性错误；行文结构基本完整，思路不够清晰，缺乏思辨逻辑；说明方法比较单一，与说明对象的匹配性不够；文章语言不够准确、简练，部分语句存在语病问题。

参考文献

［1］温儒敏.普通高中教科书·语文（必修下册）［M］.北京：人民教育出版社，2020.

［2］李卫东.知识性读物研习：学术语境中的"吸收"与"发表"［J］.语文建设，2020（9）.

［3］罗丹，赵宁宁.探索发现之光——统编高中语文必修下册第三单元专题学习设计［J］.语文教学通讯，2020（4A）.

［4］吴欣歆.知识性读物教学内容的选择［J］.语文学习，2019（9）.

"我的红楼梦中人"

——"信息时代的语文生活"专题学习活动设计

贵州省毕节市第一中学　赵韵如

【学习情境与任务】

统编高中语文教材必修下册专门设计了一个整本书阅读单元，以《红楼梦》作为单元教学的内容，让学生对这本传世名著有进一步的了解。《红楼梦》作为经典名著，有着其无与伦比的思想魅力，可以说是常读常新。本单元的学习任务基于整本书阅读，结合"跨媒介阅读与交流"任务群，带领学生在不同媒介平台上实现阅读与交流教学，实现跨媒介的语文学习。聚焦林黛玉进贾府的内容，选择了《红楼梦》第三回《贾雨村夤缘复旧职林黛玉抛父进京都》、87版电视剧《红楼梦》林黛玉进贾府片段、《蒋勋细说红楼梦》音频中林黛玉进贾府部分、小戏骨版《红楼梦》，通过对比不同媒介视域下同一主题的不同呈现方式，综合运用多种媒介获取有效信息，在独立思考与辨析中了解不同媒介的立场和特点，通过微信公众号进行展示与交流，最后评选出"我的红楼梦中人"。

【学习内容与目标】

1. 阅读《红楼梦》第三回内容，对比观看87版《红楼梦》第1、2集与小戏骨版《红楼梦》相关片段，结合文字与视频把握小说中的人物形象特征，分析、总结出在这一回中出现的几个重点人物的语言、动作、心理变化。

2. 根据人物形象特征，按照方法步骤有规划、有逻辑地完成交流分析会、音频制作、公众号宣传等任务，通过对比纸质媒介与电子媒介的不同特质，理解不同传播主体所持的不同立场，拓宽文化视野，提升思维品质。

3. 对经典文学作品的改编和再创作的利弊进行分析，形成基本的影视鉴赏意识，撰写影视评论，理性表达自己的观点和看法，养成良好的媒介素养。结合前两部分对人物的理解和分析，评选出你心目中的"红楼梦中人"。

【学习资源】

1.《红楼梦》，曹雪芹著，人民文学出版社，2008年版

2. 1987版电视剧《红楼梦》视频资料

3.《蒋勋细说红楼梦》音频资料

4. 小戏骨版《红楼梦》视频资料

5.《〈红楼梦〉影视传播的问题与思考》，梅新林，《红楼梦学刊》

【学习任务与学习活动设计示意图】

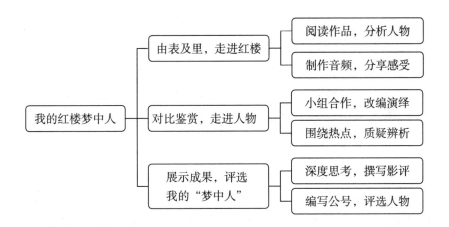

【学习活动设计】

一、初识红楼梦中人

1.《红楼梦》是一部常读常新的作品，仔细阅读原文林黛玉进贾府的片段，注意关注人物描写的不同方法，完成下面表格。

出场人物	出场方式	在贾府中的地位	描写手法	个人感受

2. 利用喜马拉雅APP，学习蒋勋老师的音频《蒋勋细说红楼梦》，听的过程中注意记录自己的想法和感受，按照章节内容撰写人物赏析，并以小组为单位进行组内分享，选出优秀作品录制成音频，每两天在喜马拉雅APP上发布一篇音频资料，在校内进行推广。

设计说明：

思辨性阅读与表达的基础，是要了解内容，熟悉文本，然后才能在此基础上进行后续的所有任务活动。活动1的设置目的就在于此。在阅读前，教师注意尽量统一学生阅读的版本，这样能有效把控活动进程，建议选用人民文学出版社2008年出版的版本。这个版本在阅读上较之其他版本有很大的优势，它的前八十回以"庚辰本"为底本，人物形象更接近作者的创作意图。其次它有详细的注解，包括字音、字义以及相关俗语，有利于加强学生对全书的认识和理解。同时，在活动2中加入音频资料的学习也是与新课标中"跨媒介交流与阅读"任务群进行整合。新媒介的引入可以提高学生的学习兴趣，增加信息的容量，拓宽学生阅读与交流的空间。收听音频时注意收集学生的个人体验，及时要求学生记录下来形成文字，并鼓励学生录制成音频，让学生敢于表达、勇于表达。

二、再赏各自缤纷味

1. 在通读文本之后，利用课余时间观看87版《红楼梦》与小戏骨版《红楼梦》相关视频，比较二者在剧情安排、人物语言、动作方面的增删部分，思考其中的原因，并做好记录。

	87版《红楼梦》	小戏骨版《红楼梦》
剧情安排		
出场方式		
形象特点		
观看感受		

2. 组织学生围绕观看内容展开讨论，围绕两部作品对原著的还原情况进行对比，谈谈看法。作为儿童演绎经典作品这种当下流行的文化现象，小戏骨版《红楼梦》一经播出就引起网友的广泛关注。贴近观众的口味追求与独特制播形式是"小戏骨"占领市场的法宝，这不仅使该剧在口碑、话题性、娱乐效果等方面取得了可喜的成果，也促进了儿童影视市场的繁荣。对此，你如何看法？

3. 豆瓣上对小戏骨版《红楼梦》的评价很高，有网友发帖说："根据原著，宝黛初会时各自年龄大概不会超过十岁，本剧算是第一次还原了。""小演员们演技到位，服装妆容、场景搭建、道具使用也很用心，是一部难得的电视剧良心作品。我以前没看过红楼梦，也是借这部9集的电视剧对红楼梦构筑一个初步的认识吧。"但也有网友持不同态度，说："讨厌拿小孩做噱头。非常不赞同小孩子这么小年纪去刻意学习什么爱情或者这种关系错综复杂的成人关系，这种学习还是免了吧。有人说这段戏本来就是宝黛年龄小的时候，那古代十四岁就能嫁人了，和现在对孩童的定义能一样吗？"如果让你在帖子下面跟帖留言，请说出你的看法，不少于200字。

4. 除了以上两个版本，你还知道哪些改编和翻拍的《红楼梦》版本呢？结合《〈红楼梦〉影视传播的问题与思考》一文，课下查找相关作品，选择你喜欢的一版与大家分享，并说说理由。

设计说明：

在商业化与娱乐化互为推动的现代社会中，不仅是我们每一个人，我们每天都接触的艺术作品，也在发生巨大的改变。所以，了解不同媒介下同一作品的不同呈现状态，分析其中的不同，思考产生不同的原因，以及理性清晰地表达出自己对文化现象的看法，是信息时代的语文生活必须做到的。学生的身心发展正处于形成阶段，学生们对网络上出现的各种热门现象有着极大的敏感度。在本组活动中，结合网络热点问题，是很能激发学生的参与兴趣的。但学生对媒介信息的判断能力有限，容易陷入"媒介陷阱"。因此，辨别传播主体的立场并运用多媒体进行表达，这些不仅是媒介素养的体现，也是培育语文核心素养的应有之义。同时也要注意，文字、音频、图片、视频等资料过多，有可能会使学生注意力涣散，碎片化的阅读无法帮助学生构建完整的思维体系，只会让学生在众多的信息中迷失。所以也不能一味追求媒介的丰富，而忽略了阅读的主体内容。因此活动1对现象进行筛选、归纳，活动2与活动3选择利用

"跨媒介"的方式，在阅读、交流之中培养学生们的批判性思维。再结合活动4，引导学生收集、筛选、判断、应用媒介信息，在信息整合中提升自己的判断思维和审辨性思维。

三、我的红楼梦中人

整理各版本中出场的主要人物，收集相关演员信息，利用微信公众号开展投票活动。写出每个版本的形象评价，可以以图像、视频等作为辅助，还可以列出除现有作品之外，你心目中各个角色的理想人选，并说明理由。公众号设计好之后由全班进行投票，公布最后结果。

设计说明：

在"跨媒介阅读与交流"任务群中，"阅读"侧重于理解，提炼信息，整合信息，而"交流"侧重于表达辨析和评判。此项任务是对作品改编的反思与再创造。要求学生进一步理解文本中的主要人物，能够结合时代背景、文化背景、受众需求、大众审美变化等角度理解作品，提升思维的独创性与深刻性。同时训练学生对新媒体技术的应用能力，提高学生的综合素养。

【评价标准】

选择一版作品，尝试从不同的角度对改编的影视作品进行鉴赏和评价。要求：①字数：1000字以内。②观点鲜明，有依据、说服力和感染力。③备选角度：改编内容的依据、改编后故事的内在的逻辑性和完整性、改编作品对原著价值的挖掘、媒介运用的恰当与创意、语言文字与媒介的匹配等角度均可，亦可自选角度。

影评评价标准参考表

观 点	内 容	角 度
正确、鲜明、新颖，有说服力、感染力	1.对作品内容的把握及对人物形象的个性化理解 2.关注应用媒介的变化对人物形象塑造的影响 3.改编作品的审美价值和社会价值	1.改编后故事的逻辑性和完整性 2.改编作品对原著作品价值的挖掘 3.媒介运用是否有创意 4.语言文字与媒介的匹配

设计说明：

在专题活动中，从开始的阅读文本、资料准备，到各环节的学习任务，以及相关网络平台的技术性呈现，都是学生学习成果的体现。在评价成果时应以过程性评价和结果性评价相结合。制定各环节的评价指标和评价细则，教师在此过程中注意关注学生语言、审美、文化、思维等素养的提升。

参考文献

［1］黄立意.“小戏骨”走红背后的分析与思考［J］.新闻研究导刊，2018（8）.

［2］吴欣歆.学习任务群：高中语文课程内容的重构［J］.教育科学研究，2018（11）.

感受先人抱负　领悟当代使命

——"抱负与使命"专题学习活动设计

贵州省毕节市金沙中学　王义翔

【学习情境与任务】

实现理想的前提是知道自己的理想，担当使命的前提是知道自己的使命。现如今，从全国到地方，从党员到群众，我们一直在强调"坚定理想信念，践行当初使命"的精神，整个社会都氤氲着一股正能量和新朝气。统编高中语文教材必修下册第五单元设置"抱负与使命"单元，旨在引导学生学习革命导师和志士仁人的精神品格，领会其襟怀与抱负，勇于承担时代使命；培养他们关注社会和现实的习惯，养成体察生活和反省自身的素养。本单元一共安排了四篇文本，分别是演讲稿、悼词、奏疏和书信，内容丰富、情感充沛。根据课程标准相关规定，该单元主要涉及"实用性阅读与交流"和"思辨性阅读与表达"两个任务群。教材单元提示明确指出："学习本单元，要通过专题研讨，加深对'抱负与使命'的认识。要注意这些作品切于实用、关注特定对象、富于针对性的特点；要结合课文，学习有理有据地发表意见、阐发主张；要把握书信注重交流、抒写自由的文体特质，体会作者的深挚情感。"

【学习内容与目标】

1. 通过文本细读、专题研讨等方式梳理文章的内容和结构，把握文章的写作目的和思想主旨，分析文中语句尤其是一些表情达意的复杂长句的深层意蕴，感受作者恰当表达的力量和思想的光辉。

2. 结合实用性文本的写作目的，准确把握其文本特点，体会文章的实用性和针对性，感受作者在观点态度、说话语气、叙述策略、表达方式、语体风格等方面的差异。

3. 巩固以前学习的内容，进一步引领学生强化并掌握演讲稿的基本特点和写作要求，围绕某个主题撰写一篇演讲词，提升学生准确、充分地发表见解、阐发主张、表达立场和抒发情感的能力。

【学习任务与学习活动设计示意图】

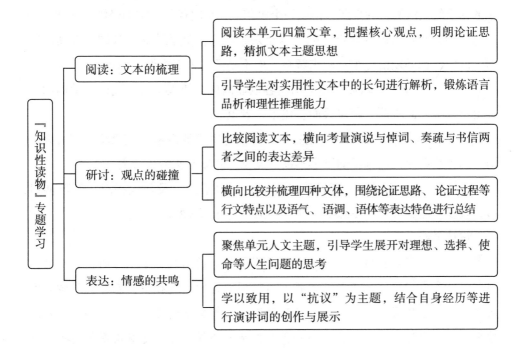

【学习活动设计】

一、阅读：文本的梳理

1. 快速阅读《在〈人民报〉创刊纪念会上的演说》一文，回答这次演讲的主旨是什么，演讲的时间、场合、对象分别是什么。

2. 快速阅读《在马克思墓前的讲话》一文，回答马克思作为科学家的伟大贡献或杰出成就究竟是什么。

3. 利用工具书，阅读并翻译《谏逐客书》一文，在疏通大意的基础上，归纳并列出文中的多种论证方法。

4. 利用工具书，阅读并翻译《与妻书》一文，然后思考作者是如何在抒发对妻子的爱的过程中阐述革命道理的。

5. 下面四句话节选自本单元的四篇文章，请同学们结合语境，研读这几句话，感受并体会其背后的深刻含义和复杂情感。先独立思考，再小组交流。

（1）正像达尔文发现有机界的发展规律一样，马克思发现了人类历史的发展规律，即历来为繁芜丛杂的意识形态所掩盖着的一个简单事实：人们首先必须吃、喝、住、穿，然后才能从事政治、科学、艺术、宗教等活动；所以，直接的物质的生活资料的生产，构成一个民族或一个时代的一定的经济发展基础，人们的国家设施、法的观点、艺术以至宗教观念，就是从这个基础上发展起来的，因而，也必须由这个基础来解释，而不是像过去那样做得相反。

（2）今乃弃黔首以资敌国，却宾客以业诸侯，使天下之士退而不敢西向，裹足不入秦，此所谓"藉寇兵而赍盗粮"者也。

（3）吾作此书，泪珠和笔墨齐下，不能竟书而欲搁笔，又恐汝不察吾衷，谓吾忍舍汝而死，谓吾不知汝之不欲吾死也，故遂忍悲为汝言之。

（4）前十余日回家，即欲乘便以此行之事语汝，及与汝相对，又不能启口，且以汝之有身也，更恐不胜悲，故惟日日呼酒买醉。

设计说明：

本专题学习设计的第一部分主要是引导学生通读教材单元内的四篇文本，因为本单元的所选文本都是实用性文本，因此在阅读过程中，旨在引导学生准确快速地把握作者的核心观点，清晰明朗地了解文本论证思路，能够有效精准地抓住文本主题思想。为此，第一部分的前两个任务分别是对前两篇文本内容的考量，设计目的是驱动学生有针对性地梳理并整合文本信息，提高阅读效率，养成良好的快速阅读习惯。本单元后两篇文本是古文，因此要求学生课下完成翻译工作，课上重在引导学生感知内容，从论证方法和情感体悟两个角度进行活动设计，进而培养学生独立理解和鉴赏文本的能力。最后一个任务是对四篇文本的整体设计，旨在引导学生对实用性文本中的长句进行解析，从而锻炼学生语言品析和理性推理的阅读能力。

二、研讨：观点的碰撞

1. 借助网络搜集相关时代背景资料和马克思的生平资料，阅读《在〈人民报〉创刊纪念会上的演说》和《在马克思墓前的讲话》两篇文章，圈点勾画找出代表作者观点的语句，以旁批的形式重新表述作者的核心观点，并结合相关背景或生平资料谈谈这些观点的时代意义。

2.《在马克思墓前的讲话》虽然不长，但逻辑严密、推断合理，有强烈的感染力，请结合文本分析作者是如何做到的。另外，补充阅读《在纪念马克思诞辰200周年大会上的讲话》（习近平），结合《在马克思墓前的讲话》，分别用思维导图的方式梳理出两篇文章的行文逻辑，并比较两者的异同（完成下表）。

文　章	相同点	不同点
《在马克思墓前的讲话》		
《在纪念马克思诞辰200周年大会上的讲话》		

3. 阅读《谏逐客书》和《与妻书》两篇文章，思考：《谏逐客书》是如何围绕"臣闻吏议逐客，窃以为过矣"展开论述的？《与妻书》是如何围绕主线"吾衷"表达了对妻子的拳拳深情的？两篇文本在组织材料方面有何异同之处（完成下表）？请结合文本内容具体分析。

文　章	相同点	不同点
《谏逐客书》		
《与妻书》		

4.《谏逐客书》和《与妻书》两篇文章在表达方面都大量运用了比喻和排比两种修辞，使得文章的主题更为鲜明、突出，感情更加充溢、浓厚。请揣摩并模仿两篇文章中这些写作技巧的运用，写一段文字。要求：150字左右，主题不定，使用排比或比喻的修辞手法。

5. 请同学们进一步研读本单元中的四篇文本，结合补充材料，尝试总结演讲词、悼词、奏疏和书信四种不同体式文章的行文特点和表达特色。

设计说明：

本专题学习设计第二部分主要是进行比较式阅读，将相近文体进行横向比较阅读，如前两篇文本，一篇是演讲词，一篇是悼词，都是一种公开场合的言说。因为有相似之处，所以本部分设计中的前两个任务，都是将两篇文本放在一起进行考量设计的。从主题思想和行文逻辑两个方面引导学生进行赏析文本，旨在驱动学生更加清楚地了解这类文本的基本特点。第三和第四两个任务同样是针对同类文本的，即将《谏逐客书》和《与妻书》两篇文章放在一起进行比较阅读，进而引导学生感受奏疏和书信这两种相近体式的文本，尤其是对论证过程及其展开的赏析，旨在提升学生对表达的针对性、清晰性等特点的认识，进而学以致用地体现于自我阅读与表达之中。最后一个任务是对四篇文本的一个横向比较，围绕论证思路、论证过程等行文特点以及语气、语调、语体等表达特色进行梳理和总结，以加深学生的学习感受和对知识的理解。

三、表达：情感的共鸣

1. 五四青年节快要到了，班级要进行"文化墙"设计与评比活动，请同学们从马克思、恩格斯、李斯、林觉民四人中任选一人，制作名人挂像悬于班级内墙上，并为挂像撰写一段100字左右的推荐语。

示例：

中国著名病毒学专家，我国脊髓灰质炎疫苗研发生产的拓荒者——顾方舟。

感动中国2019年度人物颁奖词：舍己幼，为人之幼，这不是残酷，是医者大仁。为一大事来，成一大事去。功业凝成糖丸一粒，是治病灵丹，更是拳拳赤子心。你就是一座方舟，载着新中国的孩子，渡过病毒的劫难。

2. 先个人搜集材料，尤其是阅读相关演讲稿，如马丁·路德·金的《我有一个梦想》等，然后以小组为单位尝试总结演讲词的基本特点和写作要求，最终形成一篇有关演讲词的知识短文。

3. 根据演讲词的特点和要求，请同学们设计一张"演讲评价标准表"，要注意评价维度、评价层级和赋分的设计与安排。师生交流讨论后确定。

4. 为充分展现新时代中国青年人的勇于担当、抗击疫情的风采，激发正能量、弘扬真善美。特安排"战疫情，勇担当"主题演讲活动，面向全班同学征稿，请结合自身感受来写。要求：注意演讲目的、活动场域、聆听对象等。

（1）先自我选题，然后根据演讲词的基本特点和写作要求来撰写演讲稿。

（2）小组内部根据"演讲评价标准表"对每位成员的演讲稿进行评议，提出修改意见。

（3）在修改意见的基础上完善演讲稿，每组推选一名同学参加班级比赛。

（4）邀请相关任课教师担任比赛评委，录制演讲视频，推送到班级公众号。

（5）请同学们就"新时代，新青年，新梦想，新发展"这个话题，结合时代背景和自身理想，利用课余时间，制作一份手抄报（A4纸张）。要求：图文并茂，格式齐整，语言流畅，思想积极。

设计说明：

本专题学习设计第三部分主要是引导学生进行表达能力的锻炼，如对演讲词、推荐语、手抄报等不同写作形式的基本特点和一般要求的领悟和掌握。本单元的写作任务是"学写演讲词"，因此在这些写作任务中以第四个写作任务为核心，第二和第三两个学习任务，一个是演讲词知识积累，一个是演讲评价标准设计，都是为了第四个活动演讲词的撰写与展示而铺垫和服务的。另外，本单元的人文主题是"抱负与使命"，为此，在该部分的活动设计中，尽可能地围绕这个人文主题进行任务设计，进而在学习选文的基础上，进一步引导学生感受在不同时代背景下，每个人都有自己的遭遇，同时也都有自己的理想、前程和使命。

【思辨读写测评】

梁启超先生在《少年中国说》一文中有如下一段经典论述，请同学们认真体会这段话中的深刻内涵，通过互联网查阅相关资料，结合时代背景和自身理想，以"中国，我想对你说……"为题写一篇文章，文体为书信体，字数不少于800字。

故今日之责任，不在他人，而全在我少年。少年智则国智，少年富则国富，少年强则国强，少年独立则国独立，少年自由则国自由，少年进步则国进步，少年胜于欧洲则国胜于欧洲，少年雄于地球则国雄于地球。

红日初升，其道大光。河出伏流，一泻汪洋。潜龙腾渊，鳞爪飞扬。乳虎啸谷，百兽震惶。鹰隼试翼，风尘吸张。奇花初胎，矞矞皇皇。干将发硎，有作其芒。天戴其苍，地履其黄。纵有千古，横有八荒。前途似海，来日方长。

美哉，我少年中国，与天不老！壮哉，我中国少年，与国无疆！

【设计说明与评价标准】

本单元的人文主题是"抱负与使命"，语文要素是"表达的实用性和针对性"，结合这两个要求，进而设计这道思辨读写题。另外，因为学习活动中已经设计了一道演讲词写作与展示题，故这里将写作文体限定为书信体，以便涵盖本单元所涉及的两种文类。并且书信体近年常出现于高考作文题中，是同学们必须熟悉和掌握的一种写作形式。因此这样设计，不仅贴合教材内容，而且还符合备考要求。

在评价标准方面，书信体较其他类文体的优势在于以下几点：第一，情感因素，书信内容大多是作者内心世界的真实表白，情感真挚，"含情量"高，容易拨动读者心弦；第二，书信大都采用第二人称的叙述方式，亲切自然，加之朴实无华的语言，娓娓而谈，能够引起读者共鸣，其观点也易于为人所接受；第三，书信内容大多接近现实生活，便于取材，让学生有话可说，有事可讲，有情可抒；第四，书信的表达方式多样，可以精于叙述也可以长于议论。为此，评价标准主要可从"思想情感、语言表达、内容题材、行文思路"四个方面进行考量。

参考文献

［1］普通高中教科书·语文（必修下册）［M］.北京：人民教育出版社，2020.

［2］潘大礼.民国时期"黄花岗起义"的历史记忆［J］.湖北大学学报（哲学社会科学版），2019（5）.

［3］李业杰.解读"革命家"的马克思及其重要意义［J］.徐州师范大学学报（哲学社会科学版），2009（4）.

［4］李晓红.论《谏逐客书》的应用文特性［J］.语文建设，2008（Z1）.

［5］付振果.《与妻书》用典知多少［J］.中学语文教学，1994（3）.

中　编

胜日寻芳泗水滨

瑕瑜互见

——《过秦论》思辨性阅读课例赏鉴

执教：贵州省大方县实验高级中学　宋谋齐

观察：贵州省大方县实验高级中学　周志凌

【教学设想】

《过秦论》这篇文章里，贾谊别开生面、独具一格的睿智的语言推导出了秦灭亡的原因在于"仁义不施"，并且列举了大量的事实来证明自己的观点，其行文逻辑历来受到推崇，被视为古代政论文中的典范之作。在课堂教学中，鼓励和引导学生进行原生态的思辨性阅读与表达，在深度阅读中感受《过秦论》中贾谊语言的深刻性、严密性和灵活性，同时学会"比较—质证—分析"，理解作者的历史立场及其历史局限性，梳理其论证材料及论证思路，把握论说文的写作特点，进而发展学生的思辨性阅读能力，提高学生的思维品质。本课例为第3课时。

【课堂实录】

师：同学们，我们通过前2节课的学习，了解到了《过秦论》写作的背景和相关知识，疏通了文章的字词句式。今天，我们从论证材料和论证思路上来研究一下本文的写作特点。下面请同学们对文章里的论证材料进行分类整理。5分钟以后，我们进行展示交流，请你对此进行介绍和分析，其他同学可以进行补充。

生1：（朗读作品）课文第1段。这部分内容主要交代了秦的地理位置和秦国君臣的雄心壮志。

生2：我来补充。这部分内容还介绍了秦国著名的商鞅变法，以及变法后的效果——"秦国拱手而取西河之外"。

（师眼神示意鼓励学生回答）

生3：老师，我来说。（朗读作品）课文第2段开头2句。这里介绍了两个方面的内容，一是秦孝公之后的三个君王向外扩张，二是其他诸侯国联合起来对抗秦国。

（师眼神示意鼓励学生回答）

生4：我找的是叙述秦始皇的材料。（朗读作品）课文第3段开头3句。这三句主要介绍的是秦始皇拓展疆域，巩固边防的事情。（朗读作品）课文第3段第4句。这一句主要写的是秦始皇鱼肉天下百姓。

生5：我来补充一下。我先补充一下"其他诸侯国联合起来对抗秦国"，（朗读作品）课文第2段第3、4、5句。这里详细地介绍了诸侯六国的谋臣、武将，有很多名字都是我们耳熟能详的。（朗读作品）课文第2段第6至10句。这里介绍了诸侯六国战败，秦国大胜的事实。

另外，（朗读作品）第3段倒数3句。这里还介绍了秦始皇坐稳天下后的心态，自认为秦国可以一代一代地传承下去。

（师眼神示意鼓励学生回答）

生6：老师，我来。课文第4段，（朗读作品）这里介绍的是陈涉农民起义推翻秦王朝的历史。

师：同学们归纳得很好，很棒。现在我们一起来总结一下，贾谊为了推导出他的观点，即文章最后一段，秦灭亡的原因是他"仁义不施"，在论证材料上介绍、提供了以下事实：

秦国：孝公变法崛起，君臣同心同德、志在天下，外连横斗诸侯，秦始皇统一天下，焚书坑儒、收缴武器，亡秦族矣。

诸侯：膏腴肥饶之地，人才济济、谋臣良将，一败涂地、割地赂秦，亡国灭族。

陈涉：出身不好、地位卑微、才能低下，武器差、将弱兵寡，推翻秦朝。

请同学们思考一下，这些论证材料和作者的观点有怎样的关系？是怎样论述的？请做简要分析。

（师眼神示意鼓励学生回答）

生7：我认为是这样的。贾谊分别列举了秦国、诸侯和陈涉相关的事实，事实上这三类材料都围绕"民心"这个话题。秦国之所以能够得天下，正如文章所说，是因为"君臣同心同德一窥周室，志在天下"，再加上秦的地利"崤函之固，雍州之地"，而秦的灭亡也正是伴随着他的"焚书坑儒"失掉了"民心"。诸侯的失败，其实也是因为他们没得"民心"，贾谊所列举的材料中大量地提到了六国里我们耳熟能详的谋臣良将，但是我们没有看到关于六国的百姓"民心"的叙述；没有"民心"，再多的谋臣良将也是枉然。陈涉的材料是怎样与"民心"挂钩的，我还没有想好。（生7有点不好意思地坐下来）

生8：我补充说一下陈涉吧。我觉得这个材料应该这样来分析。作者贾谊详细地介绍陈涉，把陈涉的不好、不足列举出来。为什么陈涉能够"天下云集响应，赢粮而景从"，不正是因为他反抗秦国正是天下人想做的事情吗？所以会有那么多的人跟着他起义，他也正是因为得到了这些"民心"，所以才推翻了强大的秦国。

（师眼神示意鼓励学生回答）

生9：老师，我不太赞同他们两位的说法。我认为应该是这样的，"仁义不施"的对立面应该是暴政，秦国之所以灭亡，是因为他对自己的百姓不好。第2段中"伏尸百万……"，第三段中"焚百家之言……"这句；还有陈涉起义，我们知道那是因为陈涉他们因为遇到暴雨无法按期到达，是要被杀头的，可见秦国在统一的过程中和统一之后，对自己的百姓是严格控制，甚至是随意杀害的。秦国对自己的百姓可以说是非常不好的，那么百姓又怎么会拥护他呢。正如作者贾谊所说，"仁义不施"所以才亡国灭族。

生10：老师，我来说。我觉得这些论证材料本身之间有对比在里面，你看秦国那么强大，陈涉那么弱小，但是最后却是陈涉推翻了强大的秦国。六国的土地和人才那么多，而秦国相对就弱小得多，但是最后秦国灭掉了六国。陈涉和秦国都是以弱胜强，那是因为他们当时都得到了民心，秦国是兴也民心，亡也民心。由此可见"仁义"的重要性。这些材料看起来很多、很广，但其实他们都是围绕着"仁义"来组织的。我觉得贾谊很厉害。

生11：我觉得贾谊用"仁义"总结这些材料，概括得很好。你想呀，我们常说得民心者得天下，水能载舟亦能覆舟。不管是秦国也好，诸侯六国也罢，不施行仁政，就得不到天下百姓的拥护，就会失掉民心。历史上那么多个朝代的灭亡，哪个不是因为失掉了民心才灭亡的，因而，我觉得贾谊的观点很深刻，值得我们深思。

（师眼神示意鼓励学生回答）

生12：老师，我说一下。文章最后一段，（朗读作品）课文第5段开头4句。我觉得这是作者贾谊对前文论证材料的对比、概括、分析。贾谊从秦的地理位置、陈涉的地位、武器、起义军的人数、谋士等方面进行了对比分析。贾谊选用这些材料，看似杂乱，实则不然，都是为了突出"仁义"的重要性，我觉得这一段读起来特别有气势。

师：大家的分析都很有道理，的确如同学们所说。贾谊进行了几组论证材料之间的对比。通过秦本身的强大与灭亡，秦相对弱小与六国的强大，陈涉的弱小与强大的秦国，卑微的陈涉与六国谋臣良将，陈涉起义军整体实力的弱小与强大秦军、六国之众之间的对比，处处透露出作者想要表达出来的一个观点，那就是通过"过秦"，指出秦的"过"，来警醒当朝统治者，吸取秦王的经验教训，点明实施"仁政"才是立国之本。那么，同学们是否赞同贾谊所列举的这些材料都能有力地支撑"仁义不施而攻守之势异也"这个观点，有没有同学有质疑的？请举例分析。

生13：老师，我有一点疑问，第3段。（朗读课文）"乃使蒙恬……"到"……而谁何。"我觉得这两个材料不能支撑贾谊自己的观点。对于一个国家来讲，派遣军队驻扎边境，防守外敌入侵，这不算是暴政，相反我觉得反而是保境安民的仁政。我觉得，这两处是整篇文章论述中的败笔。

生14：还有，我补充一点。也是第3段中，（朗读课文）"收天下之兵，……，金人十二"，我觉得普通百姓拥有武器——枪，社会是非常不稳定的，国家统一收回，我认为从一定程度上可以减少流血事件的发生。我觉得这个做法挺"安民"的，算不得暴政。你看，我们现在走在路上，没有人会担心挨黑枪，多安全。（学生笑起来）

（师眼神示意鼓励学生回答）

生15：老师，我来。第一段，（朗读课文）"秦孝公据崤函之固，……，并吞八荒之心。"我觉得这里写出了秦王战争的野心，秦王发动战争，受伤害的永远是底层百姓，那么这里自然不算是秦国实行"仁政"，按作者贾谊的观点分析，此时秦国应该变弱或亡国才对。但事实上，秦国正是因为发动了这些

"战争"才逐渐变得强大。开头这一句似乎支撑不了贾谊自己的观点，反而有点自相矛盾的感觉。不知道我的理解是否有道理？

师：你们三位说得都有道理。贾谊《过秦论》毫无疑问是文言文中的精品，论说文中的典范。贾谊通过系列材料的陈述和对比分析，在其雄辩的语言中产生了极强的逻辑力量，成为"过秦"的典范之作，也成了我们宝贵的精神财富。但是，也正如同学们所见，他由于受历史的局限，文章中的观点有些片面，论证的逻辑亦存在明显的漏洞。但是，贾谊《过秦论》中"仁义不施而攻守之势异也"的观点仍然是深刻的，值得我们当下的人认真思考和领会。

【观察者说】

思辨性阅读的路径和实施

贵州省大方县实验高级中学　周志凌

一、熟悉文本

思辨性阅读的前提是真正熟悉文本的内容。对于文言文课文教学而言，更应该在文本的熟悉上下功夫。文言字词句的疏通是第一步，第二步是广泛地了解文章的写作背景和相关常识。这样才谈得上对课文有初步的了解和认知，才能够进一步开展思辨性阅读。《过秦论》中贾谊列举了大量的历史事实，思维灵活，语言技巧运用丰富。为什么列举这些材料，在探讨其与文章主旨的关系之前，首先得了解文章到底写了那些具体的内容。宋老师这节课很好地遵循了这个理念，安排学生对"文章里的论证材料进行分类整理"。学生在举例分析中，对于材料的把握也越来越熟悉，这为批判性阅读奠定了基础，使课堂的生成性成为可能。

二、辨识材料

文章中的每一个字，甚至每一个标点符号都有其特有的意义和艺术价值的指向。因而，辨识文章中每则材料的作用，这是思辨性阅读的思维方式。从思维逻辑上进行问题的梳理，这则材料能支撑观点吗？又是怎样支撑观点的？是否很好地支撑了观点？通过这些问题的引导，对材料进行分析，达到对文章内容结构的整体认识和理解，以此来训练学生的语文核心素养，发展与提升学生思维品质，为学生学会触类旁通、举一反三提供真实的生活体验，将所学内化成学生的学习能力。宋老师通过"论证材料与观点'仁义不施'"之间关系的辨析，让学生体会到了《过秦论》一文中观点的深刻性、灵活性和严密性。

三、质疑提升

再完美的文章，由于受到作者个人和历史的局限，在认知上往往有值得我们商榷和质疑的地方。思辨性阅读，贵在批判性质疑。能够多角度地思考并发现问题，这本身就是一种思维的深度和广度的体现。学生往往由于受惯性接受思维的影响，得到的是什么，就认为是什么。要引导并鼓励学生发表自己深度阅读的体验，在交流分享中潜移默化地提升学生思维的品质，实现教学的目的。宋老师设置的第三个环节——"同学们是否赞同贾谊所列举的这些材料都能有力地支撑'仁义不施而攻守之势异也'这个观点，有没有同学有质疑的，请举例分析"。在问题的陈述中暗示了《过秦论》中的部分材料不能很好地支撑"仁义不施"的观点，鼓励学生用自己的话把自己的观点陈列出来进行分析。学生在陈述的过程中，其批判性思维得到了训练。依托于文本，又不局限于文本，落实培养学生的语文核心素养的目的就能逐步得到实现。

隐语，解读小说的密码

——《红楼梦》整本书阅读课例赏鉴

贵州省毕节市第一中学　黄瑜华

【设计缘由】

在文学的隐语中寻找思维的方向，激发阅读的兴趣，为《红楼梦》阅读寻找突破口。教学过程中，以小说的三要素为框架，以学生的自主探研为主要形式，以培养学生的思辨能力为主要目的，在分组合作、探究中完成教学。

【课例描述】

师：有出版社曾对近三千名青年读者进行调查：你认为吐槽最多的"死活读不下去"的书有哪些？据统计，在前10名的榜单中，中国古典四大名著尽数在列，其中《红楼梦》位居榜首。同学们，为什么当代青年评选"十大死活读不下去的书"，《红楼梦》排名榜首？

生1：人物关系复杂，情节发展缓慢。

生2：文言诗词太多，读着很累。

生3：吃顿饭都要写一大篇，林黛玉哭哭啼啼没趣味。

师：还有一项网络调查，如果你要去一个孤岛生活5年，只能带一本书，你会带哪一本？《红楼梦》也名列前茅。原因是什么呢？除了它的内容丰富外，也是因为它太难读懂。读不懂会让人读不下去，读不懂也是让人读下去的动力。其中的原因是什么呢？——虽然难懂，但是它经典。

《红楼梦》是中国文化的百科全书，里面有中华民族的人情世故、宗法制度、衣食住行、诗词歌赋、园林审美等。小说以贾、史、王、薛四大家族的兴衰为背景，以贾宝玉为视角，以宝、黛、钗的爱情悲剧为主线，描绘了一批闺阁佳人的人生百态，展现了真正的人性美和悲剧美，可以说是一部从各个角度展现女性美以及中国古代社会世态百相的史诗性著作。

《红楼梦》的好看，一个重要的原因便是书中包含有大量的隐语，这些隐语或影射了人物的性格、关系，或暗示情节的发展走向，或揭示环境的内涵意蕴，使得阅读《红楼梦》这样一部结构复杂、人物众多的大部头小说的过程并不繁杂，反而格外引人深思，品读起来滋味无穷。

下面，我们就从小说的三要素——环境、人物、情节三个方面，寻找小说的隐语，帮助我们读懂小说，进而感受小说独特的魅力。有请环境探究小组。

生：大家好！我们小组对《红楼梦》的自然环境和社会环境进行研究，发现了一些有趣的隐语。有的环境暗示情节的发展，有的环境暗示人物的命运，有的环境暗示小说的主旨。下面，我选几个给大家品味品味。（出示PPT）

青梗峰（情根峰）：小说开篇谈情，以婚姻关系为脉络，把贾、史、王、薛四大家族的关系串联在一起。

无稽崖：所写之事皆为无稽之谈，虽为无稽之谈，却为人间真情。

大荒山：照应结尾"落了个白茫茫真干净"，揭示封建家族从兴旺走向衰落的命运。

宝玉的住所"怡红院"（遗红怨）：留下了宝玉对他热爱的女孩们的美好情感。

薛宝钗的居所"蘅芜苑"：一方面用蘅芷清芬的香草衬托蘅芜君品德的高洁，另一方面用蘅芜苑（恨无缘），音含薛宝钗与宝玉有缘无分，终不能夫妻相携一生。

林黛玉的住所"潇湘馆"：翠竹森森，暗合林黛玉潇湘妃子的雅号，娥皇女英日夜啼哭使得竹子亦染上泪痕的典故，让还泪而生的黛玉终日以泪洗面，潇湘馆（消香馆）预示着黛玉香消玉殒的结局。

探春的秋爽斋里种了芭蕉和梧桐：芭蕉的大叶宽枝，与探春性格的大气阔朗相得益彰；而梧桐，又暗示了她日后的命运——嫁到异邦的王妃，如同一只远走高飞的凤凰。

师：归纳得很好！《红楼梦》里的自然环境、社会环境，从名字、风格，以及院内植物和室内陈设等隐语，无不暗合了小说人物的性格和命运的走向，也从不同的角度揭示了小说的主旨。你们找得很丰富了，但还有两个非常重要的环境你们还没发现，那就是"宁国府"和"荣国府"，"宁国"，使国家安宁；"荣国"，使国家繁荣。宁、荣二府的衰落，也预示着封建王朝逐渐走向衰亡。

下面有请人物探究小组。

生：大家好！我们小组根据《红楼梦》中的人物名字的读音和字形结构，发现其中也有不少有趣的隐语。请看PPT。

一、人名大量使用谐音。

1. 甄士隐和贾雨村可以理解成"真事隐（去）""假语村（言）"，这是刚出场的两个人物，寓意作者写作的目的——真事隐，假语存，所以最后甄士隐出家做了和尚，而贾雨村一直当着官。

2. 甄英莲（真应怜），甄英莲是甄士隐的女儿，也就是香菱，后来薛蟠的妾，她本是官官之家的掌上明珠，因为元宵节被人拐走，从此命运颠沛流离，被人贩子打，卖与人做妾，处处受压，是"真应怜"，真的应该可怜。

3. 霍启（祸起），霍启寓意祸起，因为他把香菱弄丢，导致香菱后半生的不幸，也开启了甄士隐一家的没落，真真是祸起于他。

4. 娇杏（侥幸），娇杏是甄士隐妻子的婢女，因为觉得贾雨村样貌不凡多看了两眼，日后贾雨村当官之后，立即娶了来做侍妾，并扶正做了妻，从一个丫鬟到正夫人，只是因为多看两眼，难怪作者感慨，"偶因一回顾，便为人上人。"

5. 冯渊（逢冤），冯渊是个小康人家子弟，喜欢香菱，从人贩子处买下了香菱，却被莽横无理的薛蟠打死，真是深冤似海深。如果冯渊没死，香菱跟着他总好过跟着那个呆霸王，果然香菱是"真应怜。"

6. 元迎探惜：元春、迎春、探春、惜春四姐妹，谐音"原应叹息"，叹息她们短暂的青春。

7. 四春丫鬟：分别是"抱琴、司棋、侍书、入画"，暗喻"琴棋书画"古代四艺，同时也暗喻她们主人的爱好特点和艺术修养。

8. 贾宝玉（假宝玉，真顽石），在红楼梦里，贾寓意着"假"，贾宝玉本是女娲补天遗留下的一块石头，所以他是块假宝玉，从他嘴里，多少惊世骇俗的话语蹦出，一再冲撞封建家长们的底线，是块名副其实的"真顽石"。"宝玉"二字，还被嵌在二位女主身上，组成了"宝钗"和"黛玉"，由此可见，他们三人关系非同一般，爱恨纠葛也必定是紧密相连和变幻莫测，因而最后有了宝玉钟情黛玉，却和宝钗联姻的结局。

二、红楼梦里的人物，可以从他们名字的偏旁来辨别他们的辈分，从而弄清楚他们之间的关系。

1."水"字辈

贾源（荣国公）　贾演（宁国公）

2."代"字辈

贾代善　贾代化　贾代修　贾代儒

3."文"字辈

贾赦　贾政　贾敷　贾敬　贾敕　贾效　贾敦　贾敏

4."玉"字辈

贾珍　贾琏　贾珠　宝玉　贾珩　贾珖　贾璎　贾琛

5."草"字辈

贾蓉　贾蔷　贾兰　贾菖　贾菱　贾蓁　贾萍　贾藻　贾蘅　贾芬　贾芳　贾菌　贾芝　贾荇　贾芷

师：从偏旁和读音中找隐语，从而找到解读小说的密码，很好！其实，这些偏旁还有一定的象征意味。首代从"水"，寓饮水思源之意，隐含了贾源、贾演有着不同寻常的创业遭际。第二代用"代"，含有更新换代之意。第三代用"文"字旁，取"文治""文韬"之意。第四代用"玉"部，这一代是承平日久的一代，荒废了前人的文治武功，养尊处优，平庸无能，"金玉其外，败絮其中"。第五代从"草"旁，已变成犹如路边草芥的平民百姓。 综观贾氏名讳，第三代到第四代的分化是十分明显的，流露出作者"三世而衰，五世而绝"的历史观念。

理清了人物关系，读懂了名字所隐含的人物命运，要读懂《红楼梦》就不是一件难事了。大家认真看看课本上贾府人物关系的思维导图，也许对你的阅读思路会更有帮助。

谢谢人物探究小组，请情节研究小组汇报研究成果。

生：大家好！我们情节研究小组主要从三个方面发现了小说情节中的隐语：

第一个方面是县衙里"门子"呈现的"护官符"，在《红楼梦》的第四回《薄命女偏逢薄命郎，葫芦僧乱判葫芦案》中，作者巧用这"护官符"——"贾不假，白玉为堂金作马。阿房宫，三百里，住不下金陵一个史。东海缺少白玉床，龙王来请金陵王。丰年好大雪，珍珠如土金如铁"，既介绍了小说的背景，又暗示了小说情节的发展。

师：抓这个点理解情节很好，了解小说的过去，更能准确把握小说的发展。正如北京大学教授孔庆东所说："《红楼梦》在没有深入描写贾、史、王、薛四大家族之前，先向人们展示了一张'护官符'，不仅让读者对四大家族的权势和地位有了大概的印象，也为后文错综复杂的人物关系埋下了伏笔。"

请继续汇报。

生：第二个方面是林黛玉进贾府。小说通过这一事件，向读者介绍了贾府的布局，人物的尊卑，为后文的情节做了必要的铺垫，我们认为这也是一个情节的隐语。

师：很好！前面通过背景理清情节，这里又通过环境和人物理清情节。读懂一部小说的切入点很多，最根本的是把握小说的三要素——环境、情节、人物，理解它们之间相辅相成的关系，这是一条基本途径。请继续汇报。

生：第三个方面是判词。我们小组认为小说的第五回《游幻境指迷十二钗饮仙醪曲演红楼梦》中的判词，暗示了人物的命运和情节发展的方向，也是理解小说情节的隐语。我们找了金陵十二钗正册的判词，与大家一起欣赏，请看PPT。

（一）林黛玉、薛宝钗：可叹停机德，堪怜咏絮才。玉带林中挂，金簪雪里埋。

（二）贾元春：二十年来辨是非，榴花开处照宫闱。三春争及初春景，虎兕相逢大梦归。

（三）贾探春：才自精明志自高，生于末世运偏消。清明涕送江边望，千里东风一梦遥。

（四）史湘云：富贵又何为？襁褓之间父母违。展眼吊斜晖，湘江水逝楚云飞。

（五）妙玉：欲洁何曾洁？云空未必空。可怜金玉质，终陷淖泥中。

（六）王熙凤：凡鸟偏从末世来，都知爱慕此生才。一从二令三人木，哭向金陵事更哀。

（七）贾惜春：勘破三春景不长，缁衣顿改昔年妆。可怜绣户侯门女，独卧青灯古佛旁。

（八）贾迎春：子系中山狼，得志便猖狂。金闺花柳质，一载赴黄粱。

（九）巧姐：势败休云贵，家亡莫论亲。偶因济刘氏，巧得遇恩人。

（十）李纨：桃李春风结子完，到头谁似一盆兰。如冰水好空相妒，枉与他人作笑谈。

（十一）秦可卿：情天情海幻情身，情既相逢必主淫。漫言不肖皆荣出，造衅开端实在宁。

师：精彩！情节研究小组的同学们能够通过"护官符"理清情节发展背景（即过去），通过林黛玉进贾府理清情节发展场景（即当下），通过金陵十二钗正册判词理清情节发展结局（即未来）。知过去，识当下，晓未来，一部巨著便尽在同学们的掌控之中了。

大家从环境、人物、情节三个方面找隐语，分析解读了《红楼梦》的密码，可以说精彩纷呈，行之有效，我也是大受启发，后生可畏呀！其实，可解读的《红楼梦》隐语，还有很多。例如：

《红楼梦》开篇就给我们营造了一个虚幻的美妙世界，讲述了绛珠仙草受甘露之惠而欲往人间以泪报恩的故事，暗示了小说情节的发展。

还有一些物品名称，也藏着隐语。

太虚幻境里的茶和美酒的命名也非同凡响——"群芳髓"（群芳碎）、"万艳同杯"（万艳同悲）、"千红一窟"（千红一哭），这些美丽的名字包含着对红楼女儿们共同命运的哀叹，更衬托出太虚幻境的凄美。太虚幻境毕竟只是一个虚幻的桃花源，它所映射的现实环境就是有众多女儿生活的大观园。大观园的亭台楼榭中住着的也是恍若神仙妃子般的女孩，她们并不像太虚幻境中的神女那样无忧无虑，而是有着各自的烦恼的、真实的人。现实的残酷愈发把太虚幻境衬托得美轮美奂，两相对比，更增添了悲剧色彩。

读罢这些，你是不是对《红楼梦》有了大致的了解，是不是也生出些许向往？走进《红楼梦》，走进他们青春浪漫的生活，你会发现，这本死活读不下去的书，必将成为你死活都要读下去的书！

【评价与反思】

阅读重要的是培养学生的兴趣，阅读课是为了让学生爱上阅读，懂得阅读。但也要防止为培养兴趣而让阅读沦为肤浅甚至庸俗。

每一本书有每一本书的阅读方法，每一个人有每一个人的阅读方法，求同存异，让个性与共性共存，让阅读成为一种创造性的活动。

《红楼梦》是中华文化的载体。阅读"红楼"，更重要的是让学生热爱"红楼"，热爱中华文化，传承中华文化。

"大音希声"：短诗的一种朴素表达

——《漫游者的夜歌》《江雪》《夜宿山寺》比较阅读

贵州省毕节市金沙中学　王义翔

《漫游者的夜歌》是德国大诗人歌德的一首代表作品，被人教版高中语文选修教材《外国诗歌散文欣赏》收录。此诗虽短，但不管在诗歌意境还是表达手法上，都极具艺术魅力，被公认为歌德抒情诗中的绝唱。这首诗虽然只有寥寥数语，但因是翻译作品，加上学生对歌德本人不太了解，因此首先需要带领学生疏通诗歌大意，并在此基础上补充一些有关此诗创作的背景资料，帮助学生进一步理解作者借助诗歌想要表达的思想情感。另外，因为本诗在创作手法和艺术造诣方面与中国古代诗歌中的一些经典之作有异曲同工之妙，故最后采用比较阅读的方式，引领学生感受和鉴赏不同国度的诗歌在表达特色和艺术境界方面的相似点。

【课例描述】

一、抓关键词，疏通诗歌大意

通过阅读后的交流讨论，学生很快就明白了诗歌的字面意思，以一个漫游者的视角，简单勾勒出山巅之上万籁俱寂的自然环境。大体意思虽已明了，但对诗中几个关键字词仍感困惑。

一个学生提出诗歌开头为何用"一切"而不是"那个"或"远方"的问题。学生觉得用"一切"总感觉有点别扭。

我让学生用"远方"代替"一切"，然后朗诵，品味其中的差异，旨在引导学生从空间视觉的角度去分析用词。

生："一切"比"远方"的视野更开阔，空间感更强。"远方"表明登山者看到的只是远处的风景，而不是整个周边的风景。另外，用"一切"这种磅礴的字眼将读者一下子拉进了宇宙自然之中，能够激发读者丰富的联想和想象。

生："一切"更辽阔，有种包罗万象的感觉。漫游者看到的远不止"峰顶""树梢""鸟儿"等，他仿佛站在世界最高处，俯视整个人间。（我顺带提问：他自己是这个"人间"的一分子吗？）是的。此时他与"峰顶""树梢""鸟儿"等是同在的，有点融为一体的感觉。

一个学生提出，为何是"声气"而不是"生气"？

我让学生从"用法"去解释这两个词的意义和区别。

生："生气"描述的是一种生命状态，也就是我们常说的生机盎然的意思，用在这儿肯定不对。"几乎察觉不到一些生气"说明树木、森林都枯了、蔫了，显然不是作者想要表达的意思。用"声气"暗示周边很寂静，几乎觉察不到一点声音和气息。

一个学生提出前六行诗歌都在描写自然环境，为何最后两行突然联系到"休息"？

最后两句诗的理解本来是要结合歌德的生平背景来理解的。但学生既然提出来了，那就先尽力地从字面意思来揣摩和思考。我反问学生："周边为何这么寂静？鸟儿又为何静默在林中？森林中鸟儿的叫声不是叽叽喳喳的吗？"

生：鸟儿需要歌唱引起人们注意，需要飞翔很远补充食物，甚至有时还要躲避杀害和围捕，它们需要休息，从而更好地飞翔和歌唱。诗中的"静默"其实就是一种休息。漫游者由鸟儿联想到自己也需要适当的休息来储备更足的精力，进而更好地踏上漫游的前路。

基于以上认识，我们最后总结，这首诗描写了一个漫游者站在山峰最高处俯视周边，群峰默默地矗立着，树梢和鸟儿也都静静地待着，在这静默的世界里，漫游者的内心也宁静了下来，成了自然的一部分，与自然气息相通了。

二、补充资料，解析作者情感

唐代大诗人白居易曾提出"文章合为时而著，歌诗合为事而作"的创作口号。那么，歌德创作这首诗的初衷是什么，即他通过此诗究竟想表达何种思想情感。为此，我给学生提供了两则背景资料。

资料1：约翰·沃尔夫冈·歌德（1749年8月28日—1832年3月22日），一生跨越两个世纪，正值欧洲社会大动荡、大变革的年代。封建制度的日趋崩溃，革命力量的不断高涨，促使歌德不断接受先进思潮的影响，而后逐渐成为德国狂飙突进运动的主将。他的作品充满了狂飙突进运动的反叛精神。

资料2：歌德于1775年应魏玛公爵的邀请到魏玛工作十年，其间被庸俗的贵族所包围，为繁重的琐碎事务所拖累。公务之余便置身于大自然，而《漫游者的夜歌》就写在狩猎小木屋的墙壁上（1780年）。五十多年后（1831年8月），他因躲避人们将要盛大庆祝他82岁的寿辰，离开魏玛，重访小木屋。看见当年所提之诗，他不禁泪流双颊，以柔和伤感的口吻说："是呀，且等候，你也快要去休息。"返回后，不到7个月（1832年3月），便应验了他怀着特殊心情所吟咏的那两句诗"且等候，你也快要去休息"——永远地离开了。

通过阅读补充材料，学生能够进一步理解诗人想要表达的情感。

生：诗中的漫游者其实就是歌德自己，他想从那些烦琐的公务中抽身出来获得片刻的宁静。表面上他看到了一个静谧的大自然，实际上他获得的是精神的松弛和心灵的自由。因此，这是一篇借景抒情的作品，想借自然的宁静来抒发自己追求平和、渴望安憩的思想感情。

生：诗人具有强烈的狂飙主义精神，尤其面对过多的实际事务，必然身心受缚。因此，当处在由山峰、天空、树林、鸟儿所组成的静谧世界中时，他既感受着大自然的和谐与美好，又表达着能够融入这份宁静的渴望。

三、比较阅读，鉴赏表达特色

在疏通诗歌大意和理解作者思想情感后再让学生自由朗诵诗歌，最好能背诵下来。据此，先让学生从朗读的角度来谈谈对这首诗歌的认识。然后进入教学重点，对诗歌的表达特色进行分析和鉴赏。

生：这首诗用词很朴素，没有华丽的辞藻。很精练，但意蕴却很深远。（我追问：意蕴体现在什么地方？）言有尽而意无穷吧。

生：这首诗很短小，读起来能让人安静，感觉自己与自然和谐统一了，能够陶冶人的精神气质。

从这能够看出学生对这首诗的表达特色已有了初步的把握。基于此，顺道引出李白的《夜宿山寺》和柳宗元的《江雪》。先让学生齐背两首诗，再屏显两首诗，然后让同学们分析比较这三首诗歌在写作手法和艺术境界方面的异同之处。

首先来看三首诗歌的写作手法。

生：三首诗歌都采用由"景"到"人"、先"景"后"人"的写法。（我追问：请结合诗歌具体谈谈？）《漫游者的夜歌》从"峰顶""树梢""鸟儿"到"你也快要去休息"，我们刚才说了是漫游者由静谧的大自然触发感受，感觉到自己的心境、情绪也需要得到安宁和平静。《江雪》从没有鸟的山和没有人的路到一个人在江上垂钓，《夜宿山寺》从高楼、星辰到不敢大声说话的人，都是由"景"及"人"。

生：它们开篇都有一种宏大的空间感，很有气魄。比如《漫游者的夜歌》中的"一切"，《江雪》中的"千山""万径"，《夜宿山寺》中的"危楼高百尺，手可摘星辰"。（我追问：视角转换看看，能否将"宏大的空间感"再具体化？）三首诗歌都是以俯视的姿态从高到低，由大到小。"大"主要是自然中的景色，或者说是外在于人的世界，"小"主要指诗境中的"人"。

生：我觉得从诗歌阅读角度的确呈现出从大到小、由远及近的视角转换特点，但从诗人驻足角度看，并非如此。歌德是站在峰顶俯望，李白站在高楼上也是俯望，而柳宗元可能是坐在江上的小舟里眺望。只不过诗歌呈现出来让我们读者感受到的都是由高到低的俯视视角。（我补充，也就是说，诗歌内容呈现出的写作视角与诗人当时的观察视角可能并不一致。）

生：我觉得这三首诗歌的语言或用词都比较朴素，没有太多华丽的辞藻，但读起来又意境悠远，给人一种安静之感。比如《夜宿山寺》，全诗没有一个生僻字，但字字又很有韵味，充满情趣。（我追问：三首诗歌分别是怎么写出这种安静之感的？）《漫游者的夜歌》通过峰顶上空的静寂和树林中的没有"声气"的静默，直接传达出一种安静之感。《江雪》是用"鸟绝"和"人灭"显示出一种安静。《夜宿山寺》是用"不敢高声语"表达了周围环境的静谧。（继续追问：这三种安静之间其实还是有些不同的，能各用一个词分别再具体地表达一下吗？）我觉得《漫游者的夜歌》是一种宁静，《江雪》是一种冷静，《夜宿山寺》是一种沉静。

生：我认为三首诗的表达形式有显著的区别。《漫游者的夜歌》是从外国翻译过来的作品，是一首现代诗，而《江雪》和《夜宿山寺》是古体五言绝句。（我追问：那你觉得哪种诗歌体例好？先不用着急回答，大家一起读一读、品一品。）我觉得各有好处，外国诗简单、朴素，中国诗凝练、飘逸。

我补充钱钟书对《漫游者的夜歌》的改编诗："微风收木末，群动息山头。鸟眠静不噪，我亦欲归休。"提前不点明这是钱钟书的手笔，让同学们再读原诗和改编诗，品味异同。同学们分别发表自己的见解，有认为改得好的，也有认为改得不好的。

通过上述交流，学生们基本对三首诗的写作特色有了一定的认识，基于此，引导学生对三首诗歌的艺术境界进行鉴赏，重点围绕诗歌意境和作者情感两个角度来讨论。

生：我认为这三首诗歌都具有一种画面的美感，是诗画艺术的结合。（我追问：可以具体阐述一下吗？）从电影拍摄角度，三首诗都先采用长焦镜头，由远及近，先景后人。比如《漫游者的夜歌》中漫游者从峰顶眺望苍穹，然后镜头下移到树林、树梢、鸟儿，最后到人。再比如《江雪》，先是"千山""万径"，再是"孤舟""独钓"，镜头都是从宏观到微观，从庞大到具体。这样的设计，给人一种美感，仿佛一幅水墨画慢慢铺开。

生：我觉得三首诗的作者都有敏锐的洞察力，对周遭环境有着天然的亲近感。他们一方面感受着环境的静谧、空灵，一方面也试图将自己融入环境之中，合二为一。（我补充，就像刚才一位同学所说，三首诗都像一幅水墨画，既然是画，那么画中之景、之人必然是融为一体的。我追问：这种融为一体的诗歌意境，其实是诗人的一种理想追求，用中国传统话语来说，应该是什么？）应该是一种"天人合一""物我两忘"的理想境界。

据此，引领学生总结三首诗的诗歌意境：诗人们利用视角的空间转换，既对宏大的自然景观进行描述，又对细微的内心感觉进行捕捉，通过景与人的联通，祈求达到物我两忘、静谧安宁的理想境界。顺道引出问题：这三位不同国度、不同时期的诗人为何都追求这种物我两忘、静谧安宁的理想境界呢？有关《漫游者的夜歌》的写作背景资料已经补充，现补充李白和柳宗元的相关背景资料。

资料1：《夜宿山寺》的写作年代界内意见不一，但普遍认为是李白少年时期所作。李白生平性格豪爽、天真烂漫，其绝句风格自然明快，飘逸潇洒，往往能以简洁明快的语言表达出无尽的情思。

资料2：《江雪》作于柳宗元谪居永州期间（805—815）。唐顺宗永贞元年（805），柳宗元参加了王叔文集团发动的永贞革新运动，改革很快失败，柳宗元被贬为永州司马，流放十年。险恶的环境，并没有把他压垮。他把人生的价值和理想志趣，通过诗歌来加以展现。

生：根据《江雪》的写作背景，可以知道柳宗元政治失意、仕途不顺，有种壮志难酬的苦闷和怀才不遇的无奈。并且周边无人可以倾诉，也没有人可以理解，所以只能在孤独中坚守自己的信念，保持自己的理想。"鸟飞绝""人踪灭"其实是在暗示无人可以理解自己，缺少志同道合的朋友和知己，尤其是掌权者对自己的无视。诗歌后两句中的"孤舟""独钓"再次验证了自己精神世界的孤独和寂寥。

生：柳宗元虽然失意，但他并不消极，诗歌的最后两句，我觉得一方面表达了他出淤泥而不染的高洁品格，另一方面也表达了他对"帝王垂爱"的祈盼。正如姜太公"愿者上钩"的故事一样，柳宗元也在等待着赏识他的人出现，进而为国效力，实现自己的满腔抱负。诗歌前两句的景色描写只是后面内在情感的铺垫，表面是一片凄冷、寂静，实则内心充满渴望，富有朝气。

生：少年李白可爱、率直，充满童真、童趣，我觉得他这首诗就是想表达自己的一种即瞬之感，一种无法言说，但又很有情趣的感觉。诗人站在百尺高楼上，本想伸手摘星星，又怕惊扰了天上的神仙，营造了一种身临其境的神秘感觉。诗人完全融入这种情境之中，或者说诗人本身就是情境的一部分。而这与另外两首诗有异曲同工之妙。

生：除了这两首诗，我还想到了李白的《独坐敬亭山》和陈子昂的《登幽州台歌》，它们和《漫游者的夜歌》一样，都是诗人对瞬时感觉的捕捉，表达了一种对自然、宇宙和人之间的关系的哲学思考，他们在观察自然、体验宇宙的过程中，也潜移默化地被自然和宇宙感染着，成了自然和宇宙的一部分。

基于学生们的思考探究，进行课堂小结。不管是《漫游者的夜歌》，还是《江雪》《夜宿山寺》，自然环境虽然静谧，但不死寂。他们所营造的意境和白居易在《琵琶行》中所表现的"东船西舫悄无言，唯见江心秋月白"的艺术效果是一致的，即一种"大音希声""此时无声胜有声"的意境。不管是"漫游者""独钓者"还是"登高者"，最后他们都不再用眼睛，更别说语言去与自然、宇宙感受、交流了，他们是用心，并且是全身心地融入了自然、宇宙中。这种情感无法言说，也不可名状，是作者身临其境后的即瞬之感，如果用西方古典艺术的标准看，那这就是"高贵的单纯，伟大的宁静"的最真实写照。

作业：就这首诗，本单元"思考与探究"中还有三个译本（《夜歌》《流浪者之夜歌》《浪游者的夜歌》），尝试比较阅读，品味其中的异同，形成文字，不少于500字。

【评价与反思】

1. 比较阅读，有利于促进思维的广阔性和深刻性。《漫游者的夜歌》虽是一首外国短诗，但却极具艺术魅力。尤其它的表达特色与中国古代诗歌诸如《江雪》《夜宿山寺》等有异曲同工之妙。故以课文为中心进行比较阅读，重在引领学生对三篇诗歌的空间构成和艺术境界进行思考探究，进而发展与提升学生语文阅读思维的广阔性、深刻性、灵活性等。就整个课堂教学而言，这个核心目标的达成效果是比较理想的。比如在分析诗歌的写作手法时，通过教师的不断追问，能够触发学生思维的进一步深入，进而强化学生思考问题的深刻性。再比如给学生补充歌德创作此诗的背景资料，有利于促进学生问题思考的全面性。另外，诗歌是语言的艺术，诗歌阅读教学需要边读边思，不停地对诗歌语言进行品味、揣摩、赏析。在教学中，十分注重这一点，既有比较阅读，又有诵读、品读、研读等多种阅读活动。

2. 比较阅读教学需要牢记循序渐进的原则。虽然本课的设计是比较阅读，但不是一上来就引领学生进行比较思考。《漫游者的夜歌》相较《江雪》《夜宿山寺》，前者是比较陌生的，后者其实也不是所有学生都能一下子回忆起来的。所以，在课堂教学中，先对《漫游者的夜歌》的文本大意和思想情感进行理解和品味，为后续比较阅读做铺垫。这个环节实际上不需要过于深入，一些无法解决或暂时有困惑的问题，可以留待后面的比较阅读时再进一步深入思考。而在引入《江雪》《夜宿山寺》两篇诗歌时，先让学生齐背回忆一下，引发学生提取旧知，再和新诗连贯起来思考、学习。这条原则看似浅显易懂，但从课堂教学现实看，很多老师都有意无意地忽视了。尤其在思辨性阅读与表达课堂中，循序渐进更是必要的教学规律，不遵守，学生的思维就有可能被阻断，甚至无法被激发。

3.《普通高中语文课程标准（2017年版）》明确提出三类语文学习活动：阅读与鉴赏、表达与交流、梳理与探究。本课教学重在对这三种活动进行综合实践，不仅关注鉴赏式阅读，也关注交流式表达，还关注探究式梳理。鉴赏式阅读主要体现在对三篇诗歌表达特色的比较鉴赏方面，交流式表达主要体现在学生回答问题的流畅性和准确性方面，探究式梳理主要体现在每一个核心问题的讨论后总要给大家进行简单的小结。可以说，任何形式的语文课堂与教学，都少不了这三种语文学习活动的参与，尤其在思辨性阅读与表达教学中，更需关注这三种语文学习活动的设计。这也是强化学生语文学习自主性、积极性的必然要求，是彰显语文课程实践性、综合性的课程本质的必然需要。

【问题与讨论】

本课教学，主要有如下两个问题值得进一步思索。

问题一：学生回答问题时，语言琐碎，不够精练。

当学生回答老师的问题时，语言过于零散、琐碎，甚至有时表达出的内容与其想说的内容存在偏差。这是学生普遍存在的一个问题。之所以会产生这种问题，主要原因有三：第一，学生倾听不够专注。学生没有很好地抓住老师问题的核心和关键，进而答非所问。第二，学生理解力不够。为何心口不一，回答不得要领，其重要原因在于学生对老师的问题理解不够，领悟不深。第三，学生缺乏课堂表达的规范训练。学生的回答形同于日常口语表达，并未对自己的表达加以严肃的审视，更没有主动地加以修正、改善。对此，教师的解决策略有三：第一，培养学生良好的倾听习惯。倾听是表达的前提，没有好的倾听能力就不会有好的表达能力。第二，完善自我提问方式。如果问题的难度太大，超出学生的心智水平，那么应该适当降低问题难度，或者将一个大问题分解成几个小问题，有层次、有步骤地引领学生逐一地解决问题，进而达到对最后问题的思考和解决。在这个过程中，加强学生的问题意识和对问题核心和关键的理解力和把握力。第三，提出课堂规范表达的样本或标准，长久坚持下去，进而培养学生的规范表达习惯和能力。比如在教学中，对问题的回答，教师可以给出一个半结构化的题干，从而让学生有章可循地去表述自己的观点和见解。逐渐提高学生语言表达的准确性和精练度，然后渐渐摆脱题干提示，从而培养学生规范的表达能力。

问题二：比较阅读中"比较点"如何选择？

"比较阅读"与"群文阅读""主题阅读""专题阅读""任务群阅读"等，彼此之间实则有同有异。但只要将多篇文本汇聚起来进行整体的、综合化的教学，就要考虑"整体"或"综合"的那个"点"的问题。这个"点"是串起多篇文本的关键。比如本课教学就从三篇文本的"表达特色"角度进行设计，因为这三篇诗歌在写作手法上有异曲同工之妙。除了表达或写作手法这个"点"外，还可以从主题、意象、结构、原型等多个角度进行多篇文本的比较阅读。比如《前赤壁赋》《后赤壁赋》《念奴娇·赤壁怀古》，就是以主题为中心的比较阅读；再比如《长恨歌》《长生殿》《秋叶梧桐雨》，就是以原型为中心的比较阅读。当然，这种"点"的选择，其准确性和精当性需要依靠教师充实的阅读储备和良好的专业素养作支撑。当不具备这种能力时，可以借助教研组或备课组力量，集体开发比较阅读课程。

当语文课程逐渐走向开放、多元、复杂的境遇中，语文教师更需要不断地充实自己、提升自己、修炼自己。也只有这样，在面对"点"的选择或者"问题"设计这种专业教学问题时，才能显得更加从容和坚定。

千秋万岁后，谁知荣与辱

——《项羽之死》课例赏鉴

执教：贵州省毕节市第二实验高中　朱天凤

观察：贵州省黔西县第二中学　杨 军

【教学目标】

1.梳理课文内容，预习落实重点文言字词句。

2.分析项羽形象。结合本单元教学目标：创造形象，诗文有别，将文中项羽的诗与本文作比对阅读。

3.学会思辨性的阅读和写作。

4.树立理性正确的人生观和生死观。

【教学重难点】

1.分析项羽形象，体会诗歌和散文在塑造人物形象上的差别。

2.学会思辨性的阅读和写作。

【课堂实录】

一、谈话导入

师："人生，除了生死，其他的都是小事。"看似鸡汤，其实细细想来，却又颇有道理，面对生死，不同的人有不同的态度，倒更能看清人心，看出人性。今天我们来看一看一代霸王项羽在面临死亡时的心路历程，从而更真实全面地了解项羽。

简析：以生死的话题导入，既切合本文的标题又为后面的小写作做铺垫。引发学生对生命意义的思考。

二、检查预习

每段安排一份练习。逐段齐读，每段选一人来答题，并归纳段意。出示PPT：

第一段　四面楚歌，霸王别姬；第二段　误陷大泽，决意快战；

第三段　东城快战，骁勇异常；第四段　拒渡赠马，自刎乌江。

简析：检查学生文言知识的积累和运用，锻炼学生归纳课文内容的能力。实际上，上课时这个环节比预设多费了很多功夫，可见学生的预习还是存在很多问题的。

三、重点理解：诗文有别

师：文章按事件发展的顺序描写了项羽兵败自刎的过程，在这个过程中，我还注意到项羽的一首诗。读读看，想一想这首诗塑造了一个怎样的项羽形象？从文中哪些地方能够体现出这些性格特征。"力拔山兮气盖世，时不利兮骓不逝。骓不逝兮可奈何，虞兮虞兮奈若何！"

生：力大无比，觉得自己很了不起。

生：自己的失败是因为"时不利"。

生：心中最惦记的是宝马和美女。（笑）

师：那么请同学们找找看，课文中又是怎样来表现这些性格的？

生：东城快战，突围而出，赤泉侯辟易数里等体现出他的勇猛无比。

师：在这里突出地运用了正面描写和侧面描写相结合的手法。他三次说："愿为诸君快战。令诸君知天亡我，非战之罪也。"运用了语言描写。言为心声。再如这一句，乃为其骑曰："何如？"从这句话中你读出一个怎样的项羽？

生：自矜功伐，自以为是，不懂反思。

师：那他的失败仅仅是因为"时不利"吗？

生：性格决定命运。比如鸿门宴上不听范增之言，放走了刘邦；比如只在乎面子，可以有船渡河却又拒绝东渡。

生：其实不全是为了面子。只有一只船，其他的部下也过不了河。以他的性格肯定是不愿独活的。

生：他过了河，刘邦还要继续攻打，把战火烧到江东，估计他也累了。

生：前面那个田父故意指错路，就表明百姓厌恶战争。项羽可能也感受到了。打了四年，刘邦是不会收手的。

生：我还发现虞姬此后就一直没有出现过。在《霸王别姬》里说虞姬自杀了。可能项羽也觉得争来打去，连心爱的女人都保不住，没有斗志了。

师：说到这里，我想起项羽在突围时说的话，他说"愿为诸君快战"而不是"决战"，有区别吗？

生："快战"，既有痛痛快快打一仗，又有速战速决的意思。而"决战"有一比高下的意思。也就是说，"决战"是比出胜负，有成功的希望；"快战"，没有一定胜利的意思。也就是说，在他开始对战之前，就预料到了失败的结果。

师：看来刘邦的心理战术非常有效。项羽的勇力，最终还是输给了刘邦的权谋。文中项羽的哭和笑也很有意思。分析一下。

生：项羽"哭"是诀别虞姬时，体现的是他重情重义、儿女情长的一面。项羽在决定自刎时"笑"是看开了、无所谓的笑。

师：那么我们就会发现，散文中塑造人物形象多是通过语言、神态等方式，显得更加真实。这也正是吴乔所说的，"意喻之米，文喻之炊而为饭，诗喻之酿而为酒。"

总之，诗歌具有开阔性、跳跃性。多用议论抒情的手法，情感比较外显，而散文则更侧重于借助各种描写手法塑造人物形象，情感暗含其中。（板书）

简析：解决"创造形象，诗文有别"的问题。学生结合高一时学过的《鸿门宴》还是很容易归纳出项羽的性格特点的。尤其好的一点是能提出不同的观点，有个学生说项羽心胸狭隘，败得当然后，有学生质疑"那你交朋友愿交刘邦还是项羽？"课堂上呈现出辩论的苗头，这说明学生的思维被触动了，参与到学习中来了。将散文与诗歌加以比对，分析项羽的形象，也让学生了解了一些阅读或是写作的基本理论知识。

四、转换角色，读写结合

文章除了主要人物项羽外，还有一些项羽人生末路命运的旁观者，请以其中一个角色的身份写一段话，表达对项羽命运的看法。

教师示例：我是司马迁，我在写霸王项羽的历史，我欣赏他骁勇善战，英勇无比。我敬重他重情重义：不独对八千子弟，美女虞姬，他甚至怜惜与自己征战沙场的那匹马。可惜他至死都没有醒悟，战争并不能仅凭一己之力，勇力之外，更该有谋，成者王侯败者寇，谁管你阴谋阳谋。罢了，我仅是一介史官，能赋予你的只能是秉笔直书，将你与高祖同列为本纪，可能会引来皇帝的不悦吧，但那又怎样？项羽，你是站着死的，我却要跪着活。我们，都有自己的信仰。

学生作品1：人非圣贤，孰能无过。大王啊，你怎么就这样自杀了呢？人自然是要讲情义的，毕竟患难见真情。你的重情重义，兄弟们都是知道的。可是你毕竟是一个首领，应该考虑得长远一些，怎么能因为一点私心就放弃了自己的大业呢？这么多兄弟跟着你，是因为信任你，希望有朝一日你能带领兄弟们闯出一片天，你就这样死了，对得起和你一起出生入死的兄弟们吗？正所谓堂堂七尺男儿，怎么能为了点小事就退缩，你太意气用事了。

同学评价：写出了项羽的性格特点，可说话人的身份不是很明确。可以是虞姬，也可以是手下兄弟，还可能是乌江亭长。

学生作品2：原来一向被认为憨厚老实的我也有骗人的一天，我只是一介农夫，我只想过安稳的日子，这就是我一生所求。看着这仗打了四年，再继续下去，受累的也只是我们这一群人。那天我看到一队官兵骑马向我跑来，为首的那个人气势汹汹地问路。我不敢不答，所以我指给了他一条错路。我不想骗人，可是形势所逼，战争血腥残暴，虽然有人说他豪气勇武，骁勇善战，重情重义，令人佩服，可是我痛恨战争，让打仗的那些人都去死吧。

同学评价：思路与众不同，原来农夫指错路不是有意害项羽，而是痛恨战争。有高度。

简析：将读和写联系起来，力求相互促进。任务驱动型小作文片段的训练，让学生想得更深些、更远些。学生的作文片段只要言之成理即可被认可，鼓励学生多角度地思考，让写、读、评都有所收获。

五、课堂小结

哈姆雷特说："生存还是毁灭，这是个问题。"项羽在忍辱的生和悲壮的死中选择了后者，留下了一段千古悲歌。1300多年后的一个夏日，一代女词人李清照想到江边自刎的项羽，看着如今苟安的南宋王朝，不禁发出"至今思项羽，不肯过江东"的叹息。

请同学们回去看"课后链接"部分，看看历代的诗人对项羽的评价和议论各有什么不同之处，并分析为何会有这样的区别。

设计意图：

将哈姆莱特的话和开头以及司马迁的选择相呼应，让学生懂得选择、取舍的意义，也让学生对生命的价值和意义有所思考，同时自然而然地引出布置作业。课堂是纵向思考，以项羽的诗印证写他的散文，作业是横向比较，不同的人对项羽有不同的评价，通过分析这些不同的观点，能感知到一个立体的项羽，能更有效地提升学生的思维能力。

附：板书设计

项羽之死
司马迁

霸王别姬	诗歌	散文
误陷大泽	比兴、想象	语言、神态
东城快战	凝练、抒情	动作、正侧面描写
赠马自刎	抽象	具体

【执教感言】

余党绪老师认为，批判性阅读分为三个环节，设计问题（理解与整合文本）—细读与思维训练（深度分析与论证）—读写活动（发展与创新）。

在本节课的设计中，我也试图用这种方式来建构自己的课堂。学生在展示课堂习作时还是有可圈可点之处的。比如，站在田父的角度上就有两个完全不同的观点：一方认为是项羽失去人心，另一方则认为田父不针对项羽，而是痛恨所有打仗的人；站在虞姬的角度上，有同学认为虞姬自刎是为了激励项羽冲出重围，东山再起，而有的同学则认为是兵败无法挽回，不愿拖累项羽……可惜后面的部分时间不够，没有能让学生充分展开讨论。

南京市中华中学的徐飞老师认为：《项羽本纪》的最后一段话，"自矜功伐，奋其私智，而不师古，谓霸王之业，欲以力征经营天下，五年，卒亡其国，身死东城，尚不觉寤，而不自责，过矣。乃引'天亡我，非用兵之罪也'，岂不谬哉！"这段话的基本结论是，项羽灭亡原因在其自身，主要理由是项羽要以力征经营天下。学生提出了项羽灭亡的原因是否在其自身姑且不论，但这却不是项羽失败的主要原因，因为刘邦也是以力征经营天下，所以他不能构成因果关系，司马迁的结论也是有片面性的。

这让我想起学生一系列的看似无理的问题，比如有学生问虞姬最后据说是自刎，但司马迁没有记录，这是不属实还是没记录。不属实的话虞姬最后去了哪里？属实的话，司马迁为何没有记录？项羽慷慨悲歌，在那个场景之下，似乎有点不真实。是谁给他记录的这段歌词呢？项羽光明磊落自刎后被分尸，怎样看待这样的结局？问题看似纷繁，却恰恰体现了他们思维的活跃性和理性思维在教学中的必要性。在有限的时间内，如何取舍就更是个考验人的事情了。

总之，希望在独立思考、谨慎求证和严密推理的过程中，师生一方面学习前人，继承文化，一方面努力超越文本，超越自我。

【观察者说】

本课例的背景是实践性课题"基于提升学生思维的思辨性阅读与表达教学策略研究"。本观察从两个维度浅谈：一是课，二是课例。

一、课

（一）明确概念

此课题的核心概念，既是研究的重点、需要突破的难点，是教学设计的价值取向，是课堂调控的舵盘，也是课堂反馈和课例反思的准绳。包括"思维—语文思维—思辨性思维—思辨性阅读与表达"。

1. 思维：从本质上说，思维是具有意识的人脑借助于语言对客观现实本质属性、内部规律的自觉的、间接的、概括的反应过程。其基本过程包括：分析与综合，比较与分类，抽象与概况。

2. 冉正宝《语文思维论》中提出，语文思维是思维主体在运用汉语进行认识与表达、审美与创造、鉴别与吸收的思维活动中，借助于形象对语文对象展开的概括和间接的认识过程。

3. 思辨性思维：对于学校教育，董毓先生根据美国推行的《共同核心标准》，立足中国基础教育实际，提出思辨性思维的八条标准：

（1）谨慎和谦虚的态度，愿意学习、思考的品质以及文明讨论的习惯；

（2）讲道理、作判断要有理由，有全面收集信息的习惯；

（3）意识到现实问题是复杂的，并有分解、分辨主次和关系的初步能力；

（4）懂得要清晰、具体和有条理地思考和表达；

（5）有初步判断信息可靠性的能力；

（6）知道要考察信息是否足够支持自己和他人的立场、观点；

（7）试图辨别自己和他人观点背后的假设、立场和视角；

（8）注意寻求和对比不同观点，比较它们的根据和优缺点。

4. 思辨性阅读和表达："思辨性阅读与表达""文学阅读与写作""实用性阅读与交流"是并列的三个任务群。这是综合文体知识和文类特点，以读写的心理倾向和思维特点为主来进行的分类。可解释成"思辨性思维为主导的阅读与表达""文学性思维为主导的阅读与写作""实用性思维为主导的阅读与交流"。

关于思辨性阅读和表达，目前中学语文界知晓度较大的说法有两种：一是余党绪认为"思辨性阅读"即"指导学生以批判的态度阅读理性的文本"。二是黄玉峰在《如何看待经典及如何看待思辨》一书中所写："批判性思维乃至思辨性阅读应该包含两个维度：第一是强调思维过程的反思性；第二是强调理性态度的重要性。语文学科的内容决定它往往是感性特质的，因此，在语文学科内强调批判性思维主要就是让学生能够形成对于知识生成过程诸环节要素的敏感性和反思习惯，在面对某种知识或意见时，能对其本身的可靠性进行独立的、有条理的分析与考察。"

（二）课堂亮点

1. 诗文比较，整合形象。教者用项羽自己的诗歌和司马迁的传记，从"诗言志"和"言为心声，行为心显"的角度去分析项羽的性格特点，为后文讨论项羽最后的选择做好了铺垫。并且抓住了关键词和细节，通过人物的语言、动作来分析形象，如"三次说"，"决战"与"快战"之不同，"哭"与"笑"等具体语言来体会细微处展示出的人物的精神面貌。文本阅读时思辨阅读的基础必须沉浸在语言文字本身里，才能生长出思维之根。

2. 积极思考，主动质疑："如果是你结交一个朋友，你愿意结交项羽还是刘邦"，"田父指错路""虞姬求死"的心理猜测，"虞姬的结局"为何隐而不写等问题，都展示了学生自己独立的思考。阅读是通过语言文字来理解文本的，贯穿在语言活动背后的是思维活动。在进行思辨性阅读时，特别需要鼓励学生根据自己已有的学习积累对文本中的矛盾之处提出质疑。质疑是思辨性阅读的出发点和发展点。

3. 师生共写，角色转换：项羽的命运历来众说纷纭，教者通过课内写、课后读思，引导学生换一个角度看待问题，学习分析中的多角度思考。

（三）课堂提升

1. 文言字词和知识的积累运用与文意的理解、人物的分析评价赏鉴隔离开来。课例中自叙耗时颇多，归因为学生预习不充分。在这一部分教学中，能不能也贯彻"思辨性思维"的训练和提升？能否以问题为导向来帮助学生理解文意，同时强调重点字词和文言知识，而不是满篇跑。文言文的教学是积少成多、螺旋式上升的，不可能在一篇文章中讲解所有的文言现象，而是要整体规划，各有重点，侧重方法，提倡自主，逐步提升。有重点，才能讲深讲透，才能把文字里面包含的无穷信息逐层挖掘出来，才能把相关的文化知识充分补足。

2. 思辨性阅读，必须穿过语言的雾霾，厘清文本的事实，理清文本的逻辑，这就需要实证与分析的功夫。对事实的认定必须借助逻辑分析的力量；逻辑的思辨必须建立在对事实的辨别之上。项羽最后"快战"和"自刎"，除了要分析眼前外，还应该把他放到整个《项羽本纪》里去看，要能帮助学生认识历史上的项羽、司马迁笔下描写的项羽、司马迁对项羽的整体评价之间的逻辑。造成项羽结局的因素非常多，各因素之间相互联系又相互影响，特别是在楚汉战争中项羽本身的行为——屠城、杀民、抢劫、放火等。楚汉战争的发展过程本就预示着其命运。这与项羽本身的思想、境界、性格有很大关系，同时与当时的社会环境、人心向背等也有关系，不能简单归纳为"性格决定命运"。在文本分析中，学生提出的观点不少，但转移话题太快，教者也少有追问，教者应引导学生思考如何认定事实并辨别其真假，并在此基础上进行论证和反驳，形成思想上的真正交锋。真正的思辨是在反复的质询与反驳中达成的。满堂新见解，不如择其重要问题，刨根问底，以一当十。

3. 王荣生教授指出："学习文言文最终的落脚点是文化的传承与反思。文化的主要方面是文言文所传达的中国古代仁人贤士的情意与思想，即所言志、所载道。"把项羽在乌江边的被逼无奈与生命的选择联系起来，是不是文本本身要传达的情意和思想？课堂一开始提出的"除了生死，都是小事"，已经暗含观点。"霸王项羽面临死亡时的心路历程"这一问题，在课堂上并没有"体会"。在师生共写环节中，老师在示例中说"项羽"重情重义，可这个情和义也有大小轻重之分；老师说司马迁是"秉笔直书"，可即使是史书，也没有绝对客观理性的记录。司马迁自己在《项羽本纪》中的描写与议论的矛盾之处就体现了他内心复杂的情感。师生写作的几段文字，抒情性比较重，而体现思辨性阅读和写作的"言之有据"明显不足。

二、课例

1. 课例的撰写，要有核心理念——"提升学生思维的思辨性阅读和写作教学"作支撑。教学设计的各个环节、教学问题的出示和引导都要以此为出发点和落脚点，并且要能展示出运用了何种有效策略，提升了学生语文思维的哪些方面能力，如何提升的，有何支撑材料。

2. 作为课题研究的课例描述，要突出重点：各个教学环节中设计的意图，使用的思维训练方法、途径及完成情况；达到目标的原因是什么，未达成目标的影响因素是什么，可以设想改进策略，以便后续再次实践。课题研究就是不断验证假设的过程。

3. 课例与执教感言（为什么重在"感"，而不是"析"呢？）之间，对课题研究的支撑作用不足。文本解读需要更加深入细致，对"教学材料"的组合呈现应思考如何在有限的教学时间内，选择最有价值的教学内容，通过巧妙的方式剪裁组合创设，用能激发学生学习积极性和热情的形式呈现出来。在课堂的师生交往中，按思辨性思维形成的过程，一步一步训练，突出重点，突破难点。在示范和点拨时，注意明确思辨性阅读的策略，帮助学生掌握思辨性阅读的方法，以期逐渐形成思辨性阅读的基本能力。

"你眼中的那个她"

——《娜塔莎》课例赏鉴

贵州省毕节市金沙中学　王义翔

　　《娜塔莎》是人教版选修教材《外国小说欣赏》第四单元"人物"中的第一篇课文，其内容节选自俄国列夫·托尔斯泰的代表性长篇小说《战争与和平》第二卷第三部第14、16节和第二卷第五部第15节。娜塔莎这个人物贯穿整部小说的前后始末，是全书中最重要的女主人公。她天真烂漫但又多愁善感，她热情坦率但又鲁莽冲动，是一个典型的"圆形人物"（英国小说家爱德华·摩根·福斯特语）。根据教材单元后的学习提示，不难发现，教材编写者以"娜塔莎"这个角色名作为小说题目，旨在凸显小说人物描写的重点和关键。课文所在单元的主题是"人物"，教材提示要从心理描写和语言行动描写两个方面进行"贴着人物写"的写作手法的学习，而后从"圆形人物"的角度进行多层次、多意义的人物形象解析。因此，本文教学重在分析和掌握人物刻画的基本方法，以此透析人物内心。因大部分学生并未完整读过原著（长达130余万字），故在分析娜塔莎这一人物形象时，由教师补充关键材料，在勾连整本书阅读的基础上，巧借人物评价的方法，尽可能地促使学生养成整体观照的系统鉴赏意识，帮助学生提高思辨阅读与多元表达的语文素养。

【课例描述】

一、导入课文，梳理情节

　　除了通读全文以及明确陌生字词的常规性预习要求外，课前下发并要求学生阅读有关列夫·托尔斯泰生平经历和《战争与和平》主题内容的补充性材料。

师：同学们，你们现在正是人生中最美好的年纪，在这个美好的青春岁月里，不少男生可能都有自己欣赏的女生了。老师看到不少男生会心一笑！（全班笑）但不同的男生所欣赏的女生肯定各有特色。今天，老师带着大家来学习这篇《娜塔莎》，看看大文豪列夫·托尔斯泰给我们描写了一位什么样的女生。请大家快速浏览文本，然后尝试给文章的三个部分各拟一个小标题。

生：宴会前的准备、宴会中的相遇、宴会后的争吵。

师：有不同意见吗？

生：第三部分不能概括为"宴会后的争吵"。（教师追问：为什么？）因为本文第一、二两部分节选的是《战争与和平》第二卷第三部中的第14节和第16节两节内容，比较近，因此情节连贯。但第三部分节选的是《战争与和平》第二卷第五部第15节的内容，与第一、二两部分的内容情节相距很远。因此不能称为"宴会后的争吵"。

师：很好。我们课文开头有一段"编者按语"，不知道大家留意到了吗？其中已经明确交代了三部分的节选位置和大体内容。那么，怎么改这个小标题让它变得合适呢？

生：家中与友争吵。

生：为了爱的争吵。

师：嗯，不错，都可以。

二、细读文本，把握形象

师：很明显，教材节选部分的内容主要刻画的人物就是娜塔莎，那么，读完后，你觉得娜塔莎是一个怎样的人？请大家再读文本，重点分析娜塔莎的人物形象。请按照如下格式进行回答（PPT显示）：找到文中的具体语句或片段，据此，你觉得或你认为娜塔莎是一个（　　　　）的人。

三分钟过后，进一步明确要求：左边同学重点根据第一部分内容分析，中间同学重点根据第二部分内容分析，右边同学重点根据第三部分内容分析。

1.第一部分的分析

师：好，时间差不多了，我们先请左边的同学来谈谈。

生：我找到的语句是"不是那样的，不是那样的，索尼亚！"娜塔莎说，一边转过头去，用双手抓住头发，替她梳头的女仆来不及放手，"彩带结得不好，到这里来。"据此，我觉得娜塔莎是个热情但又有点冒失的人。

生：我找到的语句是"妈妈，帽子还要偏一点，"娜塔莎说，"我来替你重新别一下。"于是她冲上前去，但是在缩短衣边的女仆们来不及松手，衣边的一块纱被撕了下来。据此，我觉得娜塔莎是个做事不知轻重缓急的人。

生：我找到的片段是娜塔莎穿着从下边露出舞鞋的短裙，披着母亲的短宽服，跑到索尼亚面前，看了她一眼，然后跑到母亲面前去了。她转动着母亲的头，用针别了帽子，刚刚吻到了她的白发，她又跑到替她在缩短裙子底边的女仆们面前去了。据此，我觉得娜塔莎是个活泼好动、喜形于色的人。

师：结合大家的发现，我们来总结一下娜塔莎在"宴会前的准备"部分所表现出来的性格特点，你们说，老师来写。（教师板书：天真、活泼、热情、好动……）

师：了解了这些性格特点，我们再读第一部分内容，可以看出此时娜塔莎的心理状态是怎样的？

生：激动、焦急。

生：兴奋、喜悦。

生：手足无措。

师：那列夫·托尔斯泰在这部分主要运用了哪些具体的人物描写方法？

生：语言描写和动作描写。

2.第二部分的分析

师：下面我们来请中间的同学谈谈，看看他们找到了哪些语句。

生：我找到的语句是"娜塔莎望着他们，几乎要哭了，因为跳第一圈华姿舞的不是她"。据此，我觉得娜塔莎是个率真，但又有点虚荣的人。

生：我找到的语句是"焦急的面色忽然明朗起来，露出了快乐、感激、小孩般的笑容"。据此，我觉得娜塔莎是个很容易感到满足的人。

生：我找到的语句是"我等你好久了。"这个惊惶的、快乐的女孩子，当她把手放到安德来公爵的肩上时，似乎是用她那含泪的眼睛里所流露出来的笑容这么说。据此，我觉得娜塔莎是个天真率直、活泼可爱的人。

师：结合大家的发现，我们再来总结一下娜塔莎在"宴会中"所表现出来的性格特点。依旧是你们说，老师来写。（教师板书：直率、单纯、坦诚、虚荣……）

师：根据刚才几位同学找到的语句，宴会中的娜塔莎，大家觉得其心理状态是怎样的呢？

生：满怀期待，渴求受到他人关注，但迟迟没有人邀请，内心有点沮丧和担心。

生：在安德来邀请她跳舞之前，她是焦急状态；当安德来邀请她时，她激动但又有点羞涩；当两人一起跳舞时，她既羞涩又十分喜悦。

师：也就是说，在宴会中，娜塔莎的心理状态好像过山车一样，有一个很明显的变化过程，我们可以大致捋一下。她首先是满怀期待，然后着急等待和羡慕他人，再然后是羞涩和感激，最后是开心和快乐。

师：文中说娜塔莎"又瘦又不好看"，那安德来为何选择娜塔莎而不去选择优雅美丽的艾伦？（学生沉默）安德来与娜塔莎两人是初次见面吗？（学生纷纷回答："不是。"）从哪儿看出他们两人不是第一次见面？

生：文中在描写安德来时有这样一段话——"他认出了她，猜中了她的心情，明白了她是初次露面，想起她在窗子上所说的话，于是他带着愉快的脸色朝罗斯托娃伯爵夫人面前走去。"其中"想起她在窗子上所说的话"说明两人以前见过。

生："我已经荣幸地认识了，假使伯爵小姐记得我"也说明之前见过，只不过安德来记得，但不确定娜塔莎记不记得了。

师：老师在这儿再给大家补充一下原著的有关内容（PPT显示）：

〔在遇到娜塔莎之前的故事情节〕安德来刚从战场上历经挫折回来，就经历丧妻（妻子莉沙因分娩去世）之痛，因此开始变得悲观、消极、懒怠，决定在领地终其一生。一次偶然机会，他因为公事来到了娜塔莎的家里，并留下过夜。也是在此情形下安德来第一次遇见了纯真、活泼、开心、无忧的娜塔莎。

〔"想起她在窗子上所说的话"〕（凌晨一点多）"哦，你看索尼亚，多么好的月亮！……啊，多么美妙！你到这里（阳台）来。心爱的，亲爱的，到这里来。哦，你看见了吗？在这里，这样蹲下来，就是这样的，抱住自己的膝盖，抱紧，尽量地抱紧，要用力一跳就飞上天了。就这样！"

——高植译《战争与和平》第二部，上海译文出版社，第600页

〔对"老橡树"前后不同的感受〕安德来在来娜塔莎家的路上，曾看见一棵老橡树，当时觉得它毫无朝气，一幅颓败之象。而他从娜塔莎家离开后再见老橡树时，感觉与之前完全不同了。它不仅有繁盛的绿叶，而且挺拔地矗立在

夕阳下。顿时，他觉得整个生活都不一样了。而这一切得益于那个夜晚，以及那个夜晚所看见的月亮和所遇见的姑娘。因此，安德来重新找回了生活的乐趣，点燃了人生的希望。

——高植译《战争与和平》第二部，上海译文出版社，第597—598，第602页

师：可以说，安德来在茫茫人海中只因为多看了一眼娜塔莎而改变了自己的生命态度，自身如"枯树逢春"，焕发出新的生机。了解这一点后，我们也就不难理解安德来为何偏偏选择娜塔莎了。

师：那列夫·托尔斯泰在这部分主要运用了哪些具体的人物描写方法？

生：心理描写、神态描写和语言描写。

师：还有补充的吗？（生沉默）那老师来问大家一个问题。文中本来可以直接写娜塔莎"几乎要哭"的沮丧失落之情的，但作者为何用好长一段语言先去描写正在跳舞的别素号娃伯爵夫人，而且将她的舞姿描绘得非常美丽？

生：我觉得越是把别素号娃伯爵夫人的舞姿描写得美丽动人，越是能够反映出娜塔莎的焦急与不安。（教师追问：换句话说，这样也就越能表现出……）娜塔莎的人物性格。

师：那这是什么写作手法？

生：衬托。

师：从小说人物描写的角度说，这是什么写作手法？

生：侧面描写。

3.第三部分的分析

师：最后我们来看看右边的同学找到了哪些能够体现娜塔莎人物性格的语句。

生：我找到的语句是"三天，我觉得，我爱了他一百年了。我觉得在爱他之前，我从来没有爱过任何人"。据此，我觉得娜塔莎是个敢爱敢恨、毫不做作的性情中人。

生：我找到的语句是"索尼亚，不能够怀疑他的，不能够，不能够，你懂了吗？"据此，我觉得娜塔莎是个容易轻信他人、被人蒙蔽的不理智的人。

生：我找到的语句是"娜塔莎狂喜地微笑了一下"。据此，我觉得娜塔莎是个渴望爱情、容易满足的人。

生：我找到的语句是"他是我的主人，我是他的奴隶，并且我不能不爱

他。是的，奴隶！他命令我做什么，我便做什么"。据此，我觉得娜塔莎是个容易被爱情冲昏头脑的盲目的人。

生：我找到的语句是——"但我没有他便不能生活！"娜塔莎大声说。据此，我觉得娜塔莎是个任性、痴情但又有点无脑的人。

师：那我们一起来总结一下这部分体现了娜塔莎什么样的性格特点，前面已经有的，我们在这里就不说了。（教师板书：敢爱敢恨、不做作、容易满足、容易上当、盲目、痴情、任性……）

师：在与好友索尼亚的争吵过程中，我们可以看出娜塔莎什么样的心理状态？

生：沉浸在爱情中无法自拔的心理状态。

生：已经入了迷，完全听不得旁人的劝诫。

师：这部分作者主要运用了哪些具体的人物描写方法？

生：主要有语言描写、细节描写、神态描写。

师：最后从写作手法上我们来总结一下列夫·托尔斯泰的人物描写艺术特色（PPT显示）：

1. 善于运用个性化的人物语言展现人物性格；

2. 善于通过行动、神态等细节描写人物的内心世界和情感状态；

3. 善于在人物对比中侧面烘托人物性格和形象；

4. 善于将人物性格寓于特定的背景语境中加以阐释和表现。

三、圆形人物，辩证解读

师：我们知道起初娜塔莎是与安德来交往的，但后面却变了。就第三部分所述，娜塔莎是真情实感的流露吗？或者说她对阿那托尔的感情是真挚的吗？如果真挚，那她不就移情别恋了吗？如果不真挚，那你又怎么看娜塔莎？

生：我觉得是真挚的，因为娜塔莎就是一个敢爱敢恨、有想法就去做的人。当然，这已经是很明显的精神出轨了，对安德来而言，是一种背叛。

师：下面我们来看看节选外的这段故事情节（PPT显示）：

安德来去娜塔莎家求婚、订婚，基本上得到了对方父母的肯定，但安德来父亲却因娜塔莎的年龄太小、家庭不够富裕等因素加以反对，加上安德来出国疗养一年，故两人婚期决定延迟一年。但在此期间，因年轻的娜塔莎无法忍受孤独的寂寞和空虚的思绪，在放荡的爱伦（彼尔之妻）有意设计之下和其哥哥阿那托尔的不断诱惑和勾引下，娜塔莎不仅爱上了阿那托尔，还决定与其私奔，进而导致了她与安德来的婚约的夭折。

师：了解了这一点后，你觉得是移情别恋还是真情流露？

生：我觉得从道德层面上讲是一种移情别恋，是对他人的一种背叛，尤其是在已有婚约的基础上。但从个人情感角度来说，这也的确是一种真情流露。面对感情，很多人都是手足无措、不能自已的，更何况娜塔莎是个率真、任性、敢爱敢恨的人。

生：我觉得这种移情别恋是有一定原因的，就是娜塔莎的心理寂寞、空虚，得不到安德来的呵护和照顾。她这样性格的人注定缺少不了爱情，也注定容易被人勾引。从文章第三部分就可以看出她那不管不顾、豁出一切的性格了。

生：根据老师的补充材料，我们知道娜塔莎是受到了阿那托尔的欺骗的。从移情别恋的角度说，娜塔莎的确有点让人讨厌。但从其被骗的角度说，又有一点让人同情。而这都是其性格所导致的。她天真烂漫，又渴望爱情，不能长时间被人忽视，进而受骗，这与她热情、冲动、痴情、盲目的性格特点是分不开的。

师：大家谈得很好，其实我们应该辩证地去看娜塔莎的移情别恋和被欺骗。

（PPT显示）英国小说家福斯特曾将小说人物分为"扁平人物"和"圆形人物"。所谓"扁平人物"，也被称作"类型人物或漫画人物。他们最单纯的形式，就是按照一个简单的意念或特征而被创造出来"。而"圆形人物"性格较为复杂，往往都是多义与多变的人物。

——福斯特《小说面面观》，花城出版社1984年，第59页

师：根据福斯特的观点，大家觉得娜塔莎属于哪一类人物？

生（纷纷答道）：圆形人物。

师：那大家能根据我们以前学习过的人物形象，举例说说扁平人物有哪些吗？

生（纷纷答道）：《变色龙》中的奥楚蔑洛夫，《装在套子里的人》中的别里科夫，《堂吉诃德》中的堂吉诃德，等等。

师：现实社会中，是扁平人物多，还是圆形人物多？

生（纷纷答道）：圆形人物多。

师：那大家喜欢这个"圆形人物"娜塔莎吗？

生：我觉得挺好的。活得洒脱、真实，不做作，不虚伪。

生：我挺喜欢这个人物的，因为她并没有做伤天害理的事，而且她移情别恋也是有原因的。另外，她纯真、坦率，是我喜欢的性格。

生：我不喜欢娜塔莎，一是因为"不忠"，二是觉得有点"弱智"。（教师追问："弱智"一词合适吗？）从好的一面说，叫真性情，但从不好的一面看，说得难听点就是"弱智"。

生：我觉得她身上有很多我不太认同的地方，比如鲁莽、冲动，再比如被爱情冲昏了头脑，欠缺理智，容易被骗。

生：我觉得娜塔莎的内心是不成熟的，这种不成熟只能出现在特定的年龄阶段，如果40岁的女人还这样不经大脑思考地做事，最后吃亏的一定是自己。

生：我不喜欢娜塔莎身上的虚伪，尤其是在现在这个社会，我们身边其实有很多这种虚伪的人，表面一套背地一套。这样太不光明、太不阳光了。

师：大家看一下投影（PPT显示）：

小说作为一种文学体裁，重在塑造典型人物。而随着对其中人物的鉴赏角度的不同，读者的评价结果往往也不同。文学作品中的人物评价不同于现实生活中的人物评价。后者的评价往往依托人们的感性直观以及社会道德等原则或标准，而前者的评价不仅要考虑读者个人情感和社会道德标准的影响，还要思量文学创作的艺术化和审美化追求。

师：因此，我们解读人物既要依托现实生活，又要超越现实生活，即要辩证地、多元化地去评价文学作品中的人物形象。

师：比如，阅读老师补充的阅读材料的同学都知道，最后的娜塔莎变成了一个家庭妇女。从多情多梦的少女到青春时期的义无反顾再到之后的绝望毁灭最后涅槃重生，娜塔莎经历了一个漫长的、复杂的变化过程。这是艺术创作的需要，任何一个人，当其经历很多生活的磨难或挫折后，难免会改变原来的性格特点，从这一点去思考娜塔莎的人物形象可能就更容易理解了。也正因此，这个人物才显得更丰满，个性更突出，理解更多义。这也是刻画圆形人物的必然要求和突出特征。当然想要更加全面地理解娜塔莎，仅学习这三个情境片段是不够的，还需要通过阅读原著才能更清楚地认识娜塔莎，进而准确把握其复杂性和独特性。

师：好，这堂课我们就上到这里！

【评价与反思】

在教学设计时，我主要有三点考量：

第一，这是一篇什么样的文本。这是一篇来自长篇小说的片段节选文，主要通过三个场景描写了"娜塔莎"这个人物形象。另外，这篇文章被放入"人物"单元中，教材"话题"部分内容特别强调本单元教学要注意"贴着人物写"，要注意"揣摩人物的心理"，要注意"圆形人物"的创作特色。其中"贴着人物写"是大多数小说教学的基本要求，很显然，本课教学也一样要关注人物的个性化语言、行动、神态等，并据此去揣度人物心理，分析人物性格和形象。本篇课文的不同之处就在于，列夫·托尔斯泰对娜塔莎这个人物性格的复杂性和独特性的塑造比较丰满，理解上需要学生尽可能地从多角度进行分析。从而为进行思辨性阅读与表达提供了机会。

第二，我应该怎么去教。因为在教学前一周就做过调查，大部分学生并未完整读过原著（长达130余万字），所以我将课堂教学分成两个层面：首先引领学生就节选文内容重点把握娜塔莎的人物性格和形象，并据此总结作者的人物创作手法。其次关联原著相关情节，借助人物点评的方法，引导学生更深入地认识娜塔莎人物的复杂性和多样性。进而一方面培养学生的系统、完整、全面地解读人物性格的阅读意识和方法，另一方面引出"圆形人物"和"扁平人物"的小说常识，提高学生思辨性阅读与多元化理解的语文素养。

第三，在教学过程中应尽可能地对学生放手。因为娜塔莎是"圆形人物"的典型代表，因此在课堂教学过程中学生进行人物性格与形象的分析时，尽可能地不去干预学生的思考走向，将课堂还给学生，我只起到引领和把控方向的作用。只有这样，才能更好地激发学生的思维，达到思辨性阅读与多元化理解的教学目标。

本堂课的教学实施有两点不足：第一，对个性化语言的演读展示比较少。文中出现的一些人物对话，因为课堂时限的原因并没有展开来让学生演读。学生更多的是进行细读或默读，在一定程度上没有让学生的理解更形象化。第二，与原著关联的地方比较少。尽管在教学设计中我极力地去关联原著前后情节，以让学生更好地理解娜塔莎的人物性格和形象，但因原著太长，学生基本都没有读过，因此不能较多地渗透原著内容，在节选文和原文的关联处理上略显不足，在之后的教学中要重点思考这个问题。

【问题与讨论】

本堂课教学之后，需要思考的问题是：对节选文（小说或戏剧等）中的人物形象能否片段式地去理解和分析？我想到熊芳芳老师的《语文审美教育12讲》中的一段话："教师可以不断引导学生在'共感'的前提条件下，发现并体会小说创作的理想模式（即小说的形式美、人物美和主旨美），习得小说创作和阅读鉴赏的审美规律，并对其情感内涵和表现手法做出准确的判断。这样，学生的审美思维便很自然地从感性体验过渡到了理性鉴赏。"

本课围绕主人公娜塔莎节选了《战争与和平》这部长篇小说中的三个典型场景，以此作为"人物"单元的学习材料。但一部小说的人物性格和形象往往具有"整体性"和"变化性"。其中"整体性"强调的是人物在整部小说中表现出的复杂性和多样性，而"变化性"则强调的是人物在整部小说中，随着情节的推进，人物性格和形象往往呈现出动态转变，否则他就是一个标准的"扁平化"人物了。对此，我们在教学节选文时，如何对人物形象进行分析是个值得进一步思考的问题。

对此，我认为应该重点把握两点：第一，节选教学要服从整体原意。对节选部分的人物性格的分析要遵从整本书的基调，不能做过度解读，否则就脱离了原著的应有内涵和指向了。第二，教学中要尽可能地关联原著进行辅助性、参考性解读。比如对于"宴会中，安德来为何会有娜塔莎在窗边说话的记忆"，"安德来最终为何不选择美丽优雅的爱伦而选择了看上去并不丰腴的娜塔莎"等问题的思考，如果不结合原著学生是根本无法理解其所言的。因此，教师要适当地补充材料以帮助学生正确解读。换言之，我在这里强调的是一种基于原著或整本书的系统性解读意识。只有这样，节选文的教学解读才不会谬以千里，才能更符合原著意涵。

真是一首乌托邦式的田园牧歌

——《边城》课例鉴赏

执教：贵州省毕节市第一中学　赵韵如
观察：贵州省毕节市第一中学　龙泽惠

【教学理念】

本节课是一节小说阅读的读后提升课。在尊重学生阅读元认知创造性和不完整性的基础上，立足文本内容，通过对文本三重矛盾的解读，由浅入深地分析小说的复杂性——湘西生活的美好与人物的悲剧命运，对于美好人性的毁灭与重塑，深入挖掘《边城》作为经典文学作品的艺术价值和思想张力。在讨论交流中鼓励学生对文本进行多元解读，引导学生形成自己个性化的阅读体验。

【课堂实录】

师："我轻轻叹息了好些次。山头夕阳极感动我，水底各色圆石也极感动我。我心中似乎毫无什么渣滓，透明烛照，对河水，对夕阳，对拉船人，皆那么爱着，十分温暖地爱着！"从这段文字中我们可以感受到从文先生对边城炽热的爱。让我们带着这样的感动，继续今天的学习。通过两周的任务式阅读，大家对《边城》的故事情节有了一定的了解，我想听听你们的解读。请同学们以书中人物的口吻来叙述这个故事。

生：我以翠翠的口吻叙述（读叙述内容）。

师：如诗、如画、凄美、哀婉。你用翠翠的口吻带领我们再次回到了那座美丽的边城。我想问大家一个问题：这篇小说和你之前读过的小说相比，有哪些独特之处呢？

生：这篇小说的情节比较简单，没有太复杂的爱恨情仇，给我们描绘了一个像世外桃源一样的地方。

（师板书：简单。）

师："简单"的情节？

生：嗯，就是一个情窦初开的小姑娘喜欢上了一个帅小伙，但是小伙的哥哥也喜欢她，最后哥哥意外死了，姑娘和小伙也没能在一起的故事。

（生笑。）

师：抓住了小说的主人公和他们的命运走向。你的叙述很"通俗"。

生：这个故事发生在一个非常美丽的湘西小镇，有青山、绿水、白塔，这里的人十分淳朴，没有太多的算计，而且人们彼此之间的关系都很好，相互帮助，非常和睦。

师：关注到了小说发生的自然环境和社会环境。我发现在沈从文的小说中，都有一些类似的主人公。但为什么《萧萧》和《三三》两部小说都是以女主人公的名字命名，而《边城》却不叫《翠翠》呢？

（生沉默，思考。）

生：从小说的一开头我就读出了这是一个宁静美好，没有战乱的边陲小镇，风景十分优美，并且还给我们展示了这个地方特有的风俗习惯，比如端午节抓鸭子、赛龙舟等。很有地方特色，所以这不仅仅是翠翠的故事。

师：这篇小说里除了讲述男女主人公的爱情故事外，还描绘了一幅优美的自然风俗画卷。

（板书：美丽。）

生：我还发现《边城》写于1934年，而另外两篇都是在此之前的作品，会不会是作者在前面的小说的基础上创作了《边城》呢？

师：这个角度很好，作家的写作经验不是一蹴而就的，而是一个循序渐进的过程。沈先生在20世纪30年代创作了大量与湘西风土人情有关的作品，而《边城》可以说是其中的集大成者，书中一个个可爱的人物拥有着厚道而又简单的灵魂，他们与美丽的自然风光一起，组成了沈从文笔下的湘西世界。正如文学评论家李健吾先生所言：

（屏显）

"《边城》是一部杰出的idyllic（牧歌的，田园诗的）杰作。"

———— 李健吾

师：但我想问大家一个问题：如果这篇小说仅仅是在描写美好，那将它评价为20世纪中国最优秀的小说，仅次于鲁迅先生的《呐喊》，是不是太牵强了？刚才有同学提到了陶渊明的"桃花源"，可能我们在阅读《边城》的过程中，常常会把这两者进行对比，请同学们交流你们导学案里表格上的内容，做一个概括总结。

（生讨论。）

生：我们小组觉得桃花源应该是一个陶渊明为了表达自己的理想抱负虚构出来的地方，而《边城》里的位置、地名都是非常清楚的，应该是作者对自己家乡的一种回忆。并且《边城》里有具体的故事情节，桃花源里的人就只是笼统地描写为"黄发垂髫，并怡然自乐"。

生：我也觉得边城是存在的。边城的题记里提到过作者回到湘西准备看望老母亲，路过沅水流域所经历的见闻令他震撼。

（师板书：悲凉。）

师：桃花源里的人是与世隔绝的，"不知有汉，无论魏晋"。而边城中的人呢？

生：《边城》描述的是一个相对闭塞的小镇，没有大城市的那种物质和市侩。人们相亲相爱，十分美好。坐渡船也不要钱，老人去街上买肉，老板还给了他很多，和我们现在的社会完全不同。

生：我不太同意他的说法。我觉得这个地方的人也是有些市侩的，比如爷爷在给翠翠选亲的时候，不关心翠翠喜欢哪一个，只是看中了顺顺家的地位。所以他们还是看钱的。

师：非常棒！能够对我们认为的"常识性"结论进行质疑和批判，这是批判性思维的一种能力。在阅读的过程中，不仅要学会感受，更要学会质疑。多问自己几个"真的是这样吗？"可能会发现文本中隐含的秘密。汪曾祺先生曾经这样评价过《边城》：

（屏显）

"边城"是大城市的对立面。这是"中国另外一个地方另外一种事情"。

———— 《边城题记》

所以这并不是我们一开始时读到的—— 一个与世隔绝的"乌托邦"，但这篇小说真的就只是描绘了一个乌托邦吗？

生：也没那么"简单"，他对大城市深恶痛绝，但此时的故乡也并非那么美好，我注意到这段话中"尚未完全"四个字。所以它在一定程度上也说明这时的故乡已经不再那么纯粹。它证明了我刚才的观点。

（板书补充：简单中的复杂。）

师：这是一种现代社会中"义"与"利"的矛盾冲突。刚才同学还说读出了伤感，是从哪里读到的呢？

生：人物的命运吧。最后爷爷死了，天宝去闯滩丢了性命，傩送因为愧疚于哥哥的死，也离家出走，剩下翠翠独自一个人等待。

师：造成这样的原因是什么呢？

生：我觉得是因为傩送。他虽然是一个善良的人，但我觉得他有些不负责任，明明喜欢翠翠，而且翠翠也喜欢他，后来哥哥死了，他就一个人出走了。少了一点男人的担当。

生：我觉得是翠翠，她没有把自己心里真正的想法说出来。所以爷爷也不知道翠翠内心中意的究竟是谁，导致了最后的悲剧。

师：翠翠面对爱情时是什么样的反应呢？能在文本里找出来吗？

生：在第一个端午节里，面对小伙子的热情搭讪，翠翠轻轻骂他"你个背时砍脑壳的"，从这个"轻轻"可以看出，她不是真的生气，她是很矜持的。

生：爷爷看到别人家的姑娘出嫁时，也曾经暗示过翠翠，书里说"翠翠明白祖父这句话的意思所在，不做理会。"可能她不好意思了吧，她不愿意面对自己的感情。

师：好的作品是直指人性的。在阅读文本时，我们不仅要看到人性中的简单与美好，也要读出人性中的复杂与无奈。如果你是作品中的人物，你会做出什么样的选择呢？

（生沉默，思考。）

生：其实如果设身处地去想，翠翠的年龄和我们现在差不多，一个十几岁的小姑娘在面对这种懵懵懂懂的感情时，害羞逃避也是一种本能的反应。而爷爷忠厚慷慨，尽心尽力地送人们过河，唯一的心愿就是自己的孙女能有一个好的归宿，他也没错。而兄弟俩面对爱情时的选择，更是两难。如果我是傩送，也许我也无法心安理得地和翠翠在一起。

师：能设身处地地理解他人的情感和处境，换位思考、学会倾听，这是我们该有的同理心。其实，也正是这种亲情和爱情的无解冲突，造成了小说的第二层矛盾。（板书补充：美丽中的哀愁。）这一种无解的矛盾成就了小说的艺术价值。我们发现其实边城里没有一个坏人，但是却讲了一件坏透了的事。由于位置不同或性格不同，必然会产生矛盾冲突，两个人就是不能在一起。这种悲剧是最深刻的悲剧，是最无解的悲剧，也是最难写的悲剧。而《边城》，无疑就是这样的一个故事。

生：所以当我读到结尾的时候，有一种很深的无力感。觉得为什么那么好的人最后的结局会那么惨。

师：小说最后一句话怎么说的？

生（齐声）：这个人也许永远不回来了，也许明天回来。

师：作者最后为什么要这样说？这两句话的顺序能不能颠倒呢？

（生思考，讨论。）

生：鲁迅先生说：“悲剧就是把美好的东西毁灭给人看。”当时作者刚从乡下来到大城市，而当时的城市里充满了冷漠与市侩，所以他选择描写美丽的湘西来展现人性之美。这是作者想让人们看到的：对于这美好正在消失却又无能为力的无奈，以悲剧结尾才能让人们感受到美的可贵，才能对肮脏的现实产生厌恶与反省。

师：这两句话可以调换顺序吗？

生：不能，把也许明天回来放在最后，其实是给人一种可能，还有一丝希望。

（板书补充：悲凉中的期盼。）

屏显：

他执着地用自然的美、人性的美，后来是用古代文明的美，编织了一个朴实单纯的理想。虽然他不奢望以此取代社会理想，但是他热切地希望能唤起百病缠身的民族一些健康的记忆，健康的追求。……谁能体会他那种热情洋溢之中的忧虑，幽默后面的隐痛，微笑之间、悲凉之外的深重的爱。

——沈红《湿湿的想念》

师：每个人的心中都有这样一座边城，它是我们内心最初的美与善之所在。沈从文先生带着五四以来的独特视角，告诉我们物质文明带给我们进步的同时，也摧毁了人性中的美好。他怀念着这样的美好，所以当他发现乡土中似乎还存在着这个民族的美好时，《边城》也就应运而生了。因此，他用历史的悲悯感给世人以警醒，同时，也留下了一份人生的慰藉：这些美好，也许明天就会回来。下课！

板书：

简单中的复杂
美丽中的哀愁   ┐ 历史的悲悯
悲凉中的期盼   ┘ 毁灭与重塑

【教学心语】

李健吾先生在评价《边城》时曾说，里面的人物"心口相应，行为思想一致。他们是壮实的、冲动的，然而有的是向上的情感，挣扎而且克服了私欲的情感。对于生活没有过分的奢望，他们的心力全用在别人身上：成人之美"。然而，为什么拥有善良品质的人们最后却都以悲剧结尾，这正是这篇小说值得让人反复琢磨的地方。这节课从学生对整篇小说的总体感受入手，从简单的情节中读出社会的复杂性，理解"义"与"利"的矛盾冲突；引导学生辩证对比桃花源和边城的异同，在美丽的社会自然环境背景下读出哀愁，体会作者设置悲剧结尾的艺术与思想价值；最后，在结尾的文本细读中读出作者悲凉中的期盼，感受沈从文对人性美好的讴歌与呼唤。

思辨性阅读的目标不是回答小说里"说了什么？有什么意味？"而应该是"我读出什么？为什么这样？"正如小说结尾的"这个人也许永远不回来了，也许明天回来"，这种开放式的结局，且有一种遗憾的缺失美，令人遐想，让人反思。思辨性阅读与表达看重学生表达时的流畅性、条理性、理据性，尽量在课堂上给学生创设长篇论述的机会，观其观点、论据和论述的逻辑。对于马上进入高三的学生来说，阅读是不能浮于表面的，要能读到作品的深处去。对于终将走入社会的孩子们来说，文学即人生，好的作品，也许能影响他一生的道路选择。

【观察者说】

思辨指的是思考辨析能力，即分析、推理、判断等思维活动及辨别分析事物的情况、类别、事理等方面的能力。如果说一般性阅读是"文本里有什么"，思辨性阅读就是"我读出什么"，前者是认知、理解，后者是质疑、评判。

韵如老师的《边城》课例，通过对标题的质疑、结尾的质疑，将《边城》与桃花源进行对比，求同辨异，激活思辨元素，培养学生关注力，提升学生思辨力，是一堂很有实践意义的实验课。教学设计循序渐进、层层深入，教师不断抛出问题，在刺激学生的同时也注重对学生思维方法的点拨，既关注到课堂的思辨性教学任务，也注重了语文的美感。

一般来讲，教学目标的设置宜少不宜多，多则无所适从。韵如老师的"教学理念"中体现的"理念"就有点繁杂。首先提及这节课是基于《边城》的"整本书阅读"而设定的，"整本书阅读"就已有自己的教学要求，和后面"培养学生思辨能力"的目的分属不同的教学任务，不是说二者不能统一，但至少彼此会不完全兼容，造成教学者的混乱。所以教师对问题的设置及学生思维的引导其实是分散的、有定论的，这对学生思辨性思维的培养其实是一种束缚，而这也正是我想提出的问题：思辨性教学的目的是"读文本"还是"训思维"？如果是前者就难免会束缚思辨，如果是后者会不会走向为思辨而思辨的形式主义；如果想二者兼得，那么一旦"思辨"的结果恰好和文本的传统价值相悖该怎么解决？这些问题值得我们深入思考。

不管怎样，一种新的教学方式的探索"化繁为简"会比较好，这节课我们就对一个点或者是两个点展开思辨，不论是知识的盲区，是文本中原有的争议，还是对文本中的"定论"、文本倡导的价值产生怀疑，或者像韵如老师一样借助其他文本来进行对比解读，总之我们要确定一个方向，找准一个切入点，深挖厚掘，激发思维，产生怀疑，在质疑中评判，在评判中建构，在建构中立德。塑造高尚品德，构建完整人格，创造智慧人生，从而"立德树人"，这应该是思辨性教学的终极目标。

神用象通，情变所孕

——《天净沙·秋思》《我不知道风是在哪一个方向吹》《西风颂》群文阅读课例赏鉴

执教：贵州省毕节市第一中学　赵韵如
观察：贵州省毕节市实验高级中学　朱莉娅

【教学理念】

《西风颂》是人教版高中语文选修教材《外国诗歌散文赏析》第二单元的第二篇文章。课本针对诗歌散文的学习目标为"培养对鉴赏诗歌和散文作品的浓厚兴趣，乐于拓宽文学欣赏的眼界，丰富自己的内心感情世界，培养健康高尚的审美情趣，提高文学素养"。本节课另选了两首与"西风"有关的诗歌进行群文阅读的教学实践，围绕"西风在不同类型诗歌中的解读"这一议题，引导学生对同一意象产生多元认知，在交流共建中培养学生的形象思维与创造性思维，在鉴赏中助推学生高阶思维的发展。

【课堂实录】

师：今天我们要用一堂课的时间赏析一首元曲、两首诗——马致远的《天净沙·秋思》、徐志摩的《我不知道风是在哪一个方向吹》和雪莱的《西风颂》。听起来似乎有些难度，我们不妨来挑战一下好吗？

生：好！

师：给大家5分钟的时间自由朗读这三首作品，用你觉得适合的语调和语速去读，并勾画出你喜欢的话反复诵读。

（生读）

师：我们请几位同学来读。可以读全诗，也可以只读你喜欢的部分。

生：我读马致远的《天净沙·秋思》。

（生读）

师：在读的过程中，你觉得自己要用一种什么样的语速和语调去读呢？

生：语速要慢一些，要读出一种悲伤的感情，因为里面的人物是"断肠人"。

师：四句写景，这些景物的特征都属于秋景，看到景物触发情感的主体是最后一句的"断肠人"，写的是他的"思"。我们再来把它读一下，读得再慢些，再深情一些。

（生齐读）

师：还有同学来试一下吗？

生：我读雪莱的《西风颂》前三节。（生读）

师：你觉得要用一种什么样的情感去读呢？

生：要读得激昂些，读出西风那种摧枯拉朽的气势。

师：我觉得刚刚的情感还不是很到位，能再饱满一些吗？试一试。

（生再读）

师：这一次就好多了，再看比如第三节的第一段，

"是你，你将蓝色的地中海唤醒/而它曾经昏睡了一整个夏天/被澄彻水流的回旋催眠如梦"

这一段里的秋风似乎没有那么刚烈与昂扬，它似乎有些……

生：更柔和一些，是一种"唤醒"，很温柔。

师：很好，（师范读）大家试着再读一下。

（生读）

师：徐志摩的诗有同学想试试吗？

生：我来吧。（生读）这首诗我会读得慢一些、轻一些，这是一个梦的氛围，更轻盈一些。这首诗应该是一首爱情诗，情感应该是有变化的。

师：什么样的变化呢？

生：作者处在一个迷离的梦境当中，在前三节里，作者徘徊于梦境当中，是"温存""迷醉""甜美"的，但是从第四节开始，这个梦境里有了其他的情感，最后，作者的梦境变得暗淡，也没有了光彩。

师：在理解诗歌的时候懂得抓关键词，特别是一些带有感情色彩的词，这会帮助我们理解诗歌的内容。刚刚我们说在朗诵诗歌的时候要注意语调和语速。除此之外，还有什么地方需要注意的呢？

生：（七嘴八舌地）句子的节奏、重音。

师：再给大家2分钟时间自读诗歌，然后我们一起来读一遍。

（生自读，齐声朗读）

师：在大家琅琅的读书声中，我脸颊似乎拂过那阵充满激情的西风。中国的近体诗非常讲究诗歌的押韵，有的现代诗也有押韵，比如徐志摩的这首诗，每一节反复地吟咏"我不知道风是在哪一个方向吹"就使得诗歌充满了节奏感，而这首《西风颂》，读起来有押韵吗？

生：有的，每一节的一、三句的韵脚基本相同。

师：尽管是翻译的诗歌，译者可不是随随便便翻译的，他也遵循着作者的押韵规律。这种"三行体"最初是但丁根据民间诗歌中一种流行的格律创制的，韵脚的安排为aba，bcb，cdc……这是连锁韵，即每节中一、三行押韵，第二行与下一节中的一、三行押韵。所以我们读起来仍然会觉得充满激情与节奏感。接下来，我想大家已经发现了，在这三首诗中都有一个相同的意象是——

生：风。

师：对，大家看导学案上的题目，课前我已经安排大家完成上面的填空题，那么请大家以小组为单位，分享自己写的内容，然后在小组内选出你们觉得优秀的答案，与全班同学分享。

（生讨论，屏显：我_____这_____的风，因为_____。）

师：哪一个小组先来？

生：我写的是：我感伤这迷离的风，因为在这样的风里，我不知道它要吹去何方，如同作者不知道自己要去的方向，作者沉迷在这迷离的风里，然而最后等待他的是负心与悲伤，在风里作者是黯淡的，似乎就同那风儿一样。

师：他写的是徐志摩的《我不知道风是在哪一个方向吹》，句子很美，抓住了风的特点，而且句子听起来还有些押韵。还有吗？

生：我写的是，我喜欢这古道上的西风，因为我仿佛看到了夕阳的余晖之下，乌鸦归巢，一个流落他乡的游子牵着一匹瘦马，慢慢地走在古道上，西风轻轻吹起他的衣袂，长发飘飘，他的神情略显疲惫，却坚毅地望向远方。

师：很有画面感，而且结合了整首词曲的内容。这首小令大家以前学过，那我想问问大家，它被称为是"秋思之祖"，你认为这首小令中的西风有什么特点呢？

生：古人习惯用西风来表达离愁别绪，秋天本就是一个萧瑟肃杀的季节，因此秋天的风也充满了一种悲伤、苍凉的感觉。再加上作者在诗中运用到了"枯藤""老树""夕阳"等意象，营造出一种凄凉、苦涩的氛围。在这样的环境中，主人公的"断肠人"形象就显得更加突出了。

师：我发现你很自然地把"西风"和"秋风"联系在一起了，在我们传统诗歌的意象中，风的方向往往对应着四季的变化。东南西北风依次对应——

生：春夏秋冬。

师：那么既然这首诗是"秋思之祖"，说明还有类似的诗歌，你能举出哪些有"西风"的诗歌呢？

生："袅袅兮秋风，洞庭波兮木叶下"，这里的秋风也是萧瑟的。

生："西风残照，汉家陵阙"夕阳下的秋风，洒在汉家的陵阙之上，充满了历史的沧桑之感。

师：我发现在古诗中"西风"常常和"夕阳"连在一起使用，是偶然吗？

生：应该不是，两者都有一种残缺的美感。夕阳将近，天色渐晚，给人一种将要结束的感觉，没有春风的和煦，没有夏天的风那种暖暖的感觉，是有些沧桑的。

师：由此可见，在中国古典诗歌当中，"西风"已经成为了一个特有的文化符号，它承载着去国离家、恋人别离等象征意味。那么，雪莱笔下的"西风"也是这样的吗？

生：我敬佩这桀骜不驯的西风，因为经过西风的吹扫，污浊而残破的东西被全部清除，这西风能摧毁旧世界，催生新世界，它以强劲的力量将落叶横扫，同时又把种子吹进泥土。在诗人的笔下，西风在空中扫荡残云、带出暴雨雷霆，无时无刻不显出它澎湃的激情。

师：解读得很到位，这是桀骜不驯的西风，还有吗？

生：我希望成为这奋勇向前的西风，因为在诗的最后一节，诗人用直接抒情的手法喊出："但愿你给予我/狂暴的精神啊！奋勇者啊，让我们合一！"西风既是自然界的风，又是革命风暴。这里运用了象征的手法，形象地表现出诗中独特的精神品质，隐含着作者对自我或是社会的未来充满了信心，所以他才说即使寒冬已至，春天终将到来。

师：说得太棒了！这西风已经不仅仅是西风了，而是诗中的"我"！同学还提到了"革命"，你是从哪里知道的呢？

生：导学案上对雪莱有介绍，浪漫主义这一流派的萌芽与发展和当时的法国大革命息息相关。资产阶级正处在上升阶段，他们提出个性解放与情感自由的要求，在文学层面他们反对以往传统写作方式的桎梏，在政治层面他们反对封建统治。雪莱是这一时期的代表诗人，他关心英国劳动人民的斗争，同情和支持西班牙、意大利以及希腊人民的解放运动。他的诗歌中也融入了自己的政治理念。所以这西风既是自然界之风，也是革命之风。

（屏显）

"写作者的两只眼睛，他的前一只眼睛叫观察，他的后一只眼睛叫想象。"

师：雨果曾经说过这样一句话，这句话和我们今天的主题"神用象通，情变所孕"有相似之处，也就是说在写作中，作者的精神靠物象来贯通，也是情感变化所孕育的。物象用它的形象特点来打动作家，作家心里产生相似的情感来作为反应。这就体现了艺术中主客观的融合性。回过头来看，我们今天的三首诗里有两首都是描写"西风"的，还有一首现代诗却说"不知道风在哪一个方向吹"，学了今天的内容，你能帮徐志摩推断一下，这吹来的风是哪一个方向的吗？

生：我觉得也应该是西风。这首诗写于1928年，当时作者处于对爱情和理想的苦苦追寻当中，爱情之路并不顺畅，感情挫败再加上事业的不顺，使他陷入了痛苦和迷茫之中，但作者并不显得彻底绝望，一切都是朦朦胧胧的，在这梦里、在这风里有着淡淡的忧愁，它没有春日的生机，也没有夏天的炽热，但也不像寒冬那般冰冷。尽管有悲伤，尽管会心碎，但是最后的暗淡也会成为梦中的光辉！

师：你不仅读懂了这堂课的内容，你也读懂了徐志摩！作为落魄游子的马致远，他笔下的秋风同黄昏古道一起，充满了伤感与哀愁；徐志摩笔下的秋风，带着对自由与美的不懈追求，在忧伤中依旧美好；而雪莱笔下的西风，带着摧枯拉朽的力量，引导着人们领悟那个时代的革命风暴与内心的自由精神。因此，我们发现在分析意象时虽然有一定规律可循，但也要结合诗人的经历、追求和志趣，认真体会诗人所营造的意境，才能真正读懂诗歌。好，下课！

【教学心语】

本节课所选的三个文本，它们都有着共同的意象——风，并且风在文本中都有着十分重要的作用。《天净沙·秋思》是一篇较为经典的代表之作，学生在之前已经接触过文本，将之与《我不知道风是在哪一个方向吹》《西风颂》放在一起进行对比阅读，缓解了学生同时遇到三个陌生文本的畏惧感，也能带领学生从经典中深挖文本价值。诗人的气质不同、经历不同、感受不同，象的气质不同，这赋予了现代诗歌智性思维特质。徐志摩的《我不知道风是在哪一个方向吹》和雪莱的《西风颂》，没有在一开始就直接进入文本探究，而是通过品位诵读过程中的停顿、轻重、急缓、抑扬之处，展开丰富的联想，获得独特的审美体验。

教师作为课堂的组织者和倾听者，在教学中没有选择面面俱到的教学模式，而是只抓住诗歌中的西风意象进行横向的对比分析，通过"读—比—议—统"的课堂模式，反复诵读，得到最初的体验；横向比较，用填空的模式让学生理清三首诗里风的不同特点，得出意象在不同文本中的价值追求；再深入探讨，这样的风营造了一种怎样的意境，蕴含了作者怎样的感情；最后利用中国古典文论中的概括，最终达成集体共识：艺术作品中的主客观具有融合性。教师在课堂上尽量给学生思考的空间，通过问题引导学生探究思考，最终构建集体智慧。而最后一个问题"徐志摩的风可能在往哪一个方向吹？"则是引导学生运用课堂所学到的知识去分析作者在诗中所表达的情感，将诗歌中的情感进行整合，最后得出风的特点。

由于高一的学生很少接触外国诗歌，所以在选择文本的过程中考虑到《西风颂》的篇幅稍长，且有一定的翻译理解难度，所以群文的篇幅没有选择太多，并且选了一首学过的元曲。这样做是希望学生能有一个由易到难的学习体验，在群文阅读中获得学习的能力，促进高阶思维的发展。

【观察者说】

诗歌具有很大的抒情性，有着声音的魅力。"读"是诗歌教学不可或缺的要素，学生要想深刻地理解诗词中的语言美、意境美和艺术美等，就需要进行诵读体验。课堂上对三个文本进行对比阅读，教师先从诵读感知入手，提高和丰富了学生的情感认知。在诵读的基础上，学生感悟到诗的味、诗的情，体悟出文本中那份独特的意境。

群文阅读教学围绕议题建构课堂，培养学生的目标化系统思维；多文本提供的多元视角，也有利于培养批判思维；而文本与议题深度勾连更有助于创新思维的迸发。真正把握群文阅读的精髓，核心就在于教师要有训练学生思维的意识，从一开始就有目的、有步骤地拓展学生思考的广度，加大思考的深度。教师敏捷地捕捉到了学生思维的灵光，舍弃面面俱到的教学模式，课堂学习选择围绕"西风"这一意象进行横向对比分析，抽丝剥茧，层层深入。引导学生把与自己有关这一主题的学习经验、情感触动和人生思考融入课堂，然后巧妙地进行点拨指导，让学生在思辨中直达文本的深处。

课堂上学生在知识的领域不断开疆拓土，丰富认知，提升思维。师生、生生情思交响，心灵与心灵产生碰撞，学生的思维得到了锻炼，内心获得了满足，整个课堂在思辨的阅读与智慧的表达中，诗意氤氲，余韵悠长！

生命与爱：不得不思的两个话题

——史铁生《我与地坛》（节选）课例赏鉴

贵州省毕节市金沙中学　欧欣煜

　　《我与地坛》是我国当代著名作家史铁生的代表作，更是其多年来参悟生命的思想结晶，收录在散文阅读单元，指向"文学阅读与写作"学习任务群。在学习本文之前，学生已经学习了郁达夫的《故都的秋》和朱自清的《荷塘月色》，大致了解了有关散文的基本常识，初步掌握了阅读散文的一般方法与技巧。《我与地坛》不是一篇常规的抒情性散文，它是一篇带有极强自传、自省、自诉意味的抒情性散文，尤其是节选部分，言辞虽微，但情蕴深长，发人深省。基于此，我旨在从理性思辨、情感体认的角度引导学生积极深入地进行阅读、鉴赏、思考和表达。

【课例描述】

一、知人论世：走进史铁生

　　（课前布置阅读任务，要求学生搜集史铁生的生平资料。）

　　师：大家了解《我与地坛》的作者史铁生吗？谁来说一说。

　　生：史铁生，1951年出生于北京，1967年毕业于清华大学附属中学。1969年去陕西延安插队。1972年，21岁的他因腿疾回北京治疗，那天是他的生日，从此他再也没能站起来。他曾做过7年临时工，之后转向写作。1983年他发表了《我的遥远的清平湾》，一举成名。他于2010年12月31日去世。

　　生：1979年发表第一篇小说《法学教授及其夫人》，之后陆续发表了《我们的角落》《在一个冬天的晚上》等多篇小说。代表作有长篇小说《务虚笔记》，短篇小说《命若琴弦》，散文《合欢树》《秋天的怀念》等，《我的遥远的清平湾》和《奶奶的星星》分别获得1983年和1984年全国优秀短篇小说奖。

生：他的作品大致可以分为两类：一类是对知青生活的回忆和反思，另一类是对残疾人命运的描摹和咏叹。作品体裁主要有散文、小说两种，主题方面均贯穿一点，就是"对生命的解读"。

师：谁能向大家简单地介绍一下《我与地坛》这篇文章写了什么内容？

生：这篇文章主要讲了作者在地坛这座古园中的一些所见所闻，并且坦率地表达了自己内心的所思所想。在文中，作者还用了相当大的篇幅来抒发自己对命运、生死、亲情等文学主题的理解和感悟，是一篇直抵人心、直抵生命的文学作品。

生：我认为《我与地坛》是作者对"生命"苦境与价值的询问、追思。（教师进一步追问：史铁生为何偏偏要对"生命"这个特定的宏大命题进行深刻地思考呢？）我觉得是和他的生平经历有关，因为他年纪轻轻就双腿残疾，对于一个人而言，这是一种极大的折磨和苦痛，引发他对生活与死亡的深沉思考。

师：很好！优秀的作品一定不会无病呻吟，一定是与作者的思想、情感、经历、过往密切关联的。而借助作者的"思想、情感、经历、过往"等信息去解读其文学作品的方法叫"知人论世"阅读法，尤其是对一些情感丰沛、思想深邃的作品，这种阅读方法能够有效地帮助我们把握文本主旨，了解作者的创作背景及写作目的。

二、阅读文本：解读史铁生

每个人都需要有自己的一片精神天地，郁达夫的精神天地是故都北平，朱自清的精神天地是荷塘，史铁生的精神天地则是地坛。下面，就让我们一起走进史铁生笔下的地坛以及与地坛有关的故事。

（一）人与景观——一个怎样的地坛

师：本文节选了原文的第一、二两部分，请大家快速阅读文章，用简短的语言给两部分内容各拟一个小标题，并概括每部分分别写了什么内容。

生：第一节写的是"我与地坛"，第二节写的是"我与母亲"。分别讲述了"我"与"地坛"的缘分，以及"我"与"母亲"之间的亲情。

生：第一、二两部分的小标题可以分别概括为"我之地坛"和"我之母亲"。前者重点写了"我为什么会走进地坛"，以及为什么"再没有长久地离开过它"；后者展现的是一个伟大母亲和一个残疾儿子的特殊情感。（教师追问：小标题为何用"我之"这种结构表述？）我认为"地坛"和"母亲"完全是因为"我"才存在的，"地坛"的意义、"母亲"的伟大，都是因为"我"而得以彰显的。

师：很好！下面，我们就先来看文章的第一部分。首先，请同学们思考"我"与"地坛"是怎么联系在一起的？

（生读）

生："我"与"地坛"能够联系起来，主要有两个原因：第一，"我家离地坛很近"，虽然多次搬家，但"越搬离它越近"；第二，地坛公园荒芜破败，而"我"双腿残疾，有种同病相怜的感觉。

生：我觉得"我"与"地坛"联系在一起的纽带是情感有所依托。"我"遇见"地坛"后，"我"的苦痛和无奈有了承载，而"地坛"遇见"我"后，得到了一个赏识它的人。这是人与景的确认，两个客体在同一个平行时空中找到了可以互相慰藉的东西。

师：分析很深入。换种说法，"我"与"地坛"是互相照见。文中有一段话可以很好地印证这一点，请大家找出来。

生："仿佛这古园就是为了等我，而历尽沧桑在那儿等待了四百多年。"

师：很好。我们生活在这个宇宙，它以自己的博大浩瀚包容着活在其间的每一种生命形态，每一种生命都可以在其中感知到生命的永恒与无常。在作者的心目中，地坛与他是息息相通的，地坛能够体会到他的痛苦，感受到他的无奈，甚至地坛就是他残缺生命中不可或缺的组成部分。刚才有同学总结地坛是荒芜破败的，文章开头也说"园子荒芜冷落得如同一片野地"，那么为何第一部分第五段最后一句又说"园子荒芜但并不衰败"呢？

生：因为地坛中有蜂儿、蚂蚁、瓢虫、蝉蜕、露水和草木，它们显示了一派生机，洋溢着生命的韵律。（教师进一步追问：这种生机可能会对作者的情感产生什么样的影响？）我觉得这种景象可能给了作者生命的启示，人生的感悟，乃至活下去的勇气。

师：蜂儿、蚂蚁、瓢虫、蝉蜕、露水和草木引导着作者由萎靡颓丧走向从容乐观，他从微小的生命中感知到了一丝温暖，进而激发出自身身上蕴藏的无穷力量。这些可爱的事物触发了作者的大彻大悟，可以说，地坛发挥了重要的作用，它在史铁生的眼里不再是一个公园，而是一片生机勃勃的天地。那么，作为一篇抒情性散文，从写作手法上看，地坛中的景观描写有何作用？

生：有映衬作用，衬托作者的心境变化。景观富有生机，唤醒作者重新观照生命、审视生命。

生：有铺垫作用，为作者进行沉思、静想提供一种环境或背景。地坛虽然荒芜但不衰败，正如作者虽然残疾但不至于死亡。

师：作者在第一部分其实重点思考了三个问题，并依次进行了反思性的回答。请大家再读文本梳理并探究一下。

（生再读）

生：主要是这三个问题：我该不该去死？我为什么会出生？我应该怎么活？第一个问题，作者认为，死是不必急于求成的事，是必然会降临的节日。第二个问题，作者认为，一个人出生后就无须再思考为什么会生的问题的，这已经是一个无法改变的既定事实。第三个问题，作者认为，这个问题没有明确的解读，是值得用一辈子去参悟的问题。

师：王羲之说"死生亦大矣"，不到最后，也许我们无法参透生命给予我们的是什么。那作者历经十五年的荡涤淘洗，参悟出了什么？

生：我觉得作者在第7段最后用"味道"比喻人生，他说："味道是最说不清的，味道不能写只能闻，要你身临其境去闻才能明了。"也就是说，只有活着才有可能明白为何而活，只有经历着才有可能懂得为何而经历。

师：只有活着，我们才能思考存在的意义和价值。很好，读出了自己的理解。

以上这些回答可以说都是作者由景及情的结果，是对地坛的沉思，更是对自我内心的叩问。就第一部分内容，如果用"地坛的景物以（　　）让'我'明白了（　　）"的结构来总结你的学习收获，你会怎么表述？

生：地坛的景物以生机和朝气，让我明白了生命的巨大力量。

生：地坛以荒芜而不颓败的姿态，让我明白了身残志坚的可贵。

师：每一个人读过《我与地坛》之后，也许都能在心中找到一个属于自己的"我之地坛"。

（二）人与人——一位怎样的母亲

地坛本是一座荒园，但也正是它特殊的环境应和了作者的特殊心境。作者对命运、生死问题的思索得益于地坛中的景观对他的开释和点悟，地坛已然成为作者的精神天地。

师：除了地坛，还有谁给了作者巨大的精神力量？（学生异口同声回答："母亲。"）那么，母亲给了儿子哪些精神上的关爱？请大家阅读文本第二部分内容，找出这些感人的细节，并有感情地朗读它们。

（生读）

生：我找到四处。①"每次我要动身时，她便无言地帮我准备，帮助我上了轮椅车，看着我摇车拐出小院。"②"母亲仍站原地，还是送我走的姿势，望着我摇出小院去的那处墙角，对我的回来竟一时没有反应。"③"她思来想去最后准是对自己说：'反正我不能不让他出去，未来的日子是他自己的，如果他真的要在那园子里出了什么事，这苦难也只好我来承担。'"④"我在这园子里待得太久了，母亲就来找我。她来找我又不想让我发觉，只要见我还好好地在这园子里她就悄悄转身回去。"

生：我觉得母亲的关爱、呵护主要表现在两个方面，第一是我去地坛，母亲"送"我。一方面暗自祈祷，一方面又安慰、叮嘱我。第二是我在地坛，母亲"忧"我和"找"我。母亲做好了最坏的准备，时刻担心我，心神不定，坐卧难宁。但我许久未回，母亲就像在大海上搜寻小船一样找我。

师：我们还可以聚焦第二段中的"她知道"的表述，全段连续用了五个"她知道"，作者想表达什么？

生：一方面表达了母亲对我的理解、疼爱、担忧；另一方面又表达了我对母亲的惭愧和悔恨。

师：母亲对我如此，而当时的"我"有领会到母亲的痛苦吗？（学生纷纷摇头，表示没有。）"母子同痛苦"，而"我"沉没在自己的痛苦中，却忽略了母亲因我痛苦而产生的痛苦。第二部分文中几次出现"现在我才想到""许多年以后我才渐渐听出"之类的话，表现了作者一种怎样的思想感情？

生：对母亲深深的歉意，自己痛彻心扉的悔恨与永远无法弥补的遗憾。

师：那走出痛苦的"我"又是怎样表达对母亲的深深敬意和怀念的呢？或者说，作者是如何进行心灵的忏悔和救赎的？请大家从文中找到相关的语句回答。

生：我找到三处：①"现在我才想到，当年我总是独自跑到地坛去，曾经给母亲出了一个怎样的难题。"②"儿子得有一条路走向自己的幸福，而这条路呢，没有谁能保证她的儿子终于能找到——这样一个母亲，注定是活得最苦的母亲。"③"在我的头一篇小说发表的时候，在我的小说第一次获奖的时候，我真是希望我的母亲还活着……母亲为什么就不能再多活两年？为什么在她儿子就快要碰撞开一条路的时候，她却忽然熬不住了？莫非她来此世上只是为了替儿子担忧，却不该分享我的一点点快乐？她匆匆离我而去时才只有四十九岁呀！有那么一会儿，我甚至对世界对上帝充满了仇恨和厌恶。"

生：我再补充三处：①"我只想着一件事，母亲已经不在了……我心里只默念着一句话：可是母亲已经不在了……母亲不能再来这园中找我了。"②"但这倔强只留给我痛悔，丝毫也没有骄傲。我真想告诉所有长大了的男孩子，千万不要跟母亲来这套倔强，羞涩就更不必，我已经懂了'可我已经来不及了。'"③"这园中不单单是处处都有过我的车辙，有过我的车辙的地方也都有过母亲的脚印。"

师：刚才同学们找到的相关句子，大体可以概括为几个方面？

生：我觉得可以概括为如下四个方面：第一，站在母亲的角度去设想母亲的心理；第二，写小说报答母亲，感叹母亲生命的沉重与母爱的伟大；第三，常常怀念母亲，表达人子之思和伤逝之痛；第四，对自己的批评，悔恨自己的倔强与羞涩所酿成的苦果及其永远无法弥补的锥心之痛。

师：基于以上"我"与"母亲"之间的交往，母亲是个什么样的人？

生：母亲是一位"疼爱"儿子，自己承受"痛苦"的母亲。

生：母亲是一位"理解""包容"儿子，"深明大义、沉着冷静"的母亲。

生：母亲是一位"毫不张扬、深沉、善解人意"的母亲。

生：母亲是一位"注定活得最苦"的母亲，是一位"意志坚韧"的母亲。

师：可以说，正是母亲无私的爱、善解人意的性格和那不惧痛苦的精神，让作者明白了生命的意义和价值，以及像母亲一样在逆境中更加坚强的重要性。就第二部分内容，如果用"母亲以（　　　　）让'我'明白了（　　　　）"的结构来总结你在这部分的学习收获，你会怎么表达？

生：母亲以苦难的命运让我明白了生活中的挫折无处不在，要勇于面对。

生：母亲以宽宏的理解让我明白了母爱的缄默、无私和伟大。

（三）人与自己——一个怎样的"我"

本文虽然只节选了原文的前两部分，但作者"我"在文中的思想情感却发生了重大转变：从自我否定、消极颓废的状态走向积极乐观、敢于面对生死苦痛的积极状态；从对母亲的不理解到对母亲的深深忏悔。作者在"地坛"和"母亲"的双重影响下，变得更加自信和明澈，成为一个灵魂健全的人。"地坛"和"母亲"，重塑了一个坚强如铁的史铁生。

师：根据文中的相关表述，你认为"我"是一个怎样的人？

生：我觉得史铁生是个坦诚的人，敢于直面内心，就年轻时对母亲所承受的痛苦表达了痛彻心扉的悔恨，这是一个诚实反省的人。

生：我觉得史铁生是一个能够准确认清自己的人。比如对命运、生死的思索，都是他自己的领悟，虽然这中间有一个思想转变的过程，但他最后摆脱了自己内心的苦闷，勇敢地走了出来。

生：我觉得史铁生是一个情感表达的高手，这篇文章读起来并没有多少华丽的词语，也并没有多么煽情的语句，但给人一种感动，感动于自己能够走出心魔，感恩母亲对自己的帮助和无私照顾，这些都内蕴在其浅显的文字表达中。

师：本文的题目是《我与地坛》，但第二部分写的却是"我与母亲"，显然与标题不符。请同学们思考文章第一、二两部分有何关系？是不是有脱节之嫌？你怎么看这个问题？（学生久久没有声响。）请大家看看文中，有没有哪句话将"地坛"与"母亲"勾连起来？

生：最后一句，"这园中不单处处都有我的车辙，有过我的车辙的地方也都有过母亲的脚印。"

师：大家好好品读这句话，从中去思考老师刚才所提的问题。

生：我觉得从情感上来说，第一部分为后续内容做了铺垫。第一部分通过十五年对地坛、对世界的观察、体悟，作者开释了自己心中的疑问，打开了一片澄澈的天地。他在这里静静地追问、思考、反省，静静地完成了对人生价值和自我存在意义的客观认识，进而寻得一条通向他人和世界的道路，因此他才会带着感恩之心去回忆母亲。

生：我觉得"母亲"和"地坛"就是作者生命的两个支点，作者回到地坛公园，认识到园中处处都有过"母亲的脚印"，处处都有母亲的辛劳付出和无私疼爱。作者能够走出来，"地坛"给其提供了物质层面上的慰藉，"母亲"给了其精神层面上的支持。"地坛"和"母亲"早已与"我"一体相融，只不过"我"现在才懂，才领悟到。这是多么痛的领悟，也是多么宝贵的领悟。

师：总结很到位。正因为作者读懂了"地坛"，才读懂了"生命"；正因为作者读懂了"母亲"，才读懂了"母爱"。没有第一部分的内容，第二部分对母亲的理解和自我悔恨以及情感抒发，就有一种没有根的感觉，从行文逻辑看也不科学。换句话说，"地坛"和"母亲"因为"我"而产生了内在的某种联系，成了一个不可分割的整体。

三、反躬自省：回望史铁生

史铁生曾说："生命就是这样一个过程，一个不断超越自身局限的过程，这就是命运，任何人都是一样，在这个过程中我们遭遇痛苦，超越局限，从而感受幸福。"在与"地坛"的交往中，作者领悟了生死观，感受了慈母情。在母亲去世多年后，懂得和理解了母亲的不易和苦痛。

师：以下五句话是《我与地坛》这篇课文中的原句，大家朗读一下，然后谈谈你对生死问题的看法，以及在有生之年，你准备如何与父母相处。

（投影。）

1. 一个人，出生了，……死是一个必然会降临的节日。

2. 母亲盼望我找到的那条路到底是什么……在她去世之后，她艰难的命运，坚忍的意志和毫不张扬的爱，随光阴流转，在我的印象中愈加鲜明深刻。

3. 假如世界上没有了苦难，世界还能够存在吗？要是没有愚钝，机智还有什么光荣呢？要是没了丑陋，漂亮又怎么维系自己的幸运？要是没有了恶劣和卑下，善良与高尚又将如何界定自己如何成为美德呢？……一个失去差别的世界将是一条死水，是一块没有感觉没有肥力的沙漠。

4. 于是就有一个最令人绝望的结论等在这里：由谁去充任那些苦难的角色？又有谁去体现这世间的幸福、骄傲和快乐？只好听凭偶然，是没有道理好讲的。

5. 一切不幸命运的救赎之路在哪里呢？……我常以为是丑女造就了美人。我常以为是愚氓举出了智者。我常以为是懦夫衬照了英雄。我常以为是众生度化了佛祖。

生：我们每个人都是向死而生的，不必逃避，也无法逃避。在有限的生命长河中去做积极有益的事情，为理想、为亲人、为自己去努力拼搏，活出自己的价值。

生："世间除了生死，都是小事"，我们应该珍爱生命，任何时候都不能轻视生命，更不能极端地走一条不归路。很多事情，不仅要考虑自己的感受，还要照顾父母的感受，他们对我们的爱远比我们想象的更加深沉，更加醇厚。正如史铁生，虽然是残疾，但是，他在与地坛、与母亲的对话中认识到了生命的真正意义和价值，写出了很多影响世人的文学作品，实现了自我，完成了自我生命的涅槃重生。

生：生命中的苦与乐、生与死都是永恒的话题，每个人都会经历，最关键的是看自己如何去认识以及化解，有些人可能习惯自我排解，有些人可能需要他人干预，但无论如何，我们都不能丧失对生命的渴望，对生活的向往。也正因此，在自己还有机会的时候，要善待父母、理解父母、体贴父母、感恩父母。

生：……

师：德国哲学家海德格尔曾说："人在现实中总是痛苦的，他必须寻找自己的家园，当人们通过对时间、历史、自然和生命的思索明白了家之所在时，他便获得了自由，变成'诗性的存在'。"对于史铁生来说，"地坛"就是他的精神家园，就是他的精神归属；"母亲"就是他生命的依托，就是"爱"的港湾。正是因为"地坛"和"母亲"，他才有了生的勇气和希望，使他在宁静和执着中寻找那历久弥坚的活力，从而支撑起他那残破的人生，使他最终在精神上脱胎换骨，在人生道路上重新"站"了起来。

【评价与反思】

本文的教学设计主要关注四点：

第一，对教学目标的确定。本文是一篇带有自传性质的抒情性散文，因而将"感受、体悟、深思"作为文本内容学习的落脚点。文章第一部分重在引领学生思考作者的"生死观"，以及他是如何拥有这种"生死观"的（景观描写渗透着作者的情感演变）。文章第二部分重在引领学生体会作者对母亲的愧疚之情，从中感受母爱的无私和伟大。

第二，对教学流程的设计。读文即读人。秉持这个原则，整堂课围绕"史铁生"进行教学活动的安排。首先是采用知人论世的方法，走近史铁生。这个活动主要是让学生自主搜集材料，自主阅读，培养学生的梳理与探究的意识和能力。其次是阅读文本，解读史铁生。根据文章内容的走向，从"人与景观""人与人""人与自己"三个角度分三步进行解读，进而全面理解史铁生的精神世界和他想通过本文表达的思想情感。最后是对文本的一种自我思考，即回望史铁生。文中重点论述的是"生死观"以及对母亲的感恩之情，

第三，对学习方法的考量。在本课之前学生已经学习过多篇抒情性散文了，在教学过程中，教师退居幕后，学生走向前台，教师更多的作用是用问题驱动学生，把控学生思考的方向和对话的质量，不过多地刻意导引学生的学习。因此，整堂课中学生的话语表达多于教师的话语表达，只有这样学生才能真正地成为课堂的主人。

第四，对思辨阅读和情感体认的追求。本文在思想上和情感上表达得都很充分，正好借此引领学生进行思辨性阅读与表达性学习。对"生死观"的理解，对"母爱"的体会，尽可能地让学生结合个人经历，多角度地解读和阐释，进而丰富学生的情感体验和生命认知。

【问题与讨论】

本堂课引发的问题是，如何进行节选文教学，或者说如何有效利用节选文的剩余部分。散文篇幅一般不会太长，但《我与地坛》却达到了万字以上，因此，教材编者只节选了原文的前两部分收入教材。节选类课文在高中语文教材中并不少见，但是对于节选课文的教学处理却一直被语文教师所忽视。通过本课教学，进而产生这样的问题：在教学实践中，教师应该如何把握前两部分与整篇散文的关系，如何引导学生在前两部分的学习中窥得整篇文章的精华与深厚意蕴。这可能也是后续我们在《我与地坛》的备课过程中不得不思考的问题。

首先，散文的理趣体现在情与理的结合，《我与地坛》其实更多地引入了小说中的心理剖白的写法，意味着告白和自省的深入，增强情感表现力，也给行文带来跳跃和变化；还体现在象与理的浑融，往往有独特的哲思意象，如地坛之于史铁生，这个意象是他精神存在的象征。让散文之理附着于情感，趋附于意象来增强散文的审美性，形成散文的理趣之美。这也是散文的审美思维的表现。

其次，我们在备课和教学中应该如何处理这个问题。我们认为应该至少做到三点：第一，教师要认真研读全文，重点把握节选部分在单元教材中的位置，是重在文体考虑还是重在主题考虑，基于此，再去设计恰当的问题，

承上启下，勾连全篇。比如统编版教材所收录的《我与地坛》是从"精神世界""心灵寄托"等角度来选文的，因而在节选部分的教学中需要补充原文的第三、七两部分，这有利于学生更好地体悟史铁生的生命哲学和情感依托。第二，节选文教学要在课前鼓励学生阅读全文，提早布置阅读任务。学生是学习的主体，尽管教师有意识地进行节选文与全文剩余部分的勾连设计，但如果学生没有真正阅读过全文，那么教师的设计也就产生不了多大效用。第三，如果因为学业紧张，学生真的无法进行全文阅读，那么教师就要对相关辅助性材料进行提炼和浓缩，进而帮助学生从整体、全局的角度去把握作者的情感和写作的思路。

总而言之，对于篇幅相对较长、以节选方式编入语文教材的散文或者其他文体的选文，教师应努力尝试在了解编者意图以及学生学情的基础上，有选择地让选文剩余部分作为补充材料适时呈现，促进学生对于散文思想内涵以及情感表达的完整理解，进而提高学生理性阅读与思辨表达的素养。

历史社会大背景，实践探究真语文

——《我有一个梦想》课例赏鉴

执教：贵州省毕节市第一中学　黄瑜华
观察：贵州省毕节市教科所　吴长贤

【设计缘由】

运用研究性学习法，将阅读与历史知识、社会生活结合起来，践行大语文理念，进而提升学生思维的深刻性和广阔性。

通过收集美国种族歧视的背景资料，明白本文的写作意图；通过对美国黑人人权问题的现状调查，领悟美国人权运动的意义和价值；通过演讲稿的特点研究，准确把握本文写作的针对性与鼓动性的特点；通过对中国社会的研究，也同样以"我有一个梦想"为题，写一篇演讲稿，表达你对所关注的社会领域的期望，教育学生在语文学习中关注生活、关注社会。

【课例描述】

师：同学们，梦想犹如灯塔，照亮我们前行的路。在人类发展史上，伴随着飞天、入海等一个个不可思议的梦想的实现，我们的世界发生了翻天覆地的变化，我们的生活也变得一天比一天精彩。今天，我们一起来学习美国黑人运动领袖马丁·路德·金的梦想，他的梦想给美国带来了什么呢，给人类带来了什么呢？

按照课前预习的安排，本节课由同学们呈现你们的研究成果。第一小组，研究美国种族歧视的背景，明确本文的写作意图；第二小组，研究美国黑人人权问题的现状，领悟以这篇演讲稿为代表的美国人权运动的意义和价值；第三小组，研究演讲稿的写作特点，分析本文的写作方法；第四小组，调查你身边的社会问题，分析其形成的原因及危害，提出建设性的解决方案；全班同学，综合研究性学习成果，以《我有一个梦想》为题，写一篇演讲稿，举行一次演讲比赛。

师：请第一小组展示。

生：

一、美国种族歧视背景

美国的种族歧视开始于资本主义殖民时代。

（一）1619年从第一批黑奴被贩卖进北美大陆开始，美国政府就开始了对黑人的种族歧视。

（二）1776年美国宣布独立，只是白人的独立并不包括黑人。

（三）1861年南北战争时期，联邦政府为扭转局势，宣布废除黑人奴隶制度，这使得黑人在法律上得到了平等的地位，但是并没有改变黑人群体的弱势地位，美国的种族歧视仍然普遍存在。

（四）1865年美国联邦宪法第13条修正案宣布废除奴隶制，但奴隶制并没有因此在美国绝迹。

（五）1964年美国国会通过《民权法案》，禁止在公共场所实行种族隔离和歧视政策，美国才从法律意义上还黑人以平等权利。

（六）1995年3月，美国的密西西比州正式宣布废除奴隶制，成为美国最后一个宣布废除奴隶制的州。

师：小结：伴随着奴隶制的合法存在，种族隔离制度曾在美国十分盛行，黑人受到白人在经济上的压榨和剥削，黑人在教育、医疗、婚姻等方面的基本权利被剥夺，在美国有些地方，法律甚至明确规定黑人与白人在公交车、餐馆等公共场所内需分隔，且黑人必须给白人让座。

二、本文的写作意图

（一）一百年前，一位伟大的美国人签署了《解放黑奴宣言》。

（二）一百年后的今天，我们必须正视黑人还没有得到自由这一悲惨的事实。

（三）今天我们是为了要求兑现诺言而汇集到我们国家的首都来的。

（四）人人生而平等，让自由之声响起来。

师：小结：黑人还没有得到解放，呼吁美国兑现诺言，激励黑人去争取平等和自由。我有一个梦想，就是黑人和白人一样享有平等和自由。

师：请第二小组展示。

生：我们小组通过收集美国社会各行各业成功黑人的代表，证明黑人人权得到了改善。下面请看我的PPT展示。

一、黑人人权改善实例

（一）1967年11月7日，美国印第安纳州加里市参议会黑人议员理查德·哈特切尔被选为市长。

（二）2001年1月，混血人种鲍威尔任美国国务卿，是美国历史上第一位黑人国务卿。

（三）2008年11月5日，非裔黑人奥巴马当选美国总统。

（四）美国被誉为"黑人民族的桂冠诗人"（兰斯顿·休斯）

（五）迈克尔·杰克逊，美国流行乐男演唱家、词曲创作人、音乐家、舞蹈家、慈善家、人道主义者、和平主义者、慈善机构创办人。

（六）穆罕默德·阿里，美国著名拳击运动员、拳王。

（七）乔治·华盛顿·卡佛，是美国教育家、农业化学家、植物学家，是第一个进入艾奥瓦州立大学并取得农业硕士学位的黑人。

（八）伊莎贝尔多斯桑托斯：世界最富的三位女性之一，是世界上最年轻的黑人亿万富豪。

（九）NBA巨星乔丹、科比、詹姆斯等。

师：黑人中产阶级兴起。政治地位的提高，使其在经济收入、文化教育水平、生活方式等方面都有了巨大的改变。

生：

二、美国黑人人权运动的意义和价值

它不仅改变了美国黑人的命运，赋予了他们很大程度上的平等、自由和尊严，也深刻影响了所有美国人的生活与观念。具体来说，民权运动推动联邦政府实行铲除种族隔离制的改革，最终消灭了公开的白人至上主义，为黑人赢得了民权。它把美国从一个容忍种族主义、歧视黑人的社会转变为一个不管肤色与种族，承认每一个公民的平等权利的社会，从而深深改变了民众的思想。不仅如此，民权运动也激发了新时期美国社会的民主和自由斗争。现代妇女运动、反战运动、新左派运动和其他族裔争取权利的斗争等都受到民权运动的推动和影响。它开创了近代美国大规模群众斗争模式，并促进了社会运动的开展，改善了美国在国际社会中的形象。它使平等的观念深入人心，重塑了美国黑人的形象和信心。最重要的是，它有利于美国社会的稳定，充实了美国宪政的内容，捍卫了美国宪法的权威和尊严。

——文字来源，豆瓣网

师：他山之石可以攻玉，同学们利用网上文章，合理解决了我们提出的问题，说明了美国黑人民权运动的意义和价值，也说明了文章《我有一个梦想》的意义和价值。虽然，美国黑人人权在一定程度上得到了改善，但美国的种族歧视还是长期存在。这种危险思想是全人类的公敌，应该引起重视。

下面，有请第三小组展示。

生：老师、同学们，大家好！我们小组展示的是演讲稿的写作方法和本文的写作特征，下面先由我给大家介绍演讲稿的写作方法。

一、演讲稿的写作方法

（一）基本格式

1. 顶格写称谓语（如：亲爱的老师）。

2. 下一行空两格写问候语（如：大家好）。

3. 正文。

① 开场白（点明主题、交代背景、提出问题——要抓住听众，引人入胜）。

② 主体（有重点、有层次、有中心句——环环相扣、层层深入）。

③ 结语（深化主题——简洁有力、余音绕梁）。

4. 结尾（如：谢谢大家）。

（二）演讲稿的特征

第一，针对性。演讲是一种社会活动，是用于公众场合的宣传形式。它为了以思想、感情、事例和理论来晓喻听众，打动听众，"征服"听众，必须要有针对性。

第二，可讲性。演讲的本质在于"讲"，而不在于"演"，它以"讲"为主，以"演"为辅。由于演讲要诉诸口头，拟稿时必须以易说能讲为前提。

第三，鼓动性。演讲是一门艺术。好的演讲自有一种激发听众情绪、赢得好感的鼓动性。

师：第三组的同学分享了演讲稿的基本格式和特征。这里，我强调一下"鼓动性"特征。演讲稿要具有鼓动性，需要从文章的语言、结构、内容、手法上去研究，使其更好地为文章的主题服务。演讲稿需具有语言的生动性、感染力，结构的严密性，内容的典型性和丰富性，艺术手法的多样性，如比喻、排比、反复、对比、呼告等修辞手法的运用。这样才能鲜明地表现主题。请第三组的同学继续分享课文的写作特征。

生：大家好！下面我给大家分析课文的写作特征。

二、文章写作特点分析

（一）结构内容方面

标题：我有一个梦想

1~5自然段，为什么要实现梦想。

（百年前的诺言未实现，黑人仍然贫穷受歧视。）

6~16自然段，怎样实现梦想。

（不用暴力，和平忍耐；包容博爱，团结白人；长期坚持，毫不退缩。）

17~32自然段，我的梦想是什么。

（种族平等，遍及各地；自由之声，响彻山河。）

师：想想作者为什么要这样安排？可以先说梦想是什么，再回答为什么要有这个梦想，最后再回答怎样实现这个梦想？这样的结构似乎更合理吧？但是作为演讲者，他为什么不这样安排呢？

生：先说为什么要实现梦想更能抓住听众，然后分析怎样实现梦想，最后说梦想是什么。

师：对，先回答为什么要有这个梦想，既有理性的思考，又有感性的激发，可谓情理兼容，先声夺人，一下子便抓住了听众；然后谈怎样实现梦想，属于理性的分析，有了第一环节，第二环节就容易被听众接纳了；最后畅谈梦想，把演讲推向高潮，余音绕梁，耐人寻味。所以，全文以"为什么""怎么样""是什么"的模式，层层相扣、逻辑严密地组织材料，使文章观点鲜明，层次清晰，说服力强，并且能更好地激励和感染听众。

如果采用议论文的一般结构模式："是什么""为什么""怎么做"，先说我们的梦想是什么，再说为什么要有这个梦想，最后说怎样实现梦想，这样的安排，看似逻辑性很强，实则失去了本文所起到的表达效果。既了解技法，又能合理地打破技法，这就是创新思维。

生：

（二）艺术手法方面

1. 对比手法

例如：一百年前，一位伟大的美国人签署了《解放黑奴宣言》……然而一百年后的今天，我们必须正视黑人还没有得到自由这一悲惨的事实。

分析：将"一百年前""签署了《解放黑奴宣言》"与"一百年后""没有得到自由"做对比，鲜明地指出历时之久，但美国并没有兑现诺言。进而说明梦想的重要性。

2. 比喻手法

（1）一百年后的今天，在种族隔离的镣铐和种族歧视的枷锁下，黑人的生活备受压榨。

分析：运用比喻的修辞手法，"镣铐"和"枷锁"写出了种族隔离和种族歧视下黑人艰难的生存状态。"压榨"形象地描述了黑人被剥削的现状。

（2）美国没有履行这项神圣的义务，只是给黑人开了一张空头支票，支票上盖着"资金不足"的戳子后便退了回来。

分析：运用比喻的修辞手法，把美国政府比作支票的签字者，把美国公民比作支票的合法持有人。"空头支票"指的就是政府违背诺言，对有色人种拒付支票。这样就撕破了政府的虚伪外衣，让听众明白他们和政府之间的关系，促使听众放弃幻想，更加清醒、警觉地投入战斗。

（3）自由和平等的爽朗的秋天如不到来，黑人义愤填膺的酷暑就不会过去。

分析：运用比喻的修辞手法，把黑人也享有自由平等、摆脱贫困、享受教育的那一天比作爽朗的"秋天"，这样就能把黑人为之奋斗的最终结果的感受，生动而直观地传达给听众。与此形成对比的则为"酷暑"，"酷暑"一是揭示了黑人备受摧残的生活现状，二是指黑人胸中的怒火。

3. 排比手法

（1）句与句排比。

（2）段与段排比。

分析：文章大量运用排比，使作者的思想表达得更充分、更鲜明，产生了排山倒海般的气势和一泻千里般的激情，更容易感染听众并引起他们的共鸣。

4.反复手法

"我今天有一个梦想。……我今天有一个梦想。"

分析：间隔反复，表现出作者对梦想的执着与坚定。

（三）语言技巧方面

1.长句的使用

例如：这一庄严宣言犹如灯塔的光芒，给千百万在那摧残生命的不义之火中受煎熬的黑奴带来了希望。

分析：此长句中，"黑奴"前有着长长的定语，"千百万"说明人数之众多，"在那摧残生命的不义之火中受煎熬"说明黑人饱受摧残。长句的使用，使表达更有表现力和感染力。

2.短句的使用

例如：不！我们现在并不满足……

分析：单字成句，表现出作者斩钉截铁，坚定不移的斗志。

3.华丽典雅的语言

例如：我梦想有一天，幽谷上升，高山下降，坎坷曲折之路成坦途，圣光披露，满照人间。

赏析：作者运用华丽典雅的语言，创造一种雄奇的境界，激发听众的想象力，增强了语言的感染力。

师：第三组的同学给我们分析了这篇演讲稿的写作特征，让我们对其表达效果有了更为深入的理解，下面，我们尝试用演讲的腔调，自由诵读文章。

师：诵读结束，下面请第四小组的同学带来他们的社会调查。

生：大家好！我们小组通过集体合作，经历了荐题、选题、调查、写稿四个阶段。同学们推荐了"农村养老""强拆""农民工权利""留守儿童""禁止农民种玉米"等问题。我们通过讨论，选择了"留守儿童"这个问题进行调查。调查阶段，我们分别从个人、家庭、政府三个方面进行调查研究，现在展示如下。

课题：留守儿童问题及解决方案

一、留守儿童的定义

留守儿童是指外出务工连续三个月以上的农民托留在户籍所在地家乡，由

父、母单方或其他亲属监护接受义务教育的适龄儿童少年。（百度百科）

二、留守儿童存在的问题

（一）安全健康问题

缺乏成人照顾，人身安全事件频发。

（二）习惯养成问题

生活习惯和行为习惯养成不好。

（三）家庭教育问题

家庭教育缺失，越轨现象严重。

（四）学习成绩问题

学习成绩不佳，在校表现不优。

（五）心理健康问题

亲情缺失严重，心理发展异常。

三、解决方案

（一）留守儿童自身方面

培养自律、自尊、自强的性格，形成独立的生活能力。

（二）家长方面

强化家长在子女教育方面的责任感和科学态度，使其尽量兼顾工作和子女教育的双重问题。

（三）政府方面

加强农村工业化进程，为留守儿童父母提供就业岗位；给予经济、政策支持，为留守儿童父母自主创业创造机会。

师：第四组的同学的选题很有现实意义，调查也较有深度，解决问题的方案也有较强的针对性和可操作性。同学们就这个问题再深入研究，然后以一个留守儿童的身份，以"我有一个梦想"为题，写一篇演讲稿，下节课举行演讲比赛。

【评价与反思】

1. 语文离不开生活，生活离不开语文。在语文中感悟生活，在生活中学习语文，给语文找到根，给生活插上翅膀。这是语文的学习之法，也是语文的教学之法。

2. 教学是为了优化思维，而不是钳制思维，在阅读教学中，必须突显思维品质的提升。

3. 发现问题，分析问题，解决问题，立足文本，超越文本，文以载道。

【观察者说】

过程层层推进，"梦想"水到渠成

贵州省毕节市教科所　吴长贤

　　用心研读黄老师执教的《我有一个梦想》，我为之赞叹。既惊叹于学生精心的准备、独到的见解、精彩的发言，又赞叹黄老师简简单单地教、扎扎实实地教、真真诚诚地教。本节课没有喧嚣芜杂的气息，没有莫名其妙的迁移，坚守了语文教学的本真，让学生把语文与生活紧密结合起来，在生活中学习语文；教学设计充分体现"学生为主体，教师为主导"的教学理念，体现黄老师的教育智慧；教学过程层层推进，引导学生达成教学效果，最终表达自己的梦想。这节语文课也是我们语文教师追求的最美的"梦想"课堂。

一、精心构思设计，围绕目标进行

　　就演讲稿教学而言，教学的目标是抓主旨，明确观点，理清文章的结构，把握深刻透彻的说理方法，体会演讲稿的情感力量和多样化的表现手法，揣摩其中的感情语气和表达技巧，达到学以致用的目的。黄老师在设计这节课时，充分考虑到了演讲稿单元要求及本课特点，这是优秀的教学设计最基本的要求。他在课前分配学习任务给学生，任务分工明确，目标清晰，切合实际。学生能根据教师安排的任务去阅读这篇演讲稿。教师给小组分配任务时，要求是准确的、明了的、有趣的。课前的学习目标清晰，目的性强，学生的准备就不会杂乱无章。当他们分享学习成果的时候，指向明确，见解独特，有效性高。有了这种精心的准备，四个小组的发言有梯度、有效度。四个小组的研究成果分享，巧妙地构成了这节课。从学生分享的成果看，他们在课前花了很大的工夫，所以在发言中语言鲜活生动、内容充实。一节好课是教师的辛勤汗水浇灌出来的。其中就包括教师在课前的这种精心的、有效的安排，课堂教学中的四个环节好似诗歌的"起、承、转、合"。这样的课堂，立足于生活学习语文，既开阔了学生的视野，又激发了学生参与研讨的兴趣。

二、尊重学生选择，引导学生思考

教学中点评精准，充分尊重学生，引导学生思考。在学生发言的过程当中，教师每一句适时的总结、引导都是恰到好处的，而不是随意的。有了教师的这种有效的牵引，学生的思维得到了拓展，思维能力也得到了有效的训练。

黄老师在这节课当中，抛给学生有层次性的问题，一是要求学生明白这篇文章的写作意图，二是领悟以这篇演讲稿为代表的美国人权运动的意义和价值，三是能够知道演讲稿的特点，四是能够学以致用，就身边的社会问题提出解决性的方案。这四个问题看似很简单，实际上有很巧妙的设计。这是一个演讲稿的教学单元，当然最主要的任务还是要学生学会阅读演讲稿，但归根结底还是要学生学会怎么写演讲稿，怎么演讲。

在第一个过程中，要基于文本，不脱离文本，让学生从这个角度去清楚地知道本文写作的意图是什么。在这个环节当中，学生除了读文本外，在课前肯定会查找更多的资料，了解这篇演讲稿的写作背景，在精心的安排中培养了学生收集整理资料的能力。

在二个过程中，研究美国黑人人权问题的现状，领悟以这篇演讲稿为代表的美国人权运动的意义和价值，这是在培养学生对于作者所表达出来的观点的认可度。学生必须有自己独到的见解，能够准确地表达自己的见解。当学生分享结束后，教师给予精彩的点评。语文学习体现在了生活中，学生要会关注现实。"在课堂教学中，如果教师能及时地、适度地作出评价，就能够保持和激励学生学习的积极性；如果能在评价中启发、点拨学生，就能有效地训练学生的思维能力和语言能力。"这些恰到好处的点评既培养了学生能够客观地看待问题的能力和独立思考问题的能力，又很好地培养了学生理性的思辨能力。

在第三个过程中，学生通过学习，总结出了演讲稿的写作方法。这一环节就是为学生下一课时的演讲做好充分的准备。这个环节中，学生准备时推荐的话题涉及"农村养老""强拆""农民工权利""留守儿童""禁止农民种玉米"这几个方面，但最终选择哪一个话题，是由学生来决定。教师并没有限定学生的思维，他把学习的主动权完全地交给学生，让学生自主选择。学生最终选择了留守儿童的话题，总结发言时条理清楚，不仅梳理了留守儿童存在的问题，更提出了有价值的解决方案，这又为下次课的演讲做了铺垫。这样，演讲才有针对性，才好操作，观点才有深度。只有学生感兴趣的话题，才能使他们在课堂上充分地活动起来，敢于亮出他们的观点，说出他们的看法，课堂上师生智慧的火花才能闪耀，课堂的生成性、创造性也才能够显现出来，学生的主体地位才能够体现，教育目标也才能够真正达成。

三、紧扣学习目标，达到学以致用

演讲稿的这个单元，学习的最终目的是让学生能写演讲稿进行演讲。学生在第四个过程当中已经懂得马丁·路德·金怎么表达自己的观点，学生又总结出了演讲稿的写法，再让学生在第2课时去准备演讲稿——"我有一个梦想"。他们已经清清楚楚地知道演讲稿的格式，演讲稿的语言特点、句式特点等，还知道应该从哪些角度来入手写这篇演讲稿，同时能够旗帜鲜明地表明自己的观点，突出演讲稿的鼓动性和号召性。相信学生在经过本课的学习后，一定能够联系自己的实际，真实、真诚、真情地表达自己的梦想。那这篇文章的学习就真正地达到了教学目标。在这种层层推进的教学后，学生的"我有一个梦想"的演讲稿格式一定是规范的，语言一定是精彩的，梦想也一定是美好的。

黄教师精心地设计了看似简单实则巧妙而不露痕迹的引导，学生才能在他的导引之下进行有效的学习，这样的课堂也才是有效的课堂、学以致用的课堂。教学在层层推进当中进行，学生的"梦想"自然水到渠成。这样的课堂也是我们语文教师追求的最美的"梦想"课堂。

古典文化意象中的意蕴美

——《说"木叶"》课例赏鉴

贵州省大方县实验高级中学　宋谋齐

【教学设想】

运用关键词阅读方法筛选有用信息，了解诗歌语言的暗示性特质，并运用直觉思维和形象思维进行诗歌鉴赏实践活动，发展学生思维的广阔性与灵活性。同时，使学生学习如何在文艺评论中使文章思路有条不紊、纲目清晰，提升思维的严密性。

【课例描述】

师：今天我们一起来学习著名诗人、诗歌理论家林庚先生写的《说"木叶"》，这是一篇文艺性随笔散文。这类文章一般通俗易懂、表达方式灵活、语言生动有趣。这类文章能丰富思维、增长知识、拓宽视野，很受阅读者的喜爱。下面，我们一起走进林先生的《说"木叶"》。首先，请大家把握节奏齐读课文，然后请大家说说自己阅读文章之后的感受。读完课文后，你头脑里有什么？

（学生齐读课文）

（问：下面请大家说说自己阅读文章之后的感受。读完课文后，你头脑里有什么？）

生1：头脑里想到了几棵树，光秃秃的。

（拍拍旁边的同学，你呢？）

生2：我首先想到了一大片叶子，就像学校外面马路上银杏树掉下的一地的金黄色的银杏叶子。

生3：我头脑里想到的是文章中的一大堆古诗，可是好像一个也记不住。（同学们笑了）

师：看来，我们得在课后加强记忆，争取多背一点好的诗句。大家看一下课文的标题，同学们发现了什么？

生4：有个引号。

（问：这里为什么要用引号？）

生4：我认为是为了强调，突出说的对象是"木叶"。

师：作者林庚的《说"木叶"》，想对我们说些什么呢？同学们试着从原文中找出例句来回答这个问题。

（学生翻书，思考状）

生5：（学生朗读第1段最后一句），作者想告诉我们的是"木叶为什么是诗人笔下钟爱的形象"。

（教师眼神示意，鼓励学生回答）

生6：我觉得作者想告诉我们的是木叶的两个艺术特征，分别在第4段最后和第6段的开头，这正是"木"的第二个艺术特征。

（教师继续眼神示意，鼓励学生回答）

生7：我认为，作者林庚《说"木叶"》的目的是介绍诗歌语言具有暗示性的特点。在课文第5段开头（朗读作品）。林庚先生说"木"有两个艺术特征，为什么"木"有这两个艺术特征呢？正是因为"木"这个字，具有诗歌语言暗示性的特点。

（部分学生点头认可，鼓掌）

师：大家的掌声很能说明问题，表示大家认可他所说的观点和分析的理由。那么作者为了说明"木叶"具有诗歌语言暗示性的特点，他是怎样进行分析的呢？你认为作者林庚先生主要运用了什么方法？请举例说明。

生8：我觉得运用的方法主要是引用，你看啊，全文从开头到文章结束，引用了很多诗句，我数了一下，总共有20处。

（问：你认为这些引用有什么作用呢？）

生8：我觉得有两个作用，文章开头3处引用，其目的是引出文章的话题

"木叶"。第二个作用是举例，证明自己的观点。如第2段里，作者说"其实'树'倒是常见的"，为了证明自己的这个观点，作者以屈原的《橘颂》和淮南小山的《招隐士》以及无名氏古诗为例。课文后面的古诗词的引用，也是为了证明自己的某个观点。

（问：有没有同学就课文引用的作用进行补充的）

（部分同学做思考状）

（教师眼神示意，鼓励学生回答）

生9：我不知道我讲的对不对。课文中这些古诗词的引用，有些诗句理解起来有点难度，如第5段中引用周邦彦《满庭芳》里的"午阴嘉树清圆"，就有点不明白指的是什么，但感觉作者林庚先生很有文化，能记得这么多诗句，很厉害。

（问：那这是属于引用的哪方面的作用呢？）

（思考状）增加，增强文章的文采、文化韵味。

师：两位同学说得都很好。引用在本文中至少有三个作用，引出话题、证明观点、增加文章的文采和文化意蕴。周邦彦《满庭芳》里的"午阴嘉树清圆"的意思是"正午茂密的树下，圆形的阴凉笼罩着地面"，强调的是茂密的树林。继续回到我们刚才的问题上，作者林庚先生说"木叶"具有诗歌语言的暗示性特点，具体表现在"木叶"的两个艺术特征上，那么他是怎样分析的呢？具体运用了什么方法？

生9：我觉得运用的是"对比"。课文提到了几个加引号的名词，如"木叶""落叶""落木""树叶"，通过比较分析这几个名词的含义，突出强调了"木叶"的两个艺术特征，一个是具有"落叶"的意思，一个是强调其颜色的暗示性。

（你能分别把包含这几个名词的句子读一下吗？）

生9：第4段，（朗读作品）"然则'高树'则饱满，'高木'则空阔……"（两句）

第5段，（朗读作品）"而'木'作为'树'的概念的同时，……，它与'叶'都带有密密层层浓荫的联想。"

第6段，（朗读作品）"黄叶还是静静地长满在一树上，……，它连'叶'这一字所保留下的一点绵密之意也洗净了。"

师：分析得好，读得也很棒。我们总结一下，作者林庚为了说明"木叶"具有诗歌语言的暗示性的特点，通过引用和对比总结出了"木叶"具有的两个艺术特征。学了本课，同学们有什么心得、收获呢？

生10：我想我今后看见树叶掉落时，会想到林庚先生写的这篇文章——《说"木叶"》。

生11：我收获的是在写文章的时候，还是要想办法多引用一点古诗词，这样会让自己的文章显得高大一些。（同学们笑了）

生12：我觉得对比的方法很有用。为了说明和解释一个问题，先想想与他有关的人、事、物什么的，把它的对立面介绍清楚了，自然也就把它讲好了。下次写文章我会试着采用这种方法。

师：大家总结得都很好。其实啊，语文学习贵在思维，大家真正地理解了作者的行文思路，自然就能判断出作者写作的真实目的，也就能从中体会到一些写作的结构、内容安排、线索布置等技巧，从而学会写作。希望同学们在学习中多积累，勤思考，常动笔。

【评价与反思】

林庚先生的《说"木叶"》可以说是一篇指导如何欣赏诗歌语言字词美的一次专题讲座。这篇文章要表达的意思其实很简单，那就是告诉听众和读者，诗歌的语言是有暗示性的，你要懂得这个道理，运用这种灵活的、发散性的思维方法才能够品鉴出诗歌语言的艺术魅力。但由于林庚先生引用了大量的古诗文，让学生的阅读还是有一定的理解难度。同时，林庚先生介绍"木叶"的艺术特征的时候，通过的是"树叶""落叶""落木"等相近似的词语，往往给学生很绕的感觉，有一种把简单的问题复杂化的感受。因而，让学生真正地"亲近"课文，是课堂教学成功的关键。本节课拟通过对文章内容的鉴赏评价让学生在思维的广阔性、灵活性、严密性等方面有所体验和收获，围绕着"文本—问题—印证—质疑"思辨性阅读的一般规律进行教学。通过问题的设置引导，学生感受到了林庚先生思维的灵活、广阔和严密，开头三则古诗文的引入导出话题，课文中有大量的古诗文举例分析。分析"木叶"的艺术特征时运用的是对比手法。学生在思考回答问题时有理解、有收获。语言的组织能力、表达能力中所渗透的思维品质的训练和培养，达到了课堂教学的预期设想。不过，有点遗憾的是，未能够在课堂中趁热打铁，举例子让学生赏析某首诗或词，感受诗歌语言的暗示性和运用所学知识解决问题的能力。这个遗憾，看来只能留在后面解决了。

【问题与讨论】

一、在内容概括中搭建思辨性阅读的土壤

随着2017年12月教育部颁布的普通高中语文课程标准的文件落地，语文课堂教学的重心发生了悄然的变化，由较为单纯的语文学科专业知识的传授慢慢地过渡到语文学科知识和语文学科核心素养能力培养并存发展。培养学生的语文学科核心素养能力成为当下语文课堂需要积极思考和探索的问题，通过思辨性阅读提升和发展学生的思维品质，是有责任、有担当的语文教师的一种自觉行为。通过对整节课的观察发现，学生对文本的思辨性阅读，得益于学生对课文内容的熟悉和了解。引导学生对课文内容进行复述，在复述中进行思考，在思考中发现问题，进行质疑，这是学生思辨性阅读的开始。学生融入自己的生活体验来反思文本内容，就打开了其思维的大门。学生就会积极地参与课堂问题的讨论、交流和分享。本节课第一个环节的设置安排，恰到好处地做到了这一点。

二、在直觉形象思维活动中提升思维的广阔性和灵活性

直觉形象思维，是指对接触到的事物没有经过细致全面的分析，只是凭借第一阅读体验的感知，原始地给出自己的理解、评价、猜想、设想，有时碰到困扰自己很久的难题，突然对它们有"醍醐灌顶"和"茅塞顿开"之感，并且往往伴随着联想和想象。本节课第一个过程中的"读完课文后，你头脑里有什么？"和最后一个过程中的"同学们有什么心得、收获呢？"问题的导引，主要引发的是学生的自觉形象思维活动。学生在关于"文本"内容的概括中，兼顾前后文，不时地补充发现，学生不仅体验到了林庚先生写作思维的广阔性和灵活性，也发展了学生自己思维的广阔性和灵活性。

三、在文章写作思路的辨析中提升思维的严密性

思维的严密性体现的是很好的思维逻辑性，也就是对问题的条分缕析，理清其内在的发展顺序，还原事物的本来面目。本节课中，借助于"说"的对象具体是什么，学生在探讨"说"的对象的过程中，不仅明确了作者林庚先生的写作意图，还自然而然地引出了如何实现"说"的写作目的。通过对文本内

容和技巧的分析解读，学生明白了课文中引用的大量诗文，采用对比的技巧其目的就是介绍"木叶"所具有的两个艺术特征，进而说明"诗歌语言具有暗示性"的特点。在这个活动中，学生真切地感受到了作者林庚先生思维的严密性，文章环环相扣、旁征博引，看似杂乱实则目标集中；间接地提升了学生在文学欣赏和创作中思维的严密性。本节课较好地实现了预期教学目标。

在科学智慧中彰显人文之美

——《中国建筑的特征》课例赏鉴

执教：贵州省毕节市第一中学　黄瑜华
观察：贵州省毕节市实验高中　朱莉娅

【设计缘由】

学习本文，带领学生在自然科学小论文中获取科学知识的启迪，培养严密的思维品质；感受科学美感与人文美感在中国建筑中的体现，培养学生的创造性思维。

在学习过程中，以学生的自主学习为主，教师做方法归纳和知识补充，以此来培养学生的学习能力和思维能力。

【课例描述】

师：同学们都知道毕节的"龙门"吧。有三合院—— 一正房、两厢房，有四合院—— 一正房、两厢房再加对房，石阶、天井、围墙、青瓦、木墙、檐窝、堂屋……这些，都是我们对黔西北"龙门"文化的记忆。毕节城隍庙，旧名广惠祠，在古城北门内，即今司法路与广惠路的交叉口，明洪武二十六年（1393）建。大家知道我为什么要介绍这两类建筑吗？因为它与我们今天要学习的内容——"龙门"文化有关，最能体现我们的课文——《中国建筑的特征》，并且毕节城隍庙与本文作者梁思成的夫人林徽因有过一次短暂的邂逅，因为种种原因，林徽因最终没有进入毕节城隍庙，这是林徽因的遗憾，更是毕节人民的遗憾。我们今天就一起学习这篇文章——《中国建筑的特征》。

师：第一个问题，《中国建筑的特征》这一标题包含哪些信息？

生1：概括了文章的主要内容。

生2：按照上一单元钱锺书的《谈中国诗》的特点，本文谈中国建筑，应该要和外国建筑做比较。

师：从标题中了解文章内容和写作技法，还运用学过的课文解决新问题，很好！

师：第二个问题，速读课文，把握文章结构特征。

生1：文章第3段总写中国建筑有9个特征，下文就分9点来分写，因此，这里可以看成一部分。第1、2段是一个部分，第14～19段是一部分，第20段是一部分。所以，全文分4个部分。

生2：文章第1、2段是开头，第3至13段写了中国建筑的特征，第14至19段写它为什么具有这个特征，第20段是结尾。我是按照"是什么""为什么""怎么办"的议论文模式来思考文章的结构的。

生3：我觉得这篇文章应该是说明文。

师：总体上，文章是议论文的结构模式，而第二部分又运用说明的方法说明特征，回答"是什么"，第三部分回答"为什么"的问题，最后第20段回答"怎么办"的问题。所以，按照4部分来理解它的层次比较合理一些。

师：第一部分比较简单，可以算是文章的引论部分，写了中国建筑体系的范围、形成时间以及发展、影响。请同学们重点阅读第二部分，然后填写下表：

序号	中国建筑的特征	科学美	人文美
1			
2			
3			

自学提示：

①结合生活思考，由小组讨论完成。

②人文美：一切由人的文化活动而给人以美感的，都可称为人文美。让人们感受到人类文化中的精华，感受到人文关怀（重视、尊重、关心、爱护人），这就是人文美的体现。

③科学美：指存在于人类创造性的科学发明和发现活动中的美。

生1：

特征——台基、房屋、屋顶为主要构成；

科学美——厚实的台基防潮、防水，使建筑更加坚固；

人文美——台基使原本矮小的建筑高大，屋顶营造的气势使建筑显得雄壮。

生2：

特征——平面布置以"所"为单位，对称，朝南，天井；

科学美——利于采光、房间独立，减少相互间的干扰；

人文美——曲径通幽，与自然和谐统一。

生3：

特征——木材结构；

科学美——立柱、横梁、枋、檩结构，均匀分布重力，减轻负重，减少建材的使用；

人文美——让人感觉温暖。

生4：

特征——斗拱；

科学美——减少立柱和横梁交接处的剪力，保护横梁；

人文美——造型美。

生5：

特征——举折，举架；

科学美——形成斜面，易排水、采光；

人文美——稳健大方。

生6：

特征——屋顶；

科学美——排水；

人文美——曲线美、雄壮美。

生7：

特征——大胆使用朱红；

科学美——保护木质；

人文美——热情、喜庆。

生8：

特征——局部装饰；

科学美——（没有发现）；

人文美——和谐美。

生9：

特征——建筑材料的装饰；

科学美——（没有发现）；

人文美——精致美。

师：

中国建筑在选址、建材、结构、色彩等方面，充分体现了中华民族千百年来积淀的科学智慧。合理利用自然，融入自然，与自然和谐统一，也体现了"天人合一"的哲学思想。曲径通幽，对称美、朦胧美、动静美、人情美……更彰显了中华民族独特的审美思想和厚重的人文情怀。在科学中渗透人文之美，在人文中蕴涵科学精神，这是中华文化一个显著的特征。文章在说明中国建筑九大特征的时候，是怎样说明的？我给同学们介绍一下这部分的说明方法。（幻灯片展示）

1. 分类别：将说明的对象按一定的标准划分成不同的类别，分类加以说明，这种说明方法叫分类别。作用：条理清晰、层次分明。例如，文章将中国建筑分为九大特征来说明，行文过程中，又兼顾由主体到局部，由主到次的逻辑顺序，这就起到了条理清晰、层次分明的效果。

2. 做诠释：是对事物进行解释的一种说明方法。作用：做诠释能使说明语言更全面、更充分、更具体。例如："个别的建筑物，一般由三个主要部分构成：下部的台基，中间的房屋本身和上部翼状伸展的屋顶。"

3. 举例子：是举出有代表性的、恰当的实例，反映事物的一般情况，真切地说明事物。作用：使语言通俗易懂，更直观，更具有说服力。例如："如回廊、抱厦、厢、耳、过厅等，围绕着一个或若干个庭院或天井建造而成的。"

4. 打比方：打比方是运用比喻的修辞手法，来增强说明的生动性和形象性。作用：在于生动形象地说明对象的特征。例如："两柱之间也常用墙壁，但墙壁并不负重，只是像'帷幕'一样，用以隔断内外或分划内部空间而已。"

5. 摹状貌：指对事物形状相貌的特征进行描摹，使读者容易认识所要说明的事物。作用：使说明语言富有形象性、直观性。例如："在一付梁架上，在立柱和横梁交接处，在柱头上加上一层层逐渐挑出的称作'拱'的弓形短木，两层拱之间用称作'斗'的斗形方木块垫着。"

6. 做比较：是将两种或两种以上同类的事物进行比较，以突出被说明对象的特征。作用：能更好地突出被说明对象的特征，给读者留下深刻的印象，增强说明的效果。例如："在其他体系建筑中，屋顶素来是不受重视的部分，除掉穹隆顶得到特别处理之外，一般坡顶都是草草处理，甚至用女儿墙把它隐藏起来。但在中国，古代智慧的匠师们很早就发挥了屋顶部分的巨大的装饰作用。"

7. 下定义：是用简明的语言对某一概念的本质特征作规定性的说明。作用：使说明语言科学、准确，让读者在具体了解被说明对象前，能对被说明对象有一个初步的认识。例如："梁架上的梁是多层的；上一层总比下一层短；两层之间的矮柱（或柁墩）总是逐渐加高的。这叫作'举架'。"

8. 作引用：是借用别人说过的话来进行说明。作用：运用这种说明方法来说明，更容易让人信服。例如："在诗经里就有'如鸟斯革，如翚斯飞'的句子来歌颂像翼舒展的屋顶和出檐。"

文章无论内容还是形式，都充分体现了作者乃至中国文化的科学精神和人文情怀，这是应该积淀于每个同学内心的东西，希望同学们找出其他的语句细细品味，用心感悟。

师：严密的逻辑是本文的一个重要写作特征。作者在介绍了中国建筑九大特征之后，又更进一层，深入探讨这些特征形成的原因，也就是中国建筑的风格和手法。作者是如何论证这个问题的，请同学们根据下表学法引导表的提示深入学习。

论证对象	中国建筑的"文法""词汇"
对象特性	拘束性、灵活性、多样性
产生根源	整个民族和地方的物质和精神条件下的产物
影响范围	发展了砖石建筑，推进新建筑的发展
与各民族联系	"可译性"
论证方法	比喻论证、对比论证

问题要求：

1. 根据表格内容标出对应段落。

2. 概括什么是中国建筑的"文法""词汇"。

3. 超越文本，举几个你熟悉的例子，说明各民族建筑之间的可译性。

4. 阐述此处如何运用比喻论证和对比论证。

生1：问题1"文法""词汇"的概念对应第14自然段；"文法"特性对应第15自然段；"文法""词汇"产生的根源对应第16自然段；对砖石建筑、新建筑发展的影响对应第17自然段；与各民族之间的联系对应的是第18、19自然段。

生2：问题2无论每种具体的实物怎样千变万化，它们都遵循着那些法式。构件与构件之间，构件和它们的加工处理装饰之间，个别建筑物与个别建筑物之间，都有一定的处理方法和相互关系，所以我们说它是一种建筑上的"文法"。构成一座或一组建筑的构件和因素，叫"词汇"。

生3：问题3法国的凡尔赛宫和中国的故宫。

生4：问题3意大利的波波里花园与中国的豫园。

生5：问题4作者借语言文字中的"文法"来比喻中国建筑的风格和手法，形象生动地说明了中国建筑的构成原理。

生6：问题4作者用天坛皇穹宇与罗马的布拉曼提所设计的圆亭子做对比，说明它们是同一体裁的"文章"。这是求同对比。

师：通过同学们的回答，可以判断同学们的学习很成功。我给同学们的表格和四个问题，旨在给同学们建立科学合理的思路，使同学们有条理、有重点地思考问题。在平时的阅读中，同学们也应尝试用这种方法解决疑难文章或文章片段，提高阅读能力。

师：请同学们自学最后一段，概括一下主要内容。

生：结尾段告诉我们今天该怎么做。

师：对，这是议论文比较常规的结尾方式，请大家结合全篇，再次感受一下本文的结构模式，体会科学小论文严密的逻辑。

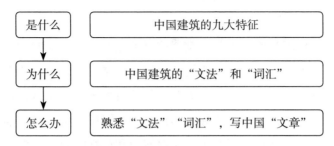

中国建筑的特征（梁思成）

是什么	中国建筑的九大特征
为什么	中国建筑的"文法"和"词汇"
怎么办	熟悉"文法""词汇"，写中国"文章"

师：通过学习这一课，同学们对中国建筑的科学智慧和人文美感有了一定的了解，请大家运用这种精神和情怀去研究一下黔西北民居，写一篇小论文介绍它的特征。

【评价与反思】

1. 立德树人，培养学生的科学精神和人文情怀，有力践行社会主义核心价值观，是当下人才培养的一个重要方向。善于发现教材中的资源，合理使用教材，让语文教学更自主，更开放，让教育更科学，更温暖。

2. 文化自信既要立足本民族文化，又要有世界眼光。传统文化的传承与国际视野的培育，是语文教学的一个重要任务。不盲目、不狭隘，在自信中包容，在包容中发展。这是文化的自信、语文的自信，也能让学生找到成长的自信。

3. 化难为易是教师应该具备的教育智慧，也在教学过程中让学生形成学习之道、成长之道、生活之道。

【观察者说】

科学精神与人文情怀并举

——黄瑜华老师《〈中国建筑的特征〉课例》赏评

贵州省毕节市实验高级中学　朱莉娅

《中国建筑的特征》是一篇论述式的科普文，除了说明中国建筑特征之外，还有对文本阐述理论上的探讨，因此它更具议论文特点。

　　本堂课教师从家乡的相关代表性建筑导入，引导学生发现和寻找现实生活中传统建筑的特征，增强时代文化气息，加强了人文厚度，激发了学生的兴趣以及对家乡的热爱之情。

　　一个精彩的思维片段，就是一堂课的点睛之笔。在本文的学习中，教师巧妙地设置课堂环节，把握文章结构特征，理清思路，找好问题切入点，化难为易，使得教学难点在不经意间迎刃而解。教师沿循知识的脉络，及时根据学生提出的问题，巧妙地进行点拨指导，不仅有效地锻炼了学生对文本信息筛选和加工的能力，更有效地培养了学生的学习能力和思维能力，让学生在学到知识的同时，获得有益的启示和深度的思考。

　　教师尊重学生的个性，充分发挥他们的自主性，带领学生在自然科学小论文中获取科学知识的启迪。引导他们步步深入探讨中国建筑的风格和手法，培养了学生的创造性思维和严谨的科学态度。学生通过自主探究学习，以人文的眼光来审视科学、对待科学，在感受科学的魅力之余，又得到科学美感的熏陶，表现出很强的人文色彩。

　　整个课堂教师从文本出发，体现出深厚的专业知识功底和敏锐的洞察力，带领学生寻幽探胜，步步深入，凸显了文本的科学性和人文性，给学生带来思维的成长和美的享受，提高了学生的思维能力，滋养了学生的精神世界。

让叙述绽放思维之花

——记叙文写作课例赏鉴

执教：贵州省毕节市第一中学　赵韵如
观察：毕节市教育科学研究所　杨文黔

【教学理念】

本节课的课堂定位是一节作文评讲课，通过发现学生作文中存在的问题，总结修改的方法，当堂进行作文的修改与展示，在展示中发现问题后再次进行升格指导。同时，这也是一次针对学生思维能力的提升训练活动，利用问题导向逐步培养学生思维的深刻性与严密性，使其形成个性化的写作风格。

【教学实录】

一、新课导入

师：同学们好，今天我们来上一节作文课。一提到写作文，你们脑子里会闪现出哪些关键词呢？

生：800字。

生：难。

生：痛苦。

师：那提到高考呢？

生：遥遥无期。

生：恐惧。

师：看来这两者在你们眼中似乎已经成了负能量的代名词，而今天我们将在一堂作文课中走近高考作文题，试试能不能做到"负负得正"。

二、情动于心，激活感悟

师：（屏显2019年全国高考语文卷三作文题）我们先来回忆一下：在这则漫画里有哪些构图要素？

生：老师、伏在桌上学习的学生、老师说的一行字。

师：还能得到什么信息呢？

生：从这行字里我们知道这是毕业前的最后一堂课。

师：很好。通过批阅大家交上来的作文，我总结了一下同学们的作文大致有这几种类型：第一种：看到材料后回忆自己的幼儿园老师、小学老师、初中老师是什么样的，最后结尾，"啊！老师我爱你！"第二种：回忆自己的语文老师、数学老师、英语老师等各科老师，最后结尾，"啊！老师真伟大！"（生附和，笑。）第三种：这种类型的作文还比较新颖，从老师的角度来写与学生的回忆，但是由于缺乏亲身经验，有人写道"同学们放学回家后，老师对着空荡荡的教室号啕大哭"。（生笑）

师：其实，从大家的作文里我发现同学们并不是无话可写，我想，那一件件小事会出现在你的作文里，说明它确实在某一个瞬间触动了你，但这样的文字却无法感动别人。我们怎样表达才能触动别人的心灵呢？

（生沉默）

师：在回答这个问题之前，我们先来看看学案上的材料一，请一位同学把这则材料读一遍。

（屏显。生举手，读材料。）

师：我们的表达怎样才能打动读者？结合材料一的表达特色以及同学们的创作经历，谈谈你的理解。

（生思考讨论。）

生：我觉得真正能够打动人心的文章，首先要善于发现生活，以小见大；其次要与生活相关，要有真情实感。

（师板书总结：以小见大、真情实感。）

师：那这一则材料里有真情实感吗？

生：有，从老师的话和学生的感受里读出了真情实感。而且好的文章还不仅仅只有真情实感，还要有内心的感动，要源于生活又高于生活，要适当升华主题。

（师板书：适当升华。）

生：还要有细节描写，这一则材料里描写了老师写粉笔字的动作，还用语言描写写出了老师对我的影响。

师：读得很仔细。我们发现记叙文中细节描写能够体现人物的精神。（师板书：细节描写。）细节的动人之处往往在于，它是人的最不经意之处、事的最不宏大之处、情的最不热烈之处、景的最不起眼之处。我自己也有一个总结：

（屏显）

> 叙述传情
>
> 细节衬情
>
> 修辞显情
>
> 环境寓情

师：光说不练可不行，大家的导学案里有一个片段，是同学自己写的文章，请运用刚才总结的方法，修改这篇文章，以小组为单位分享交流，选出最精彩的文字与全班同学分享。

（生思考，讨论。）

他笑着说尽了三年的期盼，他笑着忍受这三年的不舍，他笑着对他的学子做最后的告别。最终，他的学子开始回忆起这三年来他的付出，眼泪终于打碎了众多坚强与忍耐，他的学子这才意识到分离即将到来，那些美好的时光无法再次拥抱。泪水打湿双眼，莘莘学子即将踏上新的征程。

"你们再看看书。我再看看你们。"这句话是老师们最后的告别，不舍却又决绝。

生：我把"他"改成了"你"，第二人称更加亲切，加了一些细节描写和环境衬托。

（生读修改内容）

最后一堂课，你笑着说尽了三年的期盼，你笑着忍受这三年的不舍，你笑着对你的学子做最后的告别。你扶了扶厚厚的眼镜，目光扫过你的每一个学子，你的学子开始回忆起这三年来你的付出，眼泪终于打碎了众多坚强与忍耐，你的学子这才意识到分离即将到来，那些美好的时光无法再次拥抱。你走了，背影变得越来越小，越来越小。泪水打湿双眼，黄昏转瞬即逝，黑夜就要降临了。

莘莘学子即将踏上新的征程。"你们再看看书。我再看看你们。"这句话是老师最后的告别，不舍却又决绝。

（生鼓掌）

师：第二人称更加亲切，有利于情感的交流。还用了黄昏去渲染离别。

师：通过同学们的修改，这个离别的场景如在眼前，连此刻的空气也似乎染上了一丝离别的伤感。我们来看白居易的一句话。（屏显："感人心者，莫先乎情，莫始乎言，莫切乎声，莫深乎义。"《与元九书》）他说能够打动人心的文章，最先要有感情，而且是从语言开始，并且要有合适的韵律之美（比如修辞），最后，还需要有深刻的含义。如果我们只是单纯叙述漫画的内容，似乎还没有达到白居易所说的"深乎义"的层面。所以我们除了关注漫画里的老师和学生的状态外，还需要仔细地品一品那句话的含义。

三、由情入理，合作探究

师：我们先来假设一个场景：期中考试刚刚结束，周末你回到家，你一进门，妈妈就对你说了一句话："你这次期中考试考得不太好哦。"你一听到这句话，会有什么样的反应呢？

生：糟了！考砸了。

师：这件事被发现了。然后你深情地望了一眼你的母亲，她的脸上露出似笑非笑的神情，你可能会？

生：（笑）笑里藏刀，妈妈不高兴了。

师：妈妈为什么会不高兴？

生：我让妈妈失望了，她觉得我还需要努力。

师：想到这里，你还可以从中读出什么？

生：我的浑身充满了力量，决定马上去看书，争取下次考好！

师：发现了吗？从一句话中我们可以读出不同的信息。在人与人的交流当中，对一句话的理解，往往会有一个循序渐进的过程，心理学家舒尔茨·冯·图恩将这个过程概括为一种理论叫"四耳模式"，他认为人对自己耳朵听到的信息会有一个逐层深入的理解过程。

（屏显四个方面内容）

师：首先，第一个层面是事实内容，使用的是就事论事的耳朵。对内容保持中立的态度，陈述听到的内容，事实就是我没有考好；其次，我捕捉到说话人的情绪，通过妈妈的语气和说话的表情，我判断妈妈不高兴了；再次，再往深一层想：我们双方的关系是怎样的？作为我的母亲，她对我有一种期望，我没有满足她的期望，所以她不开心；最后，语言归结到听话人的角度，对我产生了什么影响呢？也就是从呼吁和召唤的角度来说，这句话是暗示我要采取行动，下一次不能让父母失望。根据这种方法，回到题目中，老师在最后一堂课上说："你们再看看书，我再看看你们。"这句话中又有哪些含义呢？请每个小组负责一层含义，思考、讨论、提炼出老师的话中之意。

（生讨论）

生：从事实内容上来说，最后一节课，老师督促同学们再看看书复习一下。

生：从自我表白的角度，在前半句里我读出了老师对学生的期待，在后半句里读出了老师对学生的不舍。

师：非常棒，抓住了老师的情绪。一句话中有不同的情绪，"看书"是理性的指导，"看看你们"是深情的守护。尤其是这个"再"字，能读出什么？

生：看了三年了，但是仍然看不够，还要再看。

师：情感把握得很到位，能再深一层吗？

生：从师生关系来说，教书育人是老师的职责。在学生成长的关键时期，老师的作用十分重要。

师：也就是说，作为一个指导者，教师通过理性的科学引导、关爱情怀和人格魅力的濡染，让学生感受到教育的真正含义，就像材料一里那位站得像松树一样笔直的老师一样。那最后一个层面呢？你听到这句话的感受是什么？

生：我感受到了老师对我的期待和不舍，所以我要好好学习，并且珍惜这最后的时光，把握当下。

师：所以我们发现，简短的两句话，可以有不同的解读角度。我们从中读出了老师真挚的不舍之情，也看到了作为教育者该有的态度，我们明白了教育的真正含义，也对尊师重教有了更深层次的理解。（屏显：校园生活，期望和不舍，师生关系，理解和感恩）因此，好的文章绝不只是叙述生活的真实，因为真实的东西不一定都能打动人，还需要有被生活的情景触动而产生的强烈感情；也不只是表达自己的感受，而是对事物有认识感悟之后生发深刻的议论。即使是记叙文，如果能在文章中恰如其分地运用一些抒情、议论性的语句，可以让我们的文章更有力度，让我们的思维更有深度。

四、提炼素材，升华文章

师：最后，请再次审视漫画的内容，结合刚才你所改写的作文片段，在后面续写几句话。

（生思考，动笔改写）

师：哪位同学来分享一下？

生："你们再看看书，我再看看你们。"光阴荏苒，淡黄的笔记在指尖盛开着离别的不舍。伴着三尺讲台上的春暖花开，那些年曾经的感动，那些关于梦想，和在梦想中奔跑的我们，都将在这次离别中，带着老师殷切的希望和无数的思念，带着一颗砥砺前行的初心，以梦为马，奔向那片需要我们去乘风破浪的海洋。

（生鼓掌）

师：有不舍，有召唤，更有砥砺前行的行动。这节课我们知道了要对每一件事深入地思考，从偶然到必然，从特殊到普通，从表象到本质逐步深入。只有在反复思考、推敲中，才能使自己的认识不断深化，才能把握生活的"真实"。语言之所以有触动人心的力量，关键在于你能从中提炼出有价值的东西。好，下课！

附：板书设计

以小见大、真情实感、适当升华、修辞得当、中心突出、细节描写

【教学心语】

选择2019年全国高考语文卷三作文题目作为切入点，体现了作文教学与高考接轨的思想倾向。笔者有幸参加了2019年高考作文阅卷，在批阅试卷的过程中，我发现很多学生即使到了高三，仍然对记叙文的写作要求并不清楚，文体不清晰，不能熟练地运用语言表达技巧，这些因素导致他们写作流于单调与呆板，文章缺少感染力与思想深度。考场作文虽然与平时的写作有一定区别，但

是应试作文的表达技巧与情感抒发并不冲突，这幅漫画也确实打动了许多考生的心。师生情是他们在十几年的人生经历中一个重要的组成部分。这漫画中，一方面是老师的深情守护，一方面是学子的成长拼搏。统观二者，我们不难发现，老师在学生一生成长中的重要性，这引发我们对尊师重教这一传统美德的重视，也是坚持"立德树人"这一教育根本任务的体现。

课堂永远是一门充满了遗憾的艺术。作文教学不是一蹴而就的，而是一个循序渐进的过程。在此之前学生很少进行相关的逻辑训练，思考问题容易停留在事物的表层，看待事物的角度单一。尽管笔者在教学过程中注重对学生思维过程和方法的引导，培养学生思维的逻辑性，让学生从多角度思考问题。但是想要改变学生长期固化的思维模式，在一节课的时间里是不可能实现的。例如对于"四耳模式"的言语交际理论学生很难在短时间内掌握并运用。从一句话到一件事，从一件事到一种思维方式，思维的培养与转变需要在课后进行大量的训练与实践。

【观察者说】

这节作文讲评课意在升格高一学生对记叙文的写作认识。教学让高一学生直接入手先写高考作文题，下水之后有了初体验；观察范文并对比分析之后，再改还没有超出平时写具体写生动的窠臼。继而宕开一笔，以学生熟悉的场景中妈妈的一句"你这次期中考试考得不太好哦"来揣摩其含义，在学生分析并有了直观的感性积累后，适时给出了舒尔茨·冯·图恩的"四耳模式"理论，让隐性的知识显性化。那么"莫深乎义"有了可以实操的策略，体现了思维的系统性和深刻性。最后闭环到高考作文题中老师的那句话，让学生运用这个策略从不同的关系角度揣摩并丰富它的意蕴。在此过程中，学生开始学会有条理地把一句话叙述得逻辑关系清楚，把叙述中事实层面的、情感层面的、关系层面的、愿望层面的内容结构化，再用抒情、议论的语句去强化升华叙述主题。遗憾的是，学生的展示尚不足以说明这个策略的应用是否掌握，板书也仍然局限在原来的认知视域。

通常老师们会在学生写作时强调要写充实、写具体，第一个环节的讨论中得出了"以小见大""真情实感""修辞得当""中心突出""细节描写""适当升华"这类技巧和方法，但到了具体落笔时，学生却常常抱着一堆熟稔的术语找不到出路。思考不清楚表达必然无从落笔，无法深入。作为一节尝试课，可以看到执教者正在努力教给学生叙述如何做到"感人心者，莫先乎情，莫始乎言，莫切乎声，莫深乎义。"（白居易《与元九书》）中"莫深乎义"。执教者没有一开始便生硬地抛出干巴巴的理论，而是在学生有了大量认知铺垫后顺势而出，让学生把日常生活中妈妈一句普普通通的话，从事实内容、自我表白、双方关系、呼唤召唤的角度一层层充实和升华，随后再次回到本次作文练习的高考作文题上，让学生去思考"你们再看看书，我再看看你们"这句话深层的意蕴，去补充诠释延伸，推进学生对话语意义的发现与构建，可以有效地提升学生形象思维能力与逻辑思维能力。这样，我们才可以看见高中记叙文写作在初中基础上的螺旋式上升。

从感性认识走向理性思维

——"文学短评写作"课例

贵州省织金县第四中学　王　稳

【教学目标】

1. 因体而论，强化文体意识，区别"文学短评"与"读后感"的文体差异，了解"文学短评"的文体特征。

2. 了解"文学短评"以议为主、叙议结合的特点，掌握写作"文学短评"的基本技法。

【教学重难点】

1. 区分"文学评论"与"读后感"的界限。

2. 掌握写作"文学短评"的基本要求。

【课堂实录】

一、知识迁移，初识"文学短评"

师：请同学们先阅读一篇摘自新华社的文章。

（投屏显示《少夹一点不吃亏》）

师：请问这篇文章属于什么文体？写的是什么？

生：新闻时评，对象是新闻事件。

师：以议论新闻时事为主的评论文章我们把它称为新闻时评，那以作家作品为主要评论对象的文章我们应该称之为什么呢？

生：文学评论。

师：文学评论是指对文学思潮、文学流派、文学作品、文学发展史等进行分析和评价的文章。我们在阅读文学作品时，从自己的感受出发，用简单的文字把自己对作品的理解、分析和评价写出来，这就是文学短评。

二、明文辨体，把握"文学短评"的基本特征

师：文学短评，重在"评"，属于议论文的写作范畴。在写作过程中，要做到有理有据、叙议结合。"叙"是根据评论的需要有针对性地引用、概述作品的内容；"议"是对作品内容、艺术特色做出分析和评价。因此，写作时叙议要精当，处理不好"叙"与"议"的关系，很容易将一篇短评写成读后感。下面是对辛弃疾的《清平乐·村居》的几则点评，请同学们仔细阅读，说一说这几段文字属不属于"短评"？

（投屏显示）

1. 草屋的茅檐又低又小，西边小草青青。带有几分醉意的吴地方音，听起来温柔美好，那是谁家的一对白发老人在嬉笑逗乐？大儿在溪东锄豆，二儿正在编织鸡笼。小儿的神态最让人欢喜，他横卧在溪头的草丛，正剥食刚摘下的莲蓬。

2. 辛弃疾生活在风雨飘摇的南宋，家国破碎。词人躲在乡下，和村夫野老打成一片，沉浸在悠闲舒适的生活之中，淡忘了国恨家仇，松懈了抗争意志。诗人笔下美好的风光，祥和的生活场景也只是在粉饰太平。

3. 这首词描写了一家人的形象，夫妻二人都上了年纪，不能劳作，在溪边喝酒谈心。大儿、二儿最为勤恳，小儿不懂事，还在溪边玩耍。

4. 这首词借助"茅檐""溪""青草"等景物描写，淡淡几笔便形象地刻画出江南农村的景象，为人物的出场安排了广阔的背景。人物形象鲜明，带有醉意的一对白发老人、勤劳朴实的大儿二儿、天真可爱的小儿。词的语言简洁，使用白描的手法，没有浓墨重彩，写出了农村一家人的生活长画面，表达了词人对和平宁静的乡村生活的喜爱。

生：第一段只是翻译词句，没有分析和评价，不属于短评。

师：只叙不议，不是短评。写文学短评主要运用叙议结合的方式，要在适当的地方复述、介绍或引用作品内容的基础上，展开分析和评论。"叙"要精当，是"议"的前提；"议"要紧密联系"叙"，不能有"叙"无"议"，只

"议"不"叙"。

生：第二段虽有评论，但观点不正确。这首词字里行间流露出了词人对农村生活的喜爱之情。

师：要对作品进行评论，就要反复研读作品，力求全面、深刻地理解作品，这样才能对作品做出客观的评价。

生：第三段从人物形象入手，有分析评价，但只着眼于表层，并没有深入。对一对白发老人的描写，体现了他们之间的和谐惬意。对小儿的描写，形象地刻画了他的天真活泼。

师：我们写作文学短评，虽不能像大家那样透彻分析，但也不能只停留在表面，要深度挖掘，思想要"深"。

生：第四段的评论太"散"，面面俱到，泛泛而谈。

师：短评，顾名思义，篇幅短小，在一篇篇幅短小的文章里，要对作品各个方面都做到深度分析显然是不可能的。因此，写作文学短评要善于聚焦，从"小"处切入，要"小题大做"，也就是以一个小的切入点去展示作品较为深刻的内容。受篇幅的限制，文学短评不能遍地撒网，面面俱到，应找准角度，围绕这个角度深度挖掘，凝练语言，深刻分析。那么，文学短评可以从哪些角度对作品进行分析评价呢？

生：分析作品的语言特点，品味语言风格，分析作品的构思技巧。

生：分析作品的艺术手法。

生：评价作者的观点态度。

生：分析作品中的人物形象。

师：可以评价人物的性格，也可以评析塑造人物的技巧。

生：分析作品的主题思想。

师：无论选取哪一个角度，都必须对作品有深入的了解和准确的把握，对作品的情感、形象、思想内涵、艺术特点等要有自己的理解。抓住让你感触最深的地方，以此展开评论。

三、对比评析，从感性认识到理性思维

师：这是一位同学写的名为"等在那，缘尽一生——郑愁予《错误》情感赏析"的片段，请同学们说说自己的看法。

（投屏显示）

阳光在斑驳的墙上打出支离破碎的手影。

岁月慢慢过去。

三月的江南，绿色渐次软化着世界的每一个棱角，整个水乡飞着银针般的细雨，顺着白墙黑瓦，在季节的变迁中"叮叮当当"地敲着竹竿，有如一串串链子断开了，那一颗颗的银镍子四处纷飞，撒满了这个季节里一地的哀伤。

一双青葱般纤细的手，将那满是柔情的雨珠握在手心，然后飘走，像是泪过无痕，显得苍白无力……

"哎……"一声叹息，雨丝啃咬着手上那只已显岁月的玉镯子，仿佛还能听见那年夏天，那玉镯子混着湿漉漉的水声，一下一下地，听着那小小的竹排，为岸上那抹飘逸得有些许刺眼的白色响得欢快。

只记得那年水乡的夏天有着格外美丽的阳光，在那驻足停留的人儿身上，反射出一片暖暖的橘色。那人的眉毛、睫毛、鼻梁上，都铺上了一层金粉，而那一扬嘴角的温柔，更是让竹排上的女子双腮飞上了两片绯云……

生：文字很美丽，带有一些忧伤。但不是文学短评，而是一篇读后感。

生：有一个不错的标题，标题有点文学短评的味道，但正文只是对诗歌内容的生动表达，没有议论在其中，不是短评，只是说自己的感受与体会。

师：读后感和短评不同的是读后感需要联系现实，主要写的是作品对自己的启发，多叙述；短评是以作品为研究对象，主要写的是自己对作品的看法，多议论。每种文体都自有其特点，虽不说是泾渭分明，但也是各具特色。请同学们阅读下面这篇短评，试从命题立意、论证方式、谋篇布局等方面分析文章的特点。

着意点染，尽得风流
——《琵琶行》之琵琶女人物塑造技法短评

《琵琶行》在塑造琵琶女时颇有特色，令人称道。

未见其人，先闻其声。"忽闻水上琵琶声，主人忘归客不发"，诗人没有上来就介绍琵琶女的情况，而是先从琵琶声写起，就像《林黛玉进贾府》中王熙凤的出场，也是未见其人，先闻其声。而"主人忘归客不发"简单的一句诗，就从侧面烘托了琵琶女高超的琵琶演奏技艺，为琵琶女的出场做了浓厚的渲染。

细节描写，生动传神。琵琶女出场之时，诗人没有像《孔雀东南飞》里那样对刘兰芝进行工笔细描，避免了具象过多之嫌，但为了配合情节的发展，诗人在恰当之处对人物加以点画，虽着墨不多，但在轻描淡写之时，却能细致传神。"犹抱琵琶半遮面"，简洁的一句细节描写，生动形象地再现了琵琶女出场时的羞涩，也暗示了她孤独、失意的内心世界。而"整顿衣裳起敛容"这一句通过动作和神态描写，传达了琵琶女复杂、落寞的内心情感。除此之外，诗人在最后一段中，运用了细节描写来刻画琵琶女悲怆的内心世界。"感我此言良久立，却坐促弦弦转急。凄凄不似向前声"，在这里，诗人通过"良久立""却坐促弦""凄凄"等细节描写，细腻传神地传达了琵琶女悲凉的内心情感。

借助音乐，心理透视。"弦弦掩抑声声思，似诉平生不得志。低眉信手续续弹，说尽心中无限事"，在这里，诗人借助音乐描写，对琵琶女的心理进行了深刻的透视，将其凄凉、悲痛的内心情感表露无遗。

不着雕饰，美丽全出。作为京城名妓，琵琶女的容貌自然如出水之芙蓉，令人艳羡。但是纵观整首诗歌，诗人基本上没有从正面对琵琶女的肖像进行描绘，但"曲罢曾教善才服，妆成每被秋娘妒。五陵年少争缠头，一曲红绡不知数"，诗人通过这四句话，从侧面描绘了琵琶女高超的琵琶演奏技艺和众星捧月的美丽容姿。

叙述身世，展示悲凉。从"自言本是京城女"到"梦啼妆泪红阑干"，诗人以含泪的笔触，大肆铺陈，叙述了琵琶女从一举成名到沦落乡间的悲惨命运；诗人通过对琵琶女生命轨迹的叙述，将琵琶女一生的命运清晰地展示给读者，使琵琶女的形象特点一览无余地表现出来，寄寓了诗人对下层人民不幸命运的关切与同情。诗人也借此抒发了自己的仕途失意之情。

生：这篇文章采用"总—分"结构，从五个方面评价了《琵琶行》在塑造人物形象上的高超技艺。

生：标题新颖，简洁隽永，富有新意。

生：在第二段中使用类比，借王熙凤的出场说明"未见其人，先闻其声"的写人方法；第三段使用对比，说明《琵琶行》刻画人物形象的特点。

生：选取一个小的切入口，从塑造琵琶女形象的技法入手，叙议结合，精当引用原文诗句加以评议，叙议的比重拿捏得很好。

师：通过读后感与短评的比较，我们知道了两者的差异，也学到了写作文写短评的基本要求；评析这篇短评，让我们知道如何去评价一篇短评。短评虽

"短"，但结构必须完整，"评"是目的，叙是手段，叙议精当，方能使短评不流于空洞。

四、审视反思，重塑升格

师：课前要求同学们就自己熟悉或喜欢的文学作品写一篇短评，经过本堂课的学习后，请同学们重新审视自己的习作，反思问题所在，结合本堂课学到的知识，将自己的习作重塑升格。

【执教感言】

课前对学生做了简单的调查，多数学生对"文学短评"一无所知，极少数学生知道"文学短评"这个概念，但对"文学短评"的写作也是不知所以。基于这样的学情，我把这堂课的教学目标定为：

1. 因体而论，强化文体意识，区别"文学短评"与"读后感"的文体差异，了解"文学短评"的文体特征。

2. 了解"文学短评"以议为主、叙议结合的特点，掌握写作"文学短评"的基本技法。通过四个活动任务让学生达成这两个目标。前三个任务在课堂上完成，第四个任务主要是学生在课下完成。

"文学短评"的写作不是一蹴而就的，要想在45分钟内让学生完全掌握是不可能的。课前让学生对熟悉的作品写一篇短评，学生因对"文学短评"知之甚少，写的文字要么是复述内容，要么写成了读后感。通过完成活动任务，学生掌握了"短评"与读后感的差异，懂得了如何评价一篇"短评"的优劣，能辨清文体，明确写作方向，这也是非常有价值的。

【观察者说】

新课标中多个学习任务群都有写作"文学短评"的要求，所以让学生掌握写作"文学短评"的基本方法，并尝试写作"文学短评"是亟须完成的一项教学任务。写作文学短评有助于提升学生的审美鉴赏能力，让学生将感性认识上升为理性思考，训练学生概括推断的能力，做到读写与思辨相结合。

基于学情，在学生现有的知识结构上让学生对"短评"有充分的认识。这堂课从新闻时评入手，学生对新闻时评较为熟悉，抓住"评"，通过知识迁移，让学生理解"文学短评"之"评"的特点；区分读后感与"短评"的差异，让学生掌握写作"短评"的方法；评析范文，使学生懂得如何评价"短评"的优劣。设计有层次，教学思路清晰，学生思维得到有效训练。

一堂45分钟的写作课，要想使课堂有效，学生学有所得，设计构思尤为重要。学生对"短评"陌生，若一开始将短评"神"化，那将会使学生对"短评"有所"畏"，只会敬而远之，不敢尝试。教学只要能使学生学有所得、学以致用，那就是行之有效的。

参考文献

［1］朱再枝，何章宝."文学短评"写作探究——以统编本高中语文必修
　　　（上）"学写古典诗词短评"为例［J］.中学语文，2019（31）.

［2］孙瑾.含英咀华妙笔生花——"文学短评"写作指导教学课例［J］.
　　　语文教学通讯，2016（25）.

［3］董蓓菲.清单写作教学构想与实践［J］.语文建设，2020（1）.

探寻诗歌之美，吟咏青春之歌

——诗歌写作课例赏鉴

贵州省织金县第一中学　杨鸿妃

【设计缘由】

统编教材必修上册第一单元收录了5首现代诗，分别是毛泽东的《沁园春·长沙》，郭沫若的《立在地球边上放号》，闻一多的《红烛》，昌耀的《峨日朵雪峰之侧》以及雪莱的《致云雀》。每首诗歌无论在形式上还是在内容上都有不同的风格。除此之外，2003版人教版高一语文必修1收录的《再别康桥》也是一个学习诗歌写作很好的范本。王本华教授在《统编高中语文教材的设计思路》中提到教材的设计思路之一是，"以读写为主的单元，围绕人文主题与核心任务精选各类文本，以课文或整本书的阅读为基础，精心设计学习任务，融合阅读与鉴赏、表达与交流、梳理与探究，将学生引向深度阅读、深度写作，从而提升学生的语文核心素养"。

因此，本课例的设计理念旨在"以读促写"，教材收录的诗歌是探寻诗意之美最好的例证。通过学习组诗，探寻出写作诗歌的基本方法，进而引导学生借鉴有价值的知识点，比如诗歌的篇章结构、表达方式、意象的选择与使用、语言特点等进行有目的的模仿性写作。茅盾先生曾说："模仿可以说是创作的第一步，模仿又是学习的最初形式。"让学生在模仿写作中获得知识，获得方法，最后将这些方法合理地、灵活地运用到自己的创作中，在仿写的基础上提升语言建构与运用能力，发展和提升思维水平，提高审美鉴赏与创造能力，以此理解与传承我国源远流长的诗歌文化，将语文学科素养的提升真正落到实处。

【课例描述】

第一环节：创设情境，感知《再别康桥》

师：同学们，上课之前，老师为大家带来了徐志摩的《再别康桥》，请同学们闭上眼睛用心聆听，然后谈谈你的感受。

师配乐朗诵《再别康桥》，课件展示诗歌。

生：好美呀。

师：什么美？你从哪里感受到的美？

生：我感觉到的是这首诗描绘的画面很美。老师在朗诵时，我脑海里就展现出一幅幅画面，所以我觉得它的画面美。

生：我觉得这首诗很押韵。每一节都押韵，比如"来"和"彩"，"娘"和"漾"，等等。

师：你听得很仔细，韵脚严整是这首诗音乐美的体现。同学们，你们再看看，这首诗在字数、行数上有什么特点？

生：四行为一节，每行字数差不多相同。

师：不错，很好。这首诗的行数、字数基本一致，每一节诗行的排列两两错落有致，于参差变化中见整齐，这是这首诗建筑美的特点。一首《再别康桥》为我们展现了新月诗派的绘画美、音乐美和建筑美，接下来就让我们带着发现美的眼光，一起去诗的海洋里徜徉吧！

第二环节：徜徉诗海，总结诗歌写作技巧

师：请同学们从本单元的五首诗中任意选择一首进行学习，在学习的过程中，请注意归纳诗歌写作的基本规律，主要包括篇章结构，语言特点，意象与意境，韵律和节奏，情感的表达，等等。可任选一个点进行总结。

生阅读课文，小组讨论学习。

师：好，接下来的课堂就交给同学们，请你们来说说你学习了哪首诗，从这首诗中你学到了什么写作方法。

生：老师，我学习了闻一多的《红烛》，我从这首诗中学到了情感可以靠句式的长短来抒发。这首诗写红烛，赞美红烛的奉献精神，作者用了大量的短句，比如"矛盾！冲突！""烧吧！烧吧！"等，让人读起来感觉作者的情

感喷涌而出，抑制不住地想要赞美红烛。而且在诗歌中，作者还用了很多感叹词，让我们能够感受到作者对理想的坚毅追求。

师：很好。分析得有理有据，作者使用长短句和感叹词抒发情感。这首诗有没有其他同学也学习到的？你们有补充或者是不同的意见吗？

生：我觉得作者在诗歌中使用长短句是为了形成诗歌的建筑美，长短错落有致，就像我们一开始学习的《再别康桥》一样。

师：非常好！这首诗的作者是闻一多，他和徐志摩都是新月诗派的代表作者，他在《诗的格律》中提到："诗的实力不独包括音乐的美（音节），绘画的美（辞藻），并且还有建筑的美（节的匀称和句的均齐）。"所以作者提倡诗的创作要注重音乐美、绘画美和建筑美。在他的这首诗中就有相应的体现。我们还能从这首诗中学到什么写作方法呢？

生：这首诗每一节的开头都会重复"红烛啊"，形成一种一唱三叹的节奏感。让我想起了舒婷的《祖国啊，我亲爱的祖国》，作者表达对祖国的热爱之情，不断地呼喊"祖国啊，我亲爱的祖国"，使情感得到回环往复、层层深入的吟咏。

师：不仅分析了课文，还迁移到了其他的诗歌中，非常棒！还有吗？

生：老师，他在文中使用的第二人称，拉近了与读者的距离，仿佛是在对话，能让读者切入情境。

师：第二人称的使用无论是在诗歌中，还是其他文体的写作中，都有相同的作用，能够更好地调动读者跟随作者的情感波动而波动，具有亲切感，所以同学们在写作中也可以借鉴这种方法。这首诗还能带给同学们其他的方法吗？

生摇头。

师：好，那么我们把同学们学到的写作方法总结一下：长短句的错落有致，感叹词的回环往复，重复的手法，第二人称的运用。

生：老师，我学习的是毛泽东的《沁园春·长沙》。我觉得他在意象的使用上值得我揣摩和学习。诗人写秋景，选取了典型的具有秋天特点的景象。比如寒江、霜天、层林、湘江、飞鹰和游鱼等，为我们描绘了一幅寥廓万里、绚丽多彩的湘江秋景图。

师：所以如果你写诗歌的话，会怎样选择意象？

生：具有典型特征的，能够表达自己情感的意象。比如今天下着雨，雨让我感觉很烦，如果我想表达自己心烦意乱的话，我就会选择雨这一意象。

师：看来你对意象的理解是很通透的。刚才闻一多的《红烛》有意象吗？

生：有，红烛就是意象。

师：是的，这首诗化用了"蜡炬"这一古典意象，赋予它丰富的内涵和情感。那其他诗呢？

生：我学习的是《峨日朵雪峰之侧》，这首诗描写了"雪峰、太阳、山海、石砾、蜘蛛"等意象，为我们展现了雪峰的壮美。

师：为什么你能从这些意象中感受到雪峰的壮美呢？

生：作者在写这些意象时，不是罗列意象，而是对这些意象进行丰富的描写，比如作者写"石砾"，运用了比喻的修辞手法，把石砾滑坡的声音比作"军旅远去的喊杀声"，使人身临其境，仿佛真的能感受到石砾滑落的那种艰险的场景。

师：所以除了要选择合理的意象外，还要对意象进行贴切地、形象生动地描绘。这首诗还有哪些地方值得同学们借鉴？

生：合理运用各种表达技巧。比如刚才这位同学分析的比喻的修辞手法，文章还运用了对比、夸张的修辞手法，作者"渴望有一只雄鹰或雪豹与我为伍""但有一只小得可怜的蜘蛛"，用"雄鹰或雪豹"与"蜘蛛"进行对比，更突显了"蜘蛛"弱小却坚毅的特点，也点出了大自然赐予的快慰是没有物种与大小之分的。再比如夸张的手法，作者在描写他登山的艰险时，写到"太阳正决然跃入一片引力无穷的山海"，山海的引力无穷，仿佛要把太阳吸进去一般，"石砾不时滑坡"，更何况是人？所以把登山的艰险写得淋漓尽致。

师：同学们分析文本的能力真的让老师由衷地佩服，你对课文的解读很到位！我们都要向你学习！不错，善于运用表现手法，能让我们的诗歌生动形象，更具有感染力。

生：我学习的是郭沫若的《立在地球边上放号》，这首诗描写了怒涌的白云、壮丽的北冰洋和狂暴的太平洋，运用了拟人、夸张的修辞手法，为我们描绘了一幅自由壮阔、雄奇奔放的场景。

师：也就是说，这首诗和前面同学们分析的诗歌一样，都运用了多种表达技巧是吗？

生：是的。

师：那么除了这一点外，同学们再读读这首诗，看看还有什么写作技巧值得我们学习？

生自由诵读《立在地球边上放号》。

生：老师，他为什么要"啊啊"，一个"啊"不可以吗？

生大笑。

师：这个问题提得好，哪位同学对这个问题有想法？

生：这是叠词的运用。

师：很好！叠词有什么作用？

生：叠词的使用能使情感更热烈奔放，直抒胸臆，表明了作者对"力"的赞叹，增强感染力。

师：诗歌中使用叠词能增强气势，增强文章的感染力，使情感更强烈。这首诗还运用了一个手法，同学们发现了吗？

生：排比，"不断地毁坏，不断地创造，不断地努力哟"，"力的绘画，力的舞蹈，力的音乐，力的诗歌，力的律吕哟！"

师：排比修辞手法的作用是什么呢？

生：也能增强文章的气势，使节奏和谐，感情丰富。

师：所以诗歌的写作还可以运用排比、叠词的修辞手法，来增强气势。

生：我学习的是雪莱的《致云雀》。

师：这是一首外国诗，它和其他几首诗有何异同？

生：比较长。

生笑。

师：这也算一个特点呀，现代新诗是不受格律约束的，比较灵活自由，比如我国当代诗人，朦胧诗代表作者北岛有一首诗《生活》，全文只有一个字——"网"，这也是诗。所以无论长短，只要表达了自己的想法、情感，那就是诗，"诗言志"就是古代文论家对诗最本质特征的认识。同学们还看出了其他的异同吗？

生：这首诗和前面的诗歌一样，都运用了多种表现手法，比如比喻、拟人、排比等修辞手法。

师：是的，这首诗在表现手法上的使用是比较大胆的，除了我们刚才所举的这些手法外，作者在这首诗中还运用了象征的手法。象征手法是根据事物之间的联系，借助这个人或物的具体形象，用来表达某种抽象的概念或情感。比如这首诗作者就是以云雀象征作者美好的理想。这种方法让我们的诗歌能够经得起咀嚼，有诗味。我们简单地学习了这五首诗，现在请同学们阅读课本第30页的《学写诗歌》，对文中提到的写作方法进行圈点批注。

学生阅读《学写诗歌》。

师：好，现在请同学们结合我们的所学，以及《学写诗歌》中提到的方法，用思维导图的方式将写作手法进行梳理归纳。

生完成思维导图设计，展示交流，最后得出结论：写诗可以运用多种表现手法表达自己的情感；写诗要合理地选择意象，并能展开联想与想象创造意境；写诗要有一定的结构形式，尽量追求整齐有致的结构。

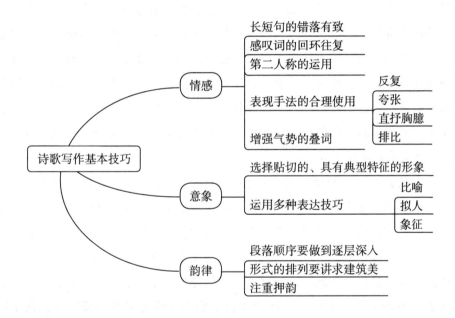

第三环节：学以致用，吟咏青春之歌

师：实践是检验真理的唯一标准，所以我们要把前面所学到的方法运用到写作中去。青春在我们的一生中是弥足珍贵的，迈入青春门槛的你们想抒发点什么感想呢？请同学们以"青春"为主题，仿照你所学过的诗歌，发挥想象写一首诗，注意借鉴我们刚才总结出来的写作方法。

生练习。

师：同学们写好之后，一定要加以品评，对某些突出情感的词句要反复锤炼，我们要有卢延让"吟安一个字，捻断数茎须"的精神。如果你觉得自己读不出问题，可以请其他同学一起鉴赏、品评。

学生活动：读诗歌，改诗歌，诵诗歌。

师：今天，我们一起徜徉诗海，探寻诗歌之美；一起学以致用，吟咏青春之歌。下节课将你们最优秀的作品展现出来，让我们一起在诗歌的殿堂里聆听你们的青春好声音吧！

【评价与反思】

这堂课的设计初衷是希望通过引导学生学习教材的五首诗，总结诗歌的写作技法，并以读促写，教会学生学以致用，将方法运用到实战演练中。这堂课的目标算是仓促地达成了。说"仓促"，是因为一节课想要完成的内容太多，所有的环节都是泛泛而谈，没有精准教学。比如，要求学生在简短的时间内学习新诗并总结技法，经典的诗歌里总有很多值得我们品味、揣摩的地方，这堂课没有让学生去感受蕴含在诗歌语言里的美，而是让学生带着一种功利性的眼光去肢解诗歌，这与诗歌的教学大相径庭。所以在进行写作教学前，一定要引导学生对经典作品进行品评、鉴赏，这样学生才会从内心深处去感知诗歌的美感，也才会潜移默化地受到熏陶。

深圳盐田中学的石炳田老师在和我们交流的时候说得最多的两句话是："保留学生学习语文的兴趣"；"我们要尊重学生，相信学生的创造力"。用石老师的这句话反观我的这堂课：首先，课堂上，学生一直被我"赶"着走，没有真正融入课堂中，更没有切身进入到诗歌中，所以学生的学习兴趣自然没有得到培养。其次，在教学这条路上，我们还是"不放心"，不愿相信学生的学习能力与创造力，不愿放手让学生自主完成，像父母看蹒跚学步的孩子一样，害怕他们跌倒，于是小心翼翼，聚精会神，生怕一不留神，孩子就摔个大跟头。殊不知，我们却是以保护之名耽误了学生的成长与发展，学生的语文学科核心素养也被我们磨灭了。这样的教学又怎能称之为成功的教学呢？

为写作插上思辨的翅膀

——时评案例赏鉴

织金县第四中学　王　稳

【教学理念】

《普通高中语文课程标准（2017年版）》提出："高中语文课程，应注重应用，加强与社会发展、科技进步的联系，加强与其他课程的沟通，以适应现实生活和学生自我发展的需要。"这就要求学生在语文学习中不仅要获得知识和技能，更应该注重学以致用，注重与社会生活的联系，培养自己的公民意识，不断自我发展与完善。因此在教学中，教师要引导学生关注社会，关注时事热点，并能够针对社会现实理性地表达自己的看法。时评文恰巧为教学提供了一个契机，成了课堂的延展，使语文教学不再拘泥于课文内容，学生不再"两耳不闻窗外事，一心只读圣贤书"。在信息时代的背景下，大量的时评文扑面而来。学生应该从众多的时评文中获得什么？这是需要教师认真思考的。在本课例的设计中，教者筛选了5篇2019年的时评文，以此为范本，组成群文阅读，从议题"我从时评文中学思辨"入手，探究5篇文章在写作上的论证结构、方法以及逻辑思维。找出它们的共性并借鉴到写作中，指导学生议论文的写作，使学生学会思辨表达。

【教学实录】

一、导入

师：同学们，这节课我们要通过学习几篇典型的时评文，来帮助我们进行写作。请同学们认真阅读这5篇例文，边读边勾画出这5篇文章的中心论点。

（学生默读文章）

二、理清文本思路，借鉴写作技巧

师：哪位同学来说一说你找到的中心论点？

生：《书写伟大变革新篇章》的中心论点是："展览激荡的力量不断延伸，凝聚起更多人携手再出发、将改革开放进行到底的强劲正能量。"

《强化科技创新的正向激励》的中心论点是"激活创新的源头活水，既需要弘扬创新精神、培育创新文化，也必须尊重创新规律、保护创新成果，形成促进创新的正向激励。"

《警惕"纸螃蟹"的隐性危害》的中心论点是"对'纸螃蟹'这种异化了的礼券经济，其隐性危害不容小视，有必要保持警惕。"

《"网红"备课本传递育人温度》的中心论点是"这些贴近学生需要、具有时代气息的教学方法，既传递了知识、拉近了距离、给予了温暖，也在无形中传递着阳光、向上、创新的价值。"

《让乡村振兴的"车头"更有力》的中心论点是"农村基层党组织带头人素质不断提升，为乡村发展夯实了人才根基。"

生：我觉得每篇文章的标题就是它的中心论点。

师：你为什么会这样认为呢？

生：因为标题和文中的论点是扣合的，而且标题简明易懂，一看标题就知道文章要讲什么。

师：很好，你讲了一个词——扣合，标题就是文本主要观点的呈现。这5篇文章的标题都有这个特征。所以标题的拟写可以在写作上给我们什么启示呢？

生：拟写标题时尽量扣合中心论点。

师：也就是说，标题是中心论点的缩影。既然说到了标题，那再请同学们看一看，有3篇文章的标题也有个共同点哦！

（板书：标题——缩影）

生：都有引号。

师：为什么用了引号呢？

生：《让乡村振兴的"车头"更有力》的"车头"是比喻，《警惕"纸螃蟹"的隐性危害》的"纸螃蟹"是一种指代，《"网红"备课本传递育人温度》的"网红"是一个流行词。

师：当我们看到这样的标题时有什么感觉？

生：很新颖，吸引眼球，有读下去的冲动。

师：所以我们还可以从标题中借鉴到什么写作技巧呢？

生：标题要新颖。

（板书：新颖）

师：现在同学们仔细看一看这些中心论点都是在哪里找到的？

生：文章的开头几段。

师：作者是如何引出观点的呢？

生：先陈述新闻事件，再亮出观点。

师：所以这对我们在写作上有什么指导作用呢？

生：先陈述新闻事件，再开门见山地亮出观点。

师：不错，这在我们议论文写作中叫"引"，陈述事件，引出观点。"好的开头就是成功的一半"，一开始就亮出观点，能够吸引读者迅速进入文本。

（板书：引——开门见山）

师：请同学们小组合作学习，再次回到文本中，使用跳读法，将文中的论据找出来，并和你的同学探讨作者分别使用了什么论证方法，在论证结构上有什么特点。

在分析时，可以借助下面的句式来回答：

课件展示：

我分析的是_____，这篇文章在_____使用了_____的方法，全文采用了_____论证结构。

师：同学们可以任选一篇你们最拿手的文本来分析，其他同学认真听，并做好随时补充的准备。

生：我们分析《书写伟大变革新篇章》，这篇文章在第4段和第5段列举了今年改革发展的各项任务，以及驻村干部、第一书记的例证，使用了举例论证的方法，文章的第3段提出分论点："重要的时间节点，是我们工作的坐标。"第4段的分论点是"改革开放是决定中国当代命运的关键一招，也是实现'两个一百年'奋斗目标、实现中华民族伟大复兴的关键一招。"第5段提出了"在新时代推进改革开放，同样需要激扬改革进取的精神、焕发攻坚克难的勇气、汇聚同心圆梦的伟力。"采用了并列式的论证结构。

生：我不赞成，我觉得应该是总—分—总的结构，因为作者开头提出中心论点，中间第3、4、5段提出分论点，最后作者再次提出中心论点，首尾相扣，所以我认为是总—分—总结构。

师：那你看看分论点之间有什么关系呢？

生：并列关系。

师：所以这篇文章的论证结构既是总—分式，又是并列式。

生：这篇文章还有因果论证，在第2段作者提出中心论点时，前面陈述了新闻事件，接着提出改革开放的意义，最后"也正因此"引出自己的观点。

师：读书很仔细，找到了关键词：因此。

（板书：举例论证、因果论证、总—分式、并列式）

生：我们分析的是《让乡村振兴的"车头"更有力》，这篇文章列举了致富带头人的烦恼、乡村基础设施建设的烦恼，使用了举例论证的方法，作者每提出一个烦恼，就会提出一个解决办法，这些解决办法是并列的，所以论证结构也是并列式。

生：我觉得还有列数字的方法。

师：在议论文中，列数字也属于举例论证，举的是数据例证。对于这篇文章同学们还有其他的看法吗？

生：这篇文章为什么不谈如何"让乡村振兴的'车头'更有力"，而是谈致富带头人有什么烦恼呢？这不是文不对题吗？

师：有没有同学可以谈谈你对这个问题的理解？

生："车头"是乡村致富带头人，这些带头人有烦恼，乡村振兴自然就无力呀。

生：我们分析的是《"网红"备课本传递育人态度》，这篇文章用了举例论证，举了使用创意教学方法的老师的例证引出中心论点，还用了排比问句，给出了"网红"备课本的启示，再举乡村教师的例子引出对乡村教师的关注，最后引用习近平总书记的话，点明当今社会需要更多的好老师成就孩子的梦想。

师：我们从你的分析中听到了新的方法：排比、引用。排比是修辞手法，使用这种手法能够增强文章的气势；引用论证是我们经常用到的论证方法，因为它能使文章更具说服力。

（板书：引用、排比）

师：那这篇文章的论证结构是怎样的呢?

生：我觉得我们找的中心论点不太对，我感觉这篇文章的中心论点应该是"'网红'备课本的启示在于，除了国家需要进一步推进教育改革外，另一个重要的维度，则是需要广大教师发挥主动性和创造性。"因为这句话比上面的那句更有思想性。

师：很棒，有问题就要及时提出来跟大家共同探讨。这位同学认为这句比之前那句更有思想性，也就是更深刻。前一句说的是创意教学方法的使用，不仅传递了知识，还传递着阳光、向上、创新的价值，这一句说的是怎样才能推进创意教学方法的使用，除了要国家推进改革外，也需要教师发挥主动性和创造性，这两句话是层层递进的。所以这篇文章的论证结构也就出来了。

生齐答：递进式。

生：我们分析的是《强化科技创新的正向激励》，文章开门见山地提出中心论点，接着提出分论点"创新，离不开政策保障和制度支撑"，在论证这一观点时，作者使用了举例论证和比喻论证。接着引用习近平总书记的观点作为文章的第二个分论点，又用"有的国家滥用国家力量打压我国创新企业"的反面材料提出创新需要开放的环境。文章结构属于总—分式。

师：我们看看这篇文章又多了什么方法呢?

（板书：比喻正反论证）

生：我们分析的是最后一篇文章，这篇文章提出问题，"纸螃蟹隐性危害不容小视"，接着从两个方面论证了"纸螃蟹"有哪些隐性危害，然后由"纸螃蟹"推出与之类似的"券"所带来的利弊，然后针对这一利一弊，提出解决办法，所以我认为本文是总—分—总的结构。

生：我要纠正，我觉得作者提出的"纸螃蟹"的危害有三个，因为在第3段，作者说"此外，带有金融衍生品属性的'纸螃蟹'，也暗藏与金融产品类似的风险。"

师：你看书很仔细呢，不错。这篇文章比较典型，提出问题—分析问题—解决问题，这也是我们在写作中最常用的论证格式。

（板书：基本结构：提出问题—分析问题—解决问题）

师：议论文写作中除了有这样的基本格式外，还有另一个基本结构，这也是5篇文章的共同点，提示一下，我们已经在前面提到了一个点：引，陈述新闻事件，引出观点。现在你们继续比对这5篇文章，看看你会发现什么。

生：作者引出观点后，便进入主体部分，也就是议论，议论后又举例，最后总结。

师：引的部分，我们不再多说，我们说一说其他三个。议：就是分析这个事件的影响，并论证中心论点。联：联系其他相似或相反的事件，深入分析，结：给出结论，提出希望或建议。我们从论证方法、结构方面分析了这5篇文章，现在需要同学们把黑板上这些零碎的信息整合起来，使它们成为一套议论文写作的完整的知识体系，这就需要同学们使用思维导图的方式了，加油，我们看看哪个组的同学完成得最快！

（学生动笔画思维导图）

基本形式如下：

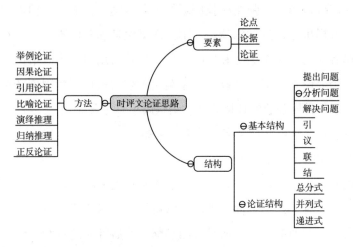

师：通过同学们的分析，我们总结出了时评文的要素、结构以及论证方法，其实通过导图我们不难发现，时评文就是非常典型的议论文体。我们可以在议论文写作中借鉴上述我们总结出来的结构和方法。特别是引、议、联、结的写作结构，能够帮助我们在写作中找准方向。

三、链接高考，学以致用

师：请看这则材料：

"民生在勤，勤则不匮"，劳动是财富的源泉，也是幸福的源泉。"夙兴夜寐，洒扫庭内"，热爱劳动是中华民族的优良传统，绵延至今。可是现实生活中，也有一些同学不理解劳动，不愿意劳动。有的说："我们学习这么忙，劳动太占时间了！"有的说："科技进步这么快，劳动的事，以后可以交给人工智能啊！"也有的说："劳动这么苦，这么累，干吗非得自己干？花点钱让别人去做好了！"此外，我们身边还存在一些不尊重劳动的现象。

对此，你有什么看法？你会用到哪些论证方法来论证你的观点？给同学们一点思考的时间，想好了直接起来表述就好。

生：我们国家的强大与每个人的劳动是分不开的，所以我会采用正反论证的方法论证劳动的必要性和重要性。正面肯定劳动带给我们的财富，反面列举那些不尊重劳动的现象。

生：我想举例论证劳动带给我们的财富，从而倡议大家发扬热爱劳动的优良传统。

师：你会举什么例子呢？

生：感动中国、五一劳模等。

生：我会从反面进行批驳，分析出现这些现象的原因。

师：懂得用批判的思维去进行论证，但在写作时要避免落入空洞的说理哦！

师：这是2019年全国Ⅰ卷的高考作文题，相信同学们一定有很多想法要表达，所以这节课的作业就是，针对这一现象，你有什么思考？请用本节课学到的方法写一篇不少于800字的作文。

【执教感言】

根据新课标的要求，时评文逐渐走进语文课堂，典型的论证结构、思辨的论证方法、理性的思维模式，都值得我们去学习。大数据时代，数量远远超过了质量，要想把时评文引入课堂教学，首先，要求老师独具慧眼，在选文上要选取典型的、没有逻辑谬误的、有可借鉴点的；其次，教师除了要让学生学习文章的写作技巧外，更应该引导学生学习评论员理性看待问题的态度，要求学生关注身边发生的新闻事件，学会形成自己的看法，并能将自己的观点有理有据地表达出来。这是教学的难点，也是教学的重中之重。

笔者在进行教学时，希望通过引导学生分析文章的论证结构和方法，将这些方法借鉴到自己的写作中，同时使学生能够用思辨的思维方式看待问题，培养自己的逻辑思维能力。学生在分析文本时，也充分地展现了他们的逻辑思维能力。他们有条理地分析问题，会思考，会辨别，会质疑，也会总结，这些都是学生必不可少的思维品质。由此可见，这堂课的教学是有收获的。但这堂课也存在着一定的问题。"我从时评文中看思辨"是这一组群文的议题，但思辨的涉及点还是不足，仅从论证思路上入手是远远不够的，还可以继续深挖作者的思辨策略，用以培养学生的思维品质。但由于时评文的特殊性，思辨策略的提炼也是一大难题。在今后的教学中，可以尝试以课文为基准，比如鲁迅的杂文，还有古代议论文《烛之武退秦师》《过秦论》等，找出思辨策略，再由课内延展到时评文，由学生分析时评文中所运用的思辨策略。如此学生的知识的掌握、方法的运用也就水到渠成了。

学则须疑　疑则有进

——《拿来主义》课例赏鉴

贵州省织金县第四中学　王　稳

【教学目标】

1. 理清文章思路，通过表格对比，理清"闭关主义""送去主义""拿来主义"的概念，在理解概念的基础上把握"拿来主义"的内涵。

2. 通过问题的探究、观点的质疑，激发学生思考，培养学生的批判性思维。

3. 结合当下，思考"拿来主义"的现实意义，培养学生的思辨能力，提升学生的思维品质。

【教学重难点】

质疑探究"大宅子"的内涵，探究文章主旨。

【课堂实录】

一、自主梳理：鲁迅的"拿来主义"

师：请同学们快速阅读课文，思考：鲁迅主张实行"拿来主义"，文章是如何阐述这一观点的？完成下面的表格。

主义	概念	结果	结论	作者态度
闭关主义				
送去主义				
拿来主义				

师：文章标题是"拿来主义"，阅读文章后我们知道，文中除了说到"拿来主义"之外，还提到了"闭关主义"和"送去主义"。现在，我们请一位同学将他填的表格给大家展示一下。

生：文中所说的"闭关主义"，就是既不送去也不拿来，结果是"给枪炮打破大门""碰了钉子"，"闭关主义"是行不通的，作者持否定的态度。"送去主义"是指只送去不拿来，这并不算坏事，因为能送去，一是"见得丰富"，二是"见得大度"，这种做法作者也不赞同。"拿来主义"是指既要送去又要拿来。有了拿来，人自会成为新人，文艺自会成为新文艺，作者肯定"拿来主义"。

师：同学们赞同他的观点吗？

生：我认为文中的"送去主义"应该有两个方面的含义：一是只能送去不能拿来，二是不能送去只能接受。

（其他学生发出了议论的声音）

师（追问）：那你是怎样理解"送去主义"的？

生：文中说"能够只是送去，也不算坏事"，这样还能体现丰富与大度，作者用尼采和煤的例子说明只是送出去，终究有送尽的时候，当没有东西可送之时，就只能接受别人"抛给"的东西，作者称为"送来"，并没有说是"送来主义"，所以我认为被动地接受也是"送去主义"。我们被送来的东西吓怕了，因为送来的并不是我们需要的，不是适合我们的，不是我们主动去拿的。

（学生鼓掌）

师：作者主张"拿来主义"，但有没有告诉我们应该怎样去拿呢？

生：要运用脑髓，放出眼光，自己来拿。

师：那作者是如何论述这一观点的呢？

生：用大宅子作喻。

生：用对待大宅子的三种错误态度，说明"拿来主义"者并不是这样的。

师：哪三种错误态度？

生：第一种，孱头，他们徘徊不敢进门，懦弱胆小，不敢接受；第二种，昏蛋，他们放一把火烧光，保存自己的清白，全盘否定；第三种，废物，欣然接受一切，全盘接受。（板书）

师：分析能力很强，能概括出三种错误态度背后的本质。那"拿来主义"

者是怎样的态度呢?

生:沉着、有勇有谋、有辨别、不自私。

师:嗯,这是"拿来主义"者需要具备的条件。

生:占有、挑选。

生:还有创新。

师:占有、挑选,是为了推陈出新,也就是还需要创新。占有就是要先拿来,这个好理解。那该如何挑选呢?作者在文中有无相关论述?

生:有,在第九段。

师:请同学们齐读第九段。

师:读完之后,谁能说一说我们应该如何挑选?

生:或使用,或存放,或毁灭。作者用大宅子里的物品做比喻:鱼翅,可以吃掉,鸦片可以送去药房,这是使用;烟枪和烟灯送一点进博物馆,其余毁掉,这是存放;姨太太各自走散,这是毁灭。

师:为什么鱼翅可以吃掉?

生:好东西。

生:山珍海味。

师:好的,美味的,是有益无害的。那鸦片呢?

生:有益有害。

师:送去药房就是有益的,所以要使用。烟枪和烟灯呢?

生:无益无害。

师:所以送一点进博物馆,以警示后人,其余毁掉,这是存放。姨太太呢?

生:姨太太有害无益,所以要毁掉。

师:对待大宅子里的物品的态度,你们能否用一个熟悉的成语概括一下?

生:取其精华,去其糟粕。

二、质疑探究:别人的"拿来主义"

师:作者正是通过人们对待"大宅子"的三种错误态度,向我们阐明真正的"拿来主义"者应该懂得如何去拿,如何挑选。无论是对待外来文化还是继承传统文化,取其精华,去其糟粕,都应是我们坚持不变的态度。有人认为《拿来主义》存在逻辑上的错误:前文谈对待外来文化,后文谈继承本国的文化遗产,文章论述的话题前后不一致。对此,同学们有什么看法?

生：我不赞同这种说法。文章开头的"闭关主义""送去主义"是针对外来的东西来写的。作者否定"闭关主义""送去主义"，提出"拿来主义"，用"大宅子"比喻外来文化，借以来说明怎样拿来，拿来之后怎样对待的问题。因为在当时，在对待外国文化这个问题上，存在着"全盘西化""全盘否定"两种错误的认识，作者的"拿来主义"指出了对待外来文化的正确态度，是对这两个极端的批判。

生：虽然文章前后话题不一致，但我不认为存在逻辑上的错误。鲁迅先生作为一代大家，这样明显的错误不可能不会察觉。第八段说一个穷青年因为祖上的阴功，得了一所大宅子，说明这所大宅子是继承祖上的财产，我认为"大宅子"是喻指文化遗产。作者的"拿来"既可以指对外来文化的"拿来"，我们可以理解为占有，也可以指对文化遗产的"拿来"，我们可以理解为继承。作者的"拿来主义"既向我们指出如何对待外来文化的态度，也向我们说明继承文化遗产的问题。所以我认为不存在逻辑上的错误，而是两者兼有。

生：前面同学的观点我不赞同。鲁迅虽是文学大师，但不能说明他不会出错。我认为文章前部分论述如何对待外来文化，后部分以"大宅子"作喻，"大宅子"是文化遗产，谈论的是继承本国文化遗产的问题。所以我认为是存在逻辑错误的。

师：同学们的观点不无道理。文章运用比喻来阐述道理，用"大宅子"来比喻外来文化和文化遗产，都是可以的，这并不矛盾。而对于这篇文章表达了怎样的主题，一直以来都存在着争论，有外来文化说，文化遗产说，对外交流的文化意识说，等等。我们不能说哪一种说法对，也不能说哪一种说法不对。鲁迅《且介亭杂文》的序言中说："况且现在是多么切迫的时候，作者的任务，是在对于有害的事物，立刻给以反响或抗争，是感应的神经，是攻守的手足。潜心于他的鸿篇巨制，为未来的文化设想，固然是很好的，但为现在抗争，却也正是为现在和未来的战斗的作者，因为失掉了现在，也就没有了未来。"不管是结合鲁迅的创作意图，还是结合文章的时代背景，我们都清楚地知道，鲁迅先生的杂文就是针砭时弊的"匕首"，对当时存在于社会的不合理的东西进行批判，为未来指明道路。

（学生表示赞同）

三、各抒己见：我的"拿来主义"

师：我们学习这篇文章，不仅要理解"拿来主义"的精髓所在，还应思考：在当下，鲁迅先生的"拿来主义"在今天是否具有现实意义？请同学们用你已有的认知和熟悉的事例来谈谈"拿来主义"的现实意义。

生：鲁迅的"拿来主义"在今天仍具有现实意义。"拿来主义"就是既要送去又要拿来。在当今世界，这就是一种交流，交流就要有来有往，不能一味送去，也不能一味拿来，这是一种平等互利的国与国之间的交流。

生："洋节"的入侵，就是一种文化侵略。圣诞节、情人节、愚人节等节日颇受青年人的追捧，而我们的传统节日正在慢慢淡化，西方的节日固有它本身的含义，但我们不能盲目地追捧，我们要用"拿来主义"的思想去挑选，选择并使用于民于国有利的东西。

生：比如说我国从俄罗斯购买苏27战斗机，在我国吃透苏27战斗机的技术后，研发出了属于我们自己的歼敌机。

师：我们国家虽算是科技大国，但并不是科技强国。在科技上我们与发达国还有一定的距离，我们仍需借鉴和引进其他国家先进的科技，来促进我国科技的发展。

改革开放后，我国打开国门，拿进来、送出去的事例比比皆是，我们从西方拿来了许多先进的管理经验，靠着自己的判断力和他们的技术经验取得了长足的进步，我们也向西方输出了许许多多的"中国制造"。但我们要清楚地认识到自身的不足，我们还需要向国外"拿"的东西很多，如芯片的制造，我们还需要靠引进和借鉴来攻破技术难关。

我们也可以把"拿来主义"的精神用在学习上，向其他同学借鉴好的学习方法、学习技巧，取别人之所长，补己之所短，这样我们就会成为"新的"自己。

【执教感言】

鲁迅的文章在理解上多少有些难度，对于高中学生来说，已经学习过多篇鲁迅的文章，在理解《拿来主义》内容上应该没有什么困难。所以在本堂课的教学中，主要是注重学生思维能力的培养。

学习反驳，敢于批判。

课堂教学中教什么，是由学生的学情决定的，学生是主体，学生需要什么，通过课堂能获得什么，教师作为引导者，应充分发挥引导作用。高中阶段的学生，逻辑思维的发展趋于成熟，有辨别是非美丑的能力，在课堂教学中，应注重发展学生的批判能力。本堂课中，我引用别人的观点，学生结合对文本的理解，发表对该观点的看法。学生在解决这个问题之前，需理解文章中"大宅子"喻指什么，从而去探究文章的主旨。这篇文章的主旨，历来都存在着争论，在教学过程中，我将别人的看法展示给学生，让学生学会反驳，学会有理有据地表达自己的观点，鼓励学生大胆质疑，培养学生的批判性思维。

联系现实，理性思考。

鲁迅的文章思想深邃，虽不太受学生喜欢，但其对后世有着很大的影响。《拿来主义》写于1934年，就那个时代而言，"拿来主义"是非常先进的思想，几十年之后，处在新时代的我们，仍需践行"拿来主义"的精神。如果就《拿来主义》学习"拿来主义"，那就没有多大的价值。在教学过程中，引导学生从文本转向现实，体会"拿来主义"的精神，启发学生思考"拿来主义"的现实意义，培养学生的思辨能力。我想，这才是学习《拿来主义》的目的。

【观察者说】

巧设活动，激发学生思辨

贵州省织金县第一中学　杨鸿妃

语文教学中，一直流传着这样一段话："现代中学生，一怕文言文，二怕周树人，三怕写作文。"每每谈到这段话，作为老师的我们既觉得好笑，又觉得悲哀。一小段押韵的文字揭露了中学生的学习现状，"怕"成了他们逃避学习的借口。如何让学生由"怕"转向主动学习？执教者在他执教的鲁迅的《拿来主义》一课中给了我们较为明确的答案。

一、关注学生"学的活动"

王荣生教授认为阅读教学中应关注"两个转向"："从关注教学方法转向更为关注教学内容，从关注教的活动转向更为关注学的活动。"一堂课的效益，不是靠老师的口若悬河，而是靠学生的参与度。教学中学生是否参与，怎样参与，参与多少，都是我们评判这堂课的标准。

王稳老师在这堂课的实践中，就以此作为抓手。问题的设置处处体现学生"学的活动"，例如第二环节"自主梳理：鲁迅的'拿来主义'"，前部分明确了学习方法和活动，后部分明确地指向教学内容。教学后面的环节也以同样的方式呈现在我们的面前。在老师的精心安排下，学生自然而然地进入课堂，主动探究问题，积极思考，学生在理解文本中重要概念的同时，思维的火花也在老师的引导中得到触发，学生不再回避这"可怕"的周树人，而是积极主动地"破译"周树人文字背后的"密码"，获得知识的体验。

二、巧用思维训练工具

王稳老师在教学第二环节时，为了让学生轻松地理清鲁迅的"拿来主义"，他巧妙地使用思维训练工具——表格，表格上呈现出鲁迅在文中提及的三种主义："闭关主义""送去主义""拿来主义"，学生根据表格提示找出三种主义的概念、结果、结论以及作者态度。借助可视化工具，不仅帮助学生使用"跳读法"抓住关键词，还使学生的思维更加清晰，这也为下文的质疑探究部分奠定了基础。

三、重视培养学生的批判精神

学生害怕鲁迅最大的原因在于其文章生涩难懂，"超越规范性"。王稳老师在教学理念中也谈到这篇杂文若要按照议论文规范性的文体特征去解读的话，可能会存在一定的偏颇，于是他把教学内容转向探究文章主旨。在这一环节，他并没有直接进行本质探究，而是提出别人对鲁迅这篇文章的质疑，让学生自己判断。孙郁教授在谈到中小学鲁迅作品教学的最大问题时指出："中小学的教育是'信'的教育，鲁迅的文本是'疑'的文本。用'信'的理念讲授'疑'的思维，永远不得其果。"而王稳老师正是关注到了这一问题，才在教学中抛出质疑声，其目的在于引导学生用质疑的精神、理性的思维去看待鲁迅，面对经典化、标准化，能够大胆质疑，提出自己独特的看法。这一设计不仅符合《普通高中语文课程标准（2017年版）》对学生"思辨阅读与表达"的要求，更提升了学生的思维品质。

"授人以鱼不如授人以渔"，王稳老师的这堂课让学生得到的不仅仅是"鱼"，更是"渔"。

从"套中人"看语文人

——《装在套子里的人》课例赏鉴

贵州省毕节市第二实验高中　朱天凤

【设计缘由】

这是人教版必修五第一单元的第二篇课文。单元提示上明确：学习这个单元，要注意把握小说的主题和情节。把握主题，一是要理解作品蕴含的感情，了解作者的意图；二是要从人物、情节、环境，这三个方面进行分析。此外，还要注意细节描写，体会小说刻画人物的艺术特色。

在本节课上，老师以表格的形式带领学生梳理小说情节内容，在此基础上归纳提炼小说的主题，思路明晰，环节紧凑且步步推进。再由课文联系到现实社会，使文本具有了开拓性，也拉近了学生与经典间的距离，为学生的课外阅读打下一个很好的基础。

【课例描述】

一、导入

师：（课前发导学案）请同学们快速阅读课文，拟写别里科夫的病历表。

简析：这一环节从学生拟写到发言总共用了20分钟，但却是不可省略的。这正体现了以文本为中心的观点，任何言论都要以文本为基点，而不是我觉得。通过这个过程，学生真实地进入了学习状态。同时也创设了一个情境：学生即是医生，面对别里科夫这样的病人，要思考，能不能救？要怎么救？为主旨探究做了很好的铺垫。

二、第二环节

讨论探究：

师：别里科夫是个怎样的人？可以用几个"可"字来表达，请同学们想一想，并说明理由。

生1：可笑。他的打扮很可笑。

师：具体有哪些句子呢？

生1：（读描写别里科夫外貌打扮的句子）

师：你觉得现实生活中有这样打扮的人吗？

生1：（笑）应该没有吧。

师：所以这里作者应该用了怎样的写作手法？

生1：夸张。

师：（点头）很好。（板书：可笑）哪位同学还有新的观点？

生2：可悲。他用政府的公告制度来约束自己，让自己一直活在恐惧之中。

生3：他还一直用这种套子式的言论去约束和管制他人，所以可恨。

生4：可怜。他最终因为这些套子死了，而且死了以后大家觉得大快人心。

简析：学生回答得很快。老师抓住时机追问为什么，让学生的理解站在文本基础上，使学生更深入地感受契诃夫细节描写的深刻性。答得快，意味着学生预习到位，也可能意味着问题的难度不大。

三、第三环节

主题探究：

师：别里科夫的套子有有形的，有无形的；有表面的，有思想上深层次的。那你觉得这个套子具体指什么？

生：旧思想、旧生活、旧制度。

师：那现实生活中，我们的身边还有这样的套子吗？

生：各种规章制度、各种礼法观念、世俗观念。

简析：这个环节从情节、形象的分析上升到主题的探究，学生的理解基本没有问题，表达也很精彩。我也在思考，学生很容易就解决的问题能使课堂趋于热烈，但思维的深度就欠缺了些，有的同学就提出两个很重要的，值得研讨的地方：一个是别里科夫的口头禅"千万别闹出什么乱子"，以及他周围的人对他这样一个荒谬的、没头脑的人的不断让步。有头脑的、正派的人屈服于没有头脑的人，而这个没有头脑的人并没有什么权力，也没有什么强制性的手段，却能使恐惧弥漫全城。事情严重到这种程度就不仅仅是轻松的幽默，而是尖锐的讽刺了。第二个是课文编者将结尾部分删去，包括别里科夫在棺材里的那些反讽性的话语和兽医伊凡和中学教师布尔金的对话，伊凡最终有句结论："不，再也不能这样生活下去了！"加入这两个内容，教学时也就不再局限于别里科夫本身，学生也就不止于泛泛而谈生活中的套子，甚至还有学生将套子等同于规则制度。规则制度又是社会必需的，那么套子也应该合理存在。这降低了批判的力度，是思维深度没有达到的表现。

师：所以我们要勇于冲破各种套子，还自己以自由。

简析：其实这是有一点问题的，脱离了文章的写作背景，单纯地将套子等同于各种规章制度、礼法观念，岂不是从一个极端走向另一个极端。在这有两种处理方式：可以将文章的写作背景插入，更正学生对文中套子的理解；也可以补充被课文编者删去了的小说的结尾。通过讲故事的两个人的语言将小说的内核探究得深入一些。

【评价与反思】

听、说、读、写是语文的四种基本能力，也是衡量一堂课是否体现语文学科特色学的标志之一，而决定这四种外在能力的核心的东西是学生的思维。语文教学不只是单纯的文化传递，更是人格心灵的唤醒，是思维的碰撞。从这节课堂教学来看，要深度培养学生的思维能力，至少可以从以下三个方面设计思考教学。

1. 从文本走向生活，充分利用类比性思维。在教学中充分设置各种情境，在第一环节填写病历的过程，就预示了别里科夫是个病人，而这个病人无药可救，在后续的教学中就可以让学生顺向展开思维，讨论如何救治像别里科夫那样的人。在教学过程中，老师将文本内容与学生生活联系起来。教师要加强语文与生活，学生情感与文本情感，以及不同文本之间的类比与贯通，从而唤醒学生的生活体验，让学生走进文本，促进学生语文能力的综合发展。

2. 新课标中语文四大素养其中一条就是思维发展与提升。注重学生思维的培养是语文课堂的目的之一。真正行之有效的思维训练，不是教师在课堂教学中的灵光乍现，而应该是经过周密策划，精心筹备的既定教学内容，并且所有的思维都应立足于文本，立足于语言。离开语言的思维，不仅是文本的迷失，也是语文课堂教学内容的迷失。

3. 注重知识积累，形成深度阅读、探究阅读的习惯。教师应该适时适量地补充扩展文本的背景知识，开阔阅读视野和提高质疑的能力。只有大量的积累才能提高品味语言的能力，让他们在一定深度与广度的知识体系下，去关照所学内容，在听说读写的语言实践中营造一种深度表达的语境，涵养语言的直觉与鉴赏能力。

【问题与讨论】

1. 语文教学方式需要进行变革，在这节课上我们看到很多闪光的地方，比如导入创设情境并以此贯穿始终，着眼于知识的育人价值，在教学中对学生进行人生价值的建立。但语文课终究是语文课，站立的基础应该是语言建构与运用、思维发展与提升、审美鉴赏与创造、文化传承与理解。所以政治和语文的学科界限一定要清楚。

2. 作为一篇经典文本，本文有很多值得探究的地方，不同的需要可以有不同的取舍。但假如不给学生设定引导，让他们自己去发现呢？会不会更符合"思辨性的阅读与表达"这一任务群？要在引导学生学习思辨性阅读与表达，发展实证、推理、批判与发现的能力，认清事物的本质，辨明是非的过程中提高学生的理性思维水平。这样的课堂也许对学生能力的发展意义更加深远，我们还是顾虑太多，不敢放手。

3. 不敢放手的根本似乎又源于信心不足，不知道学生的思维跑出去自己能不能收回来，信心不足的源头又在于读书太少。我们长期以来过于依赖"设计"，其实真正的神来之笔是课堂生成，只有知识的融会贯通，大象无形，才能以不变应万变。所以，语文人首先应该是读书人。

我思，故我在

——《宇宙的边疆》课例赏鉴

执教：贵州省毕节市第二实验高级中学　朱天凤
观察：贵州省毕节市第二实验高级中学　赵平海

【教学目标】

1. 了解科普电视片解说词的文体特点以及语言特点，了解宇宙的有关知识。
2. 掌握说明的方法，弄清说明的顺序，体会准确严密的思维过程。
3. 理解人类探索宇宙的重要意义，培养热爱科学的精神。

【教学重难点】

掌握说明的方法，弄清说明的顺序，体会准确严密的思维过程。

【课堂实录】

一、导入

师：（播放一段有关宇宙的视频，没有声音。）请同学们说说你看到了些什么？

生：星球、宇宙。

师：（再播放一遍刚才的视频，这次加入了声音。）请同学们将这次观看的感受与无声的视频相比较，有何区别。

生：清晰，明确多了。只看是看不懂的。

师：（出示关于解说词的知识。）

简析：这一环节设置得很巧妙，没有过多的语言叙述，却很直观地帮助学生理解了解说词的含义以及作用。同时也能很好地设置了情境让学生进入文本之中，通过文字展开想象。

二、筛选、梳理、归纳

用思维导图的方式，小组合作梳理内容和行文脉络。

第一组展示：宇宙演化规律。

第二组展示：文章写作思路。

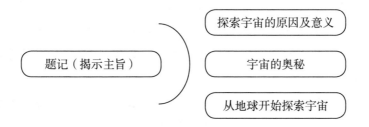

第三组展示：第二部分第4～16自然段的写作顺序。

师：请同学们分部分阅读课文，总结文章特点。

生1：思路清晰，结构严谨。

生2：按照空间顺序，由广阔的宇宙，穿过无尽的空间，最终回到人类的家园，这是探索和发现的过程，表现了人类对宇宙的敬仰和"掌握我们自己的命运"的热情。

简析：紧扣解说词的文体特点，通过筛选信息达到对课本的解读，在充分解读文本的过程中掌握解说词的特点，比如说明重点、说明顺序、各部分之间的关系等，利用思维导图有效掌握本课的重要知识点。

三、赏析语言

师：我们来分析这些特殊的语句（出示PPT）

1. 第1自然段，第一句中的三个"这样"以及"晕眩战栗"怎样理解？

2. 第8自然段，将无穷大的"星系"比喻为"贝壳""珊瑚"，其作用是什么？

3. 第12自然段，"对于所有这些恒星，地球上的居民到目前为止比较了解的却只有一个"一句有何妙处？

4. 作者从不同的角度对宇宙中的星星进行了细致的说明，你能概括一下作者是从哪几个方面对星星加以说明的吗？

（生分别梳理课文并得出答案）

师：现在谁能给我们总结一下本文语言的特色。

生：语言准确，逻辑性强，科学规范。例如，"一束光每秒钟传播18.6万英里，约30万千米，也就是7倍于地球的周长"，"一束光在一年之内穿过10万亿千米"。用几个确切的数字"18.6万""30万""10万亿"来说明光传播的距离之长，能够让人们有确切的印象。另外，"约"字的运用，更能体现说明文语言的准确性和作者思维的缜密。

简析：这个环节从整体到局部，从文章线索到句子的赏析，既关注优美诗意的抒情性句子，更关注富有理性色彩的句子，比如说明的方法，用语的准确。先分说再总结的结构也符合学生的认知特点，容易被理解。板书也随即生成，无牵强、生硬的感觉。

四、前后勾连，比较分析

师：联系我们学过的说明文，比较它们之间的异同。

生1：说明文一般都是客观、准确地说明某种事物的，用陈述性的语句。

生2：可是这篇文章用了很多抒情性的句子和多种修辞手法。显得自由生动。

师：是的，这篇文章在语言方面的特点就如两位同学所说：（出示PPT）在叙述说明中融入议论、抒情，使文章内涵丰富，具有人文色彩；运用比喻、拟人、排比等修辞手法，增加了文章的趣味性。

师：作者用通俗浅显的语言、轻松愉快的笔调向我们展示了宇宙的浩瀚无边、宇宙的奥秘和宇宙的久远历史，使本来枯燥无味的说明文变得生动有趣，更能激发人们探索宇宙的欲望。如"可见天体是多么宝贵""或许是珊瑚——大自然在宇宙的汪洋里创造的永恒的产物。"

简析：这也是个很有价值的环节，通过比较的思维方式，加深对文本的理解，也加深对解说词的理解。很多时候，我们在设计教学时都要横向比较：同一类文章中这一篇有何不同。还要纵向比较：这篇文章在当时有何意义。脱离写作背景，文章的解读可能会滑向误区。像黄厚江老师上《神奇的极光》一课时，就在文体上下足了功夫，立足语言的训练，重在问题的理解，不蔓不枝，成就了一节好课。

五、总结升华

正如赫胥黎所说的那样："已知的事物是有限的，未知的事物是无穷的。"亦如庄子所说："吾生也有涯，而知也无涯。"对于个体而言，生命短暂，知识无限，每一个人都应该勇于进取，勇于探索，不断地丰富自己，完善自我，努力实现自身的价值，每个人都没有一点骄傲或者懈怠的资本。对于人类而言，也应该正视自己在宇宙中的位置，在地球上，也要正视自己的位置。妄自尊大，为小小区域利益而杀伐不休，显得那么浅薄和无知。人类更应该做的难道不是正视自我，正视世界，分秒必争，向未知进军吗？

简析：立德树人，在留给学生深刻启示的同时总结激励。

【执教感言】

这是一篇大型电视片解说词，通过对众多宇宙画面的解说，向我们展示了宇宙空间的奥秘及天体的物理特征和遨游太空的收获，引发世人对宇宙探索的兴趣，激发人们献身宇宙科学、造福人类的勇气和斗志。

虽然在生活中学生对解说词应该不陌生，《探索》《人与自然》《动物世界》等节目很多同学都很喜欢，但碰到这样类型的文章时却很少静下心来去阅读、去思考。一方面是文章中的专业术语难于理解，另一方面和同学们缺少必要的文体知识有很大的关系。对于这样一篇重在说理的解说词，我把教学重点放在了思维发展与提升和语言建构与运用上。

通过这节课，我能收获些什么呢？

1. 这样的文章如何才能让学生积极参与学习并获得知识和情感上的收获，这是最需要思考的问题。这类文章往往因为专业性强，缺乏趣味性而使学生敬而远之，如何化难为易让学生参与学习就显得极为重要。

多媒体课件是需要的，它可以调动学生的兴趣，避免课堂的枯燥，有效扩大课堂的容量。直观形象地给出问题，引发学生的学习兴趣又直接切入本课的中心问题，使学生了解解说词。但多媒体的作用应该只是前奏。借助影视画面，最多只能帮助学生加深对课文"写什么"的理解，而对于"怎么写"则少有触及，尤其是对更基本、更重要的"用什么写"。挖掘文本，提高能力才是语文课堂最重要的活动。

2. 教学设计应该是整体感知与局部品鉴的结合，应该是能够引导学生进行深层次思辨的学习活动。谈到科学精神，首先应关注理性思维，在语文教学中培养学生批判质疑的精神，也必须以理性思维作为基础。这一点在这节课上主要体现在梳理文章脉络部分。解说词因其文体特点，前后的联系并不是很紧密，这篇算是逻辑清晰的，这正是锻炼学生的思维概括能力的时机。一节成功的高中语文课，如果仅有人文、情意、美感等形象思维的元素是远远不够的，我们还必须引导学生启动理性思维进行理解。学生的理解可能体现为批判性、深刻性，也可能体现为灵活性、敏捷性、独特性。

3. 科技文本身的特点给予教学深度的思辨能力培养空间，通过阅读来不断提升学生深刻、全面解读作品的能力，并将这种能力延伸至社会生活。这不仅关系到学生阅读能力、写作能力的提高，对学生的现实生活无疑也有着深远的意义。从语言现象中概括出语言规律，这本身也是一种有效的思维锻炼模式。

"情感态度价值观"的教学目标也是重要的，但应该融汇在课堂知识、能力目标的达成中。德育只能渗透在学科教学中，不能硬性、片面强化，否则就有学科定位偏移的嫌疑。语文课程中阅读的速度、深度和强度，都是思维品质的反映；语文学习能力、学习兴趣、学习习惯的形成，都与思维品质的提高同步发展。学生的表达能力直接反映着思维的能力，所以语文课程的教学要把语言修养与思维品质的训练有机地、灵活地结合起来。

4. 本节课用到的思维工具是思维导图。用思维导图的方式对文章的线索结构进行归纳，既有大层面的整篇文章结构线索，又有各部分间的语言层级关系，在梳理文本的过程中培养学生分析归纳的思维能力，又训练了学生的语言表达能力。

【观察者说】

本单元提示上明确：优秀的科普作品，不但传播科学知识、弘扬科学精神，还能激发探求未知世界的兴趣。阅读这些作品，要注重科学精神的培养，关注科学探索的过程，感受科学家在探求真理的过程中所表现出的人格魅力。还要注意审美鉴赏，感受科学思维及其语言表达的特殊美感。高中阶段的学生思维已经有了一定的深度，不再满足于理解字词句的意思。高中阶段的课文都是千淘万漉留下的精品，教学时要注意挖掘它们的价值所在：或是重情趣，或是重理趣，或是重在知识建构与积累，或是重在审美鉴赏与创造。

在本课的教学中，老师思路清晰地带领学生梳理文本、探究语言、体会情感，很好地体现了语文学科的特点，学生也能较好地参与，尤其是画思维导图的方式，值得借鉴学习。教材原本只是例子，通过这些例子我们能够反思并形成自己的教学风格。但也有值得改进的地方：

1. 在教学过程中，要面向全体学生。作为教师，应随时关注每个学生学习活动中的心理需求、情绪变化、感受与体验，关注每一个突发事件背后隐含的教育机会，等等，然而要做到这些并不容易。如在本课的教学中，有部分学生就被置于从属位置，讨论的时候参与不积极，发言的时候有发言人代劳。这就需要有效的监督和评价机制，也更需要教师的关注和应对。

2. 语文学科的特点限定了语文教学评价的有限性。或者说，它显得更为宽泛，它不像其他学科一样可以用做题的方式作为检测手段，积累归纳式的知识可以，但理解鉴赏性的知识很难量化考察，我们更多的时候关注到了教学中"教"的一面，而更关键的"学"的一面更值得我们思考。

下 编

满川风雨看潮生

例谈语文学习中逻辑知识的教学策略

——以《逻辑和语文学习之二难推理》为例

贵州省毕节市教育科学研究所　杨文黔

逻辑和语文学习关系确实密切，我们有必要在语文学习中学一点逻辑。执教者能选择这个专题，让学生学一点有关二难推理（悖论）的逻辑知识，感受逻辑的力量和思维的乐趣，这是值得肯定的。我们在语文学习和生活实际中经常接触逻辑知识，但如果教学最后不能落实到运用上，学生不能用所学来解决语文学习和生活中的实际问题，那相当于在学"屠龙术"，没有用途。故而它的教学要联系现实生活、注重实际运用、突出过程和方法、增加文化内涵，这就需要学生有充分的前置学习，需花费时间自己先梳理一遍，在课外搜集资料进行补充，课堂应作为学生展示学习成果和交流学习心得的舞台。教师要在教学中设计若干实践环节，指点梳理和探究的路径，而不是直接给出知识和呈现学习结果。

一、逻辑知识的"亮相"

首先来看一下这节《逻辑和语文学习之二难推理》中逻辑知识的出场方式。教师的做法是开课便用预习检测来完成第一次与逻辑知识的"握手"，类似开门见山，内容如下。

阅读文本填空：

① 课本、杂志、汉字、英文从语言的角度看叫_____，从逻辑的角度看叫_____。

② _____是概念所反映对象的根本属性，_____是概念所反映对象的

具体范围。

③ 概念间的关系有_____、_____、_____、_____、_____。

④ _____句、_____句一般不代表命题。

⑤ 一个论证的过程包含_____、_____、_____三个要素。

⑥ 逻辑规律主要有_____、_____、_____。

检测的习题是让学生根据教材内容填空，停留在知识识记的层面，学生即便记住了这些概念，但真正理解与否还是未知数。逻辑课应尊重学生的认知特点，多归纳少演绎，这样容易让学生接受。这样的检测没有设计出能统摄学习目标、学习内容和学习过程的问题，没有设计出和学生实际生活紧密相连的问题，没有设计出尽量真实且有探究空间的问题，没有深入知识内核，也就不能有效触发学生兴趣、情感和思维。当学生处在被动接受的状态，不能进入深层思考时，学生的思维能力和品质是得不到发展的。这样的"亮相"方式也让学生觉得逻辑知识是概念化抽象的东西，对其兴味索然。

二、逻辑推理的"品相"

当逻辑知识运用到语文学习和生活中的时候，它的"品相"又是怎样的呢？我们再来看看这节课上呈现出的二难推理的例子：

1.（教师提问）先有鸡还是先有蛋？

2.（教师举例）你是否已经停止欺负你的同桌了？→你是否已经停止打你的父亲了？

3.（学生举例）你完成今天的作业了吗？→（教师更正）是完成作业还是出去玩？

4.（学生举例）又想吃早餐又怕长胖。

5.（教师举例）对学生放任自流怕领导批评，严加管教怕学生不喜欢自己。

6.（教材例子）理发师承诺：只给且一定要给自己不理发的人理发。

7.（教师举例）孙悟空举起金箍棒第三次打白骨精时的二难困境。

8.（教材例子）《皇帝的新装》中皇帝、大臣和普通百姓陷入的二难困境。

9.（教师举例）万能的上帝能否造出一块自己都不能搬动的石头？→教师联系"矛和盾"的故事类比。

10.（教师举例）班长对同学严加管理，会被认为不近人情、盛气凌人；不管，又会被说不负责任。

11.（教师举例）女友和母亲同时掉入河里，先救谁？

12.（教师举例）喜欢爸爸还是喜欢妈妈？小孩会说都喜欢。

13.（教师举例）刘邦利用与项羽曾经结拜的事实构造出一种关系：我的父亲即你的父亲，于是得以从项羽的要挟中解脱出来。

14.（教师举例）下课了，是该下课还是继续探讨呢？

梳理这些例子，从中可以发现四个问题：

一是，只利用了教材上的两个例子：例6理发师承诺和例8《皇帝的新装》里的二难推理，而且这两个例子的利用不是很有效。教材把理发师承诺的例子作为二难推理范例，这个例子已经有详细的推理过程，再让学生推理，没有难度，激发不出思维的火花；第二个例子《皇帝的新装》学生直接忽略，可能是觉得太熟悉，道理太简单，但后来教师自己还是推理了一遍。

二是，学生自己只举出两个二难推理的例子，大量的例子是由教师给出的。例3"完成今天的作业了吗？"这个例子还表达得不完备，差了一半，由教师补充为"是完成作业还是出去玩？"学生的学习展示很少，究竟是否真正掌握了二难推理，看不出来。但从学生在面对例11"女友和母亲同时掉入河里，先救谁？"这个困境时，回答"我很清楚我没有女朋友，所以先救母亲"，大概可以推测出他没怎么理解学习二难推理的目的，言语本身缺乏逻辑。估计教师自己在要不要放手给学生的问题上也陷入了二难困境。

三是，例子的呈现随意，缺乏目的性考量。并列、层递还是有分类？生活问题、文学作品、哲学难题杂陈其中，有些例子也值得推敲。比如：例1"先有鸡还是先有蛋？"是真的二难推理吗？从逻辑思维层面上进行分析，"先有鸡还是先有蛋"的问题通常指称"恶性循环"这种思维错误的代名词。例2则有故意把学生带入不道德陷阱的嫌疑。倒不如直接从例4"又想吃早餐又怕长胖"，例5"对学生放任自流怕领导批评，严加管教怕学生不喜欢自己"和例10"班长对同学严加管理，会被认为不近人情、盛气凌人；不管，又会被说不负责任。"直接切入更契合学生的当下生活。例5有没有第三种处理方式：严慈相济？一定非此即彼吗？只有选择严加管教才能彰显责任感吗？举例的思维不严谨，思考的含金量不高，加上同质例子的重复，比如例5和例10，很难说学生真正明白了二难推理的过程。

四是，例子的文化内涵不够。中国文化博大精深，尤其是一些俗语就像二难推理一样，感觉这么说也正确，那么说也有理，看着看着就会陷入二难境地。不妨把学习二难推理和中国文化结合起来，也许会有意想不到的效果。比如：

好马不吃回头草——浪子回头金不换

兔子不吃窝边草——近水楼台先得月

礼轻情意重——礼多人不怪

一个好汉三个帮——靠人不如靠己

男子汉大丈夫，宁死不屈——男子汉大丈夫，能屈能伸

开弓没有回头箭——苦海无边，回头是岸

文学作品中的著名悖论也很多，比如约瑟夫·海勒《第二十二条军规》中的这条军规："疯子才能获准免于飞行，但必须由本人提出申请；凡能意识到飞行有危险而提出免飞申请的，属头脑清醒者，应继续执行飞行任务。"书中的主人公为了逃避危险的作战任务而装疯，可逃避的愿望本身又证明了他的神志清醒。即"如果你能证明自己发疯，那就说明你没疯"，诸如此类。"Catch-22"已经成为英语词典中的常用词汇，用来形容自相矛盾的死循环，或是人们处于荒谬的两难之中。如果课前让学生去搜集整理一下文化和文学中的二难推理，试着去推理验证一番，相信不仅能引发学生兴趣，增强学习体验，也能让逻辑学习更有语文学科特色。

正如理查德·费曼所说："如果你不能用简单的语言给一个外行解释一个东西，你就是没有真正理解这个东西。"例子的取舍、选择、运用要能深入浅出地帮助学生形成对二难推理的正确认识，这样的逻辑学习才具备好"品相"，才能让学生在二难推理中认识到：要想避免悖论，要具体问题具体分析；还要尽可能切换到第三方视角，尽可能获取全面的信息，认清直觉的边界，用逻辑修正直觉，分辨清楚"想法"和"关于想法的想法"的差异。

三、逻辑学习的"真相"

让我们回到逻辑学习的目的上来，本节课的教学重点是"探究二难推理在语文学习和生活中的运用"。二难推理，你从一方面看它是对的，可从另一方面看它又是错的，以至于你无法判断它到底是对是错。面对学习、工作、生

活中的悖论，个人、社会、国家该怎么抉择呢？教师给出的方法是：①中庸调和，酌情处理；②避重就轻或转移话题；③构造一种关系，使自己从二难中摆脱出来。前两种方法"中庸调和""避重就轻或转移话题"，明显有回避问题之嫌，而第三种方法"构造一种关系"只有刘邦一例，始终没有给出具体的关系构造方式。在让学生总结从孙悟空、《皇帝的新装》中各色人等、退秦师前的烛之武面对二难困境时的选择中得到什么启示时，学生记忆更认可的是"避重就轻和转移话题"的讨巧做法。这样的学习旨归何处，令人质疑。

这节课堂教学尽管没有窄化为纯粹的逻辑知识教学，也努力让学生在问题的解决中展开学习，但为什么学生难有深切的体验、深入的思考、深透的理解和灵活的运用？这节课暴露出的语文学习中逻辑教学存在的缺点：一是，教师没能将书本知识改造为等待学生去解决的实际问题，没有建立学生思维兴奋点；二是，教师忙于告诉学生什么是正确的，忙于下定论，而没有关注学生在这些问题上真实的想法。学生的看法和意见呈现不够，特别是不同的看法和疑问没有显现出来，没有产生思维的对垒交锋。对于以后再次面对此类问题又该采取什么样的态度，学生还是处在思维迷茫和知识技能难以迁移的状态。

一个悖论，好像既对又不对，怎么办？两种对立的观点，脱离具体场景是很难调和的，只有回到真实世界，才知道究竟适合持有什么样的观点，就像以赛亚·伯林说的，"没有哪一个观念可以独立存在"。学生不仅应该从选择结果本身得到价值观的启示，更应该让学生在逻辑推理的过程中明白：我们所认为的一切，也许经不起在逻辑的基础上严格推敲。当我们理直气壮地去评判别人或者给某事下定论的时候，应该提醒自己：也许我们所说的、所想的，不一定都正确。自己的认知语言和行为中，也许到处都是这种未经逻辑验证的谬误。一句话，学生不仅要从教学中习得逻辑知识，感受逻辑力量，还应有深层思考，这才谈得上学生思维能力和品质的提升。这也许是要学习逻辑的"真相"。

学习二难推理的目的是让学生消除偏见，培养思辨能力，哪怕是将之当成烧脑的思维训练，也会从中收获乐趣；如果只是在原有认知里轻松愉快地转了一圈，并无提高，恐难达到预期教学目标。逻辑总是要求我们在面对实际问题的时候，放慢一些、更稳一些，不被感情裹挟，保持理性克制，并从中学会让自己变得谦虚，也许这正是逻辑之于语文学习的意义。

参考文献

[1] 中华人民共和国教育部. 普通高中语文课程标准 [S] . 北京：人民教育出版社，2020.

[2] http：//www.njzhzx.net/3e/83/c9a16003/page.htm中华中学首开逻辑必修课.

秋水共长天一色

——袁枚诗论的中和辩证思想管窥

贵州省毕节市第一中学　黄瑜华

从哲学视域看，诗歌是一门中和辩证的艺术。影响诗歌创作的诸多元素看似对立，实则中和、辩证统一。在中国古代诗论中，持此观念的诗论家比比皆是，而袁枚尤为突出。他在"性灵说"的主导之下，对诗歌创作中的诸多元素进行了辩证而深入的阐释。本文仅以袁枚"性灵说"诗学为例，从立意与辞采、精思与博习、文气与布格择韵、真与雅、虚与实等方面，浅论其中的辩证思想。

一、立意与辞采的辩证

立意是诗歌的灵魂，辞采是诗歌的外衣。华美的外衣内需要高尚的灵魂支撑才有底蕴，立意的高低深浅决定了诗歌的内在价值，辞采的丰歉美丑决定了诗歌的外在价值。在袁枚的诗学中，他强调立意的重要性，但也不忽视辞采的价值，更推崇立意与辞采辩证统一的诗歌创作理念。

他在《续诗品》开篇《崇意》中谈道："虞舜教夔，曰'诗言志'。何今之人，多辞寡意？意似主人，辞如奴婢。主弱奴强，呼之不至。"他认为，诗歌的核心是"言志"，他反对今人那种重辞采而轻立意的创作现象，认为立意就像主人，而文辞就像奴婢，如果主人弱小，奴婢强大，主人便难以驱使奴婢。所以，为诗之要，立意为重。他又说："穿贯无绳，散钱委地。"无论钱怎么多，没有绳索贯穿起来，只会散落一地。这绳，当然指的是立意，而那散落的钱，便是辞采了。无论标题还是内容，都可以看出他对立意的重视。这样说来，是不是辞采就不重要了呢？当然也不是。袁枚在《续诗品·振采》一品中说："美人当前，烂如朝阳。虽抱仙骨，亦由严妆。匪沐何洁，非熏何香？西施蓬发，终竟不臧。若非华羽，曷别凤皇（凰）！"这里运用了一组比喻：美人当前，如朝阳一般绚丽灿烂，这虽然与她超凡脱俗的气质有关，但也是她精心装扮的结果；否则就像西施一般，即使天生丽质，如果蓬头垢面，不加修饰，也会黯然失色；也像那凤凰，如果没有华丽的羽毛，它和那些凡鸟又有什么区别呢？这组比喻，阐释了辞采（或者说形式）的重要性，再深刻、新颖的立意，没有与之相适宜的辞采来承载，也会失色不少。可见，立意和辞采是相互影响、相辅相成的。正如前文所言，再丰富的钱财，若无绳索贯穿，也会散落一地；而天生丽质的美人，如果没有精心妆扮，也会失色不少。所以，袁枚在《续诗品·崇意》一品的最后两句说："开千枝花，一本所系。"那千枝盛开的花，便是辞采，而给它带来营养，让它绚丽多彩的深根，便是立意。所以袁枚认为，辞采和立意的最佳状态，便是在"一本所系"的前提下的花开千枝。也就是在立意先行的前提下的立意与文辞兼美的状态。这便是文辞与立意的辩证关系。中和思想来源于孔子，被后世文艺理论家所继承。中和，不仅是折中，而且是辩证。事物在对立中中和统一，形成新的境界，诗歌也是这样。

二、精思与博习的辩证

诗歌如何立意、如何结构、如何表现，需要深入细致的思考。思考的源泉来自诗人内在的禀性，也受到诗人学问素养的影响。所以，一方面，诗歌创作需要"思"，而"思"之道需把握一定的度，要"精思"，又要防止滞钝晦涩的"苦思"；另一方面，诗歌创需要有学问之雅，但又要防止滥用典例的掉书袋。

袁枚在《续诗品·精思》一品中说："疾行善步，两不能全。暴长之物，其亡忽焉。文不加点，兴到语耳。"要想走得又快速又优雅，这是不能够两全的。凡是一夜暴涨的事物，它的消亡也必然是迅速的。那些快速写成的文章，只不过是一时的感性所发罢了，是经不起时间的磨洗的。他接着又在该品中说："惟思之精，屈曲超迈。人居屋中，我来天外。"只有深思熟虑，才能写出起伏跌宕，超凡脱俗的作品，也才能达到人虽居屋中，玄想来天外的佳境。无论是正面还反面，袁枚都极力阐明"精思"的重要性。然而，袁枚又在《续诗品·用笔》一品中说："思苦而晦，丝不成绳。"在创作中，一味地冥思苦想、孜孜以求，诗思就会滞钝晦涩，仿佛一团乱丝拧不成绳。可见，既要"精思"，又不能"苦思"。"精思"而深远，"苦思"而滞钝。那么，如何把握这个度？这就要回归到袁枚的性灵说，他说："诗者，人之性情也。""凡诗之传者，都是性灵，不关堆垛。"（《随园诗话》）又说"诗难其真也，有性情而后真。"（《随园诗话》）"诗者，心之声也，性情所流露者也。"（《随园尺牍·答何水部》）他认为诗是由情所生的，性情的真实自然表露才是"诗之本"（《答施兰·论诗书》）。因此，唯有在内在性灵驱使下的"思"，才是纯正之"思"。所以，他在《续诗品·用笔》一品中又说："星月驱使，华岳奔驰。能刚能柔，忽敛忽纵。笔岂能然，惟吾所用。"唯有"精思"与"性灵"相结合，才能让笔力驱星赶月，驾驭华岳，能刚能柔，能收能放。

"性灵"给"精思"提供了一个前提。那么，是不是"精思"只能靠天赋所成？当然不是。袁枚在《续诗品·博习》一品中说："万卷山积，一篇吟成。诗之与书，有情无情？"欲吟成一篇，须下万卷山积的功夫。诗和学问，到底有没有关系？袁枚接着用了两个比喻："钟鼓非乐，舍之何鸣？易牙善烹，先羞百牲。"钟鼓本身不是音乐，但少了它们，怎么能创造出美妙的乐曲；易牙善于烹饪，但没有百牲作材，那些美味佳肴怎么可能烹饪得出来？袁枚在《续诗品·相题》一品中也谈到这一问题，他说："专习一家，砭砭小哉！宜善相之，多师为佳。"不仅要学，而且学的不止一家。可见，欲成好诗，首先需要学问的积淀。所以，袁枚在《续诗品·博习》一品的末尾说："曰'不关学'，终非正声。"作诗无关学问、无须知识积累的看法，不是正道之理。但学问影响，并非都是良性，也应该博学而慎取。正如袁枚在《续诗品·选材》一品中说："用一僻典，如请生客……锦非不佳，不可为帽。金貂满堂，狗来必笑。"作诗用典，如若生僻，像来一生客，非但没有美感，反而生出太多的不自在。锦缎不是不好，但用它做冠帽就不适宜，金貂满堂，再续一狗尾，必然招来嘲笑。学问书史，除了合理选用外，还要避免多用、滥用。袁枚在《续诗品·用笔》一品中也谈到了这个问题："书多而壅，膏乃灭灯。"大量堆积书史中的内容，就会壅塞情感之流，使其难以舒畅地表达，正如灯油过多反而会淹灭了灯焰一样。那么，怎样把学问与诗歌和谐地融为一体呢？袁枚在《续诗品·尚识》一品中说道："学如弓弩，才如箭镞。识以领之，方能中鹄。"学问如同弓和弩，才力好比箭头，只有卓越的识见的引领，箭才能射中靶心。其在《小仓山房文集》中又说："作诗有识，则不徇人，不矜己，不受古欺，不为习囿。"可见，学问、才力的积淀，都是为了形成卓越的识见。有了这种识见，才不会完全依从别人，不会受成法的约束，不会被新的见识制约。于是，他在《续诗品·尚识》一品的结尾处说："我有禅灯，独照独知。不取亦取，虽师勿师。"人要有慧心，要有独特的见解，慎重地取舍，辩证地学习。所以，学问书史，需要与人的"性灵""识见"融会贯通，处处皆典，又处处无典，不露声色，不着痕迹，便是那种淡得看不到学养的朴素境界。

因此，作诗需要"精思"，"精思"不等同于"苦思"，它需以"性灵"为前提，而"性灵"之源，一在天赋，一在"博习"，"博习"需"识见"驱使，"识见"与"性灵"融会贯通，最终引发纯正之"精思"。这便是"精思"与"博习"的辩证。

三、文气与布格择韵的辩证

文气指创作者的先天气秉，也指即兴而发的情感欲望，动笔之前已盘桓于胸；在这股文气的驱使之下布设诗歌之格局，才能使诗歌的内容层次与情感意旨融会贯通；以这种文气、布格为纲要，择适宜之音韵去表现，诗歌方能气韵不凡。

先谈文气本身的辩证。袁枚在《续诗品·理气》一品中说："吹气不同，油然浩然。要其盘旋，总在笔先。"不同的人文气自然不同。阴柔者表现出的是一种悠然舒缓之气，而阳刚者表现的是一种正大豪迈之气。无论是什么样的文气，都必须是气在文先。有了文气，诗歌就有所依托了。所以，他接着又说："有余于物，物自浮焉。"正如有了浩瀚之水，大小之物方可浮于之上一样，有了盛大之气，诗歌的语言才能找到依托。但这气又有真假大小之别，正如《续诗品·理气》一品的末两句所言："如其客气，冉猛必颠。无万里风，莫乘海船。"创作之时，胸中无气，而矫造一些虚张之气，或此气不足，是写不出好诗歌的，所以要气在笔先。

在文气的驱使之下，方可言诗歌的布格。袁枚在《续诗品·布格》一品中言："造屋先画，点兵先派。"建筑房屋，须先规划蓝图；派兵打仗，须预先有战略部署。意在指出，诗歌创作也须先布设格局。只有适宜的布格，方能承载那发乎于胸的文气。那么，布格与文气之间又如何辩证统一？袁枚在《随园诗话》卷一中言："杨诚斋曰：'从来天分低拙之人，好谈格调，而不解风趣。何也？格调是空架子，有腔口易描；风趣专写性灵，非天才不办。'余深爱其言，须知有性情，便有格调；格律不在性情外。"布格是技术性的，而文气来自性灵，动笔作诗，便要先求得此二者的辩证统一。

诗歌的音韵，纷繁复杂。如何择韵？袁枚在《续诗品·择韵》一品中言："次韵自系，叠韵无味。斗险贪多，偶然游戏。"次韵是一种自我束缚，而叠韵索然无味；求险贪多，只不过是文字游戏罢了。其在《随园诗话》中又言："欲作佳诗，先选好韵。凡其音涉哑滞者、晦僻者，便宜弃舍。"可见，好诗需好韵，好韵的标准是避免那些哑滞、晦僻的音韵。接着，他又举例："李、杜大家，不用僻韵；非不能用，乃不屑用也。"这"不用""不屑用"，便是性情使然。前面谈到文气与布格的关系，强调气在笔先；这里谈到的择韵与作诗的关系，就应该是韵在诗先。也就是说，先选好韵，再去连句成诗。

因此，只有在文气盛大，布格流畅的前提下，择适宜之韵作诗，诗歌方能气韵贯通，格调高雅。此为文气、布格、择韵之辩证。

四、真与雅的辩证

真是诗歌的审美底线，雅是诗歌的审美升华。然而，过度求真易俗，过度求雅易假，如果把握不好诗歌创作中真与雅的度，便难以创作出上乘的诗歌。如何在诗歌创作中葆真求雅，这成了袁枚诗学中探求的重要论题。

他在《续诗品·葆真》一品中言："貌有不足，敷粉施朱。才有不足，征典求书。"这里强调诗歌的形式之真，认为诗歌在形式上应追求自然本真的特质。他在《随园诗话补遗》中言："余以为诗文之作意用笔，如美人之发肤巧笑，先天也；诗文之征文用典，如美人之衣裳首饰，后天也。"以美人的发肤巧笑，比喻诗文的作意用笔，以美人的衣裳首饰，比喻诗文的征文用典。可见，他对形式上的先天的本真之美的重视。在《续诗品·葆真》一品中，他又言："古人文章，俱非得已，伪笑佯哀，吾其忧矣。"这是真的更高层次——性情之真。他认为古人写诗作文，只因有真情实感郁结于胸，在不得已的、非写不可的状态下，自然而然地诉诸笔端。那些佯欢假悲、忸怩作态的诗歌，只不过是艺人的假面而已，是经不起深入的审美体验的。他在《续诗品·葆真》一品的结尾言："画美无宠，绘兰无香。揆厥所由，君形者亡。"这便是真的最高境界——神韵之真。认为画上的人很美，却难以让人心生爱意；画上的兰花形象生动，却难以感受到它的雅韵幽香。探究其根本，皆因徒有其形，而无神韵罢了。由此可见，袁枚强调诗歌的真，这个真又涵盖了诸多方面：形式之真、性情之真、神韵之真。这个真，正是袁枚诗学"性灵说"的根本体现。

"真"与"雅"向来是一组对立的概念。袁枚如何处理"真"与"雅"的辩证关系呢？他在《续诗品·安雅》一品中言："虽真不雅，庸奴叱咤，悖矣曾规，野哉孔骂。"诗歌创作如果只求真实而不重视雅驯，就会像庸奴吆喝那般鄙悖粗野。这正像曾子针对写诗作文提出的"远鄙悖"的规劝，也与孔子批评子路说话率意，粗野鄙陋一般。真是前提，但又不能失其雅。他又在《随园诗话》中言："诗虽贵淡雅，亦不可有乡野气。"可见，真与雅都有必须恪守之度。如何做到雅呢？他在《续诗品·安雅》中说："君子不然，芳花当齿。言必先王，左图右史。沈夸征栗，刘怯题糕。想见古人，射古为招。"这里从正面阐释了如何做到雅：像君子一样，博览群书，含英咀华，言谈间必追慕往圣先贤，引经据典；沈约为博引栗典而自夸，刘禹锡怕"糕"字俗而弃用，先贤这种博雅的诗学追求，正是创作中该奉为准则的。一方面推行为求雅而引经据典，一方面又强调为求真形式上的自然流露。这是否与前文《续诗品·葆真》一品中的"才有不足，敷粉施朱"相矛盾呢？且看袁枚在《随园诗话》中的一段话："余每作咏古、咏物诗，必将此题之书籍无所不搜；及诗之成也，仍不用一典。常言，人有典而不用，犹之有权势而不逞也。"可见，这里的引经据典，非引用古人的经籍典故，而是将古人的诗文学养内化于心的一种自然流露，也就是前文说到的那种淡得看不到学养的朴素自然的境界。

所以，袁枚强调作诗之真，真在形式，真在性情，真在神韵；他也强调作诗之雅，这雅，非掉书袋式的堆砌，而是将古文经典内化于心的真实自然地流露。这是真与雅的辩证。

五、虚与实的辩证

"实"呈现的是厚重感，"虚"营造的是诗意的氛围。虚中生实，实中生虚，虚实相生，方能创造出独特的审美价值。诗歌创作更离不开虚实。袁枚在

《续诗品》中，将"空行"和"固存"二品放在一起，正说明了这一点，而其二品的先后顺序也说明了袁枚对虚实的轻重认知。

他在《续诗品·空行》一品中言："钟厚必哑，耳塞必聋。万古不坏，其惟虚空。"钟过于厚实，其响必定闷哑；耳朵被堵塞了，难免听而不闻。虚空之道，亘古亘今。虚空如此重要，诗歌创作中如何做到虚空？该品接着言："诗人之笔，列子之风。离之愈远，即之弥工。"诗人的笔力，应该像列子御风一般，腾云驾雾，驰骋万里。离形迹越远，越能得其神韵。这生虚之笔力，靠的就是驰骋的想象和避实就虚的艺术表现。其在《续诗品·空行》末两句又言："仪神黜貌，借西摇东。不阶尺水，斯名应龙。"这里，又进一步说明了就虚的途径：遗形取神，超以象外，声东击西，言此及彼，才能创设空灵高妙的意境。如同长翼之龙，不为尺水所限，空所依傍，振翅翱翔于天际一样。诗歌创作重虚，这虚并非虚无，而是超越物象的神韵提炼，是诗歌的精神气质。袁枚如此重"虚"，他又是如何看待实的呢？在《续诗品·固存》一品中，他认为："酒薄易酸，栋挠易动。固而存之，骨欲其重。"酒淡了容易变酸，架屋的栋梁弯曲容易松动；人要稳固地立身于世，就要靠强硬的骨头作支撑。这里连用三个比喻阐释了诗歌内容厚实、固重的重要性。他在该品中又用了两个比喻——"视民不佻，沉沉为王。八十万人，九鼎始扛。"——继续阐释诗歌的厚重与诗人气度的关系：认为诗不能轻佻，要有沉稳的王者风范，要有八十万人，能扛九鼎的笔力。是不是厚重的诗才写出厚重的诗歌就符合袁枚的诗学观念呢？非也。因此他在该品的最后两句言："重而能行，乘百斛舟。重而不行，猴骑土牛。"笔力凝重，并不意味着笨拙，要重而能行，如同乘坐平稳的百斛之舟一般；若重而不能行，就如同猴子骑上土牛一样，笨拙无味了。这重而能行的"行"，当指诗歌厚重之中表现出的灵动飘逸，也就是袁枚倡导的"性灵"，这"性灵"从何而来？从虚空中来。如《随园诗话补遗》卷二中言："笔性灵，则写忠孝节义，俱有生气；笔性笨，虽咏闺房儿女，亦少风情。"杜甫的《北征》，笔力何其凝重，然而诗中也有流动飘逸之处。如"菊垂今秋花，石戴古车辙。青云动高兴，幽事亦可悦。山果多琐细，罗生杂橡栗。或红如丹砂，或黑如点漆"。

由此可见，虚和实是在"性灵"的主导之下互相牵制又互相补充的辩证统一的关系，只有处理好这种关系，诗歌方能敦实厚重而又灵性飞扬。

综上所述，我们认为，袁枚诗论中的辩证思想，让诗歌创作的各种元素有机统一在一起，创造出一种中和辩证之美，把诗歌推向更高的审美境界。这种诗歌理论，无论在诗歌创作还是鉴赏中，都能够给人以启迪。在中国诗歌史上，袁枚的诗歌创作光耀清代，泽被近现代，是清代四大诗派的扛鼎之作，这和他的诗论不无关系。

参考文献

［1］袁枚.袁枚全集［M］.南京：江苏古籍出版社，1993.

［2］袁枚.随园诗话［M］.雷芳注，译.湖北：崇文书局，2016.

［3］袁枚.二十四诗品·续诗品［M］.陈玉兰，评注.北京：中华书局，2019.

啜以芳华，沐浴思维之光

——高中语文"思辨性阅读与表达"教学策略管窥

大方县实验高级中学　宋谋齐

一、在文本背景知识多元激发中培养学生的思维广阔性

（一）学生思维广阔性培养的策略

语文教学过程中，我们常常感叹学生思维的局限，如对文学作品审美的思维定势，对作品主旨探讨的单一化等问题。这固然有学生综合阅读数量少的原因，其实也与学生对文本背景、文化知识了解匮乏有一定的关联。缺少了对作者写作缘由与时代背景的熟悉和相关文化知识的了解，就文本而欣赏文本，思维在广阔性上自然就发散不开，也就想得不宽、想得不远了。因为，每一则文本的创作，都离不开作者当时的心态；而作者的心态又离不开当时所处的情景，而情景又处于一定的时代背景之下。除此之外，作者在作品的创作中所涉及的相关文化知识，往往包含了当时社会的集体意识和某种隐晦的约定。当学生了解了这些背景、文化知识之后，对于作品的主旨、写作目的等问题的研习探究就有可能进行得周到和细致，不至于人云亦云，成为一个"听筒"；相反，就有可能成为"万花筒"了。

（二）依托于文本，作者师承关系的研习

我们在教授现行高中语文必修三教材中的《过秦论》一文时，教师们往往更关注对文章字词的翻译和内容的梳理，在写作目的的探讨上更倾向于"指出秦灭亡的原因在于不实施仁政"的盖棺论定，学生一般也不会就此提出自己的

质疑。但如果补充介绍一下有关作者贾谊的知识和写作的大背景，由此来拓宽学生思维的广阔性，肯定能有效地拓宽课堂的深度和广度。

（三）依托于文本，创作前后背景知识的梳理

在学生的思辨性阅读与表达的语文学习体验中，教师如何在有限的教学时间里借助文本背景、文化知识的解读来拓展学生的思维广阔性，培养学生能够从多个方面、多个角度、多种可能、多种原因、多种结果对学习中的问题进行全面细致的思考。通过所教文本背景、文化知识的解读来实现这一目的，不失为一条可行的教学策略。因为文本背景、文化知识不仅涉及作家作品写作的缘由，往往也涉及作品写作的目的，甚至还包含着作品背后不为一般人所知的秘密。借助于背景知识，教师可以对学生进行"旁敲侧击""点拨启发"，进而达到"学生顿悟"。学生个性化的思辨性阅读与表达建立在文本背景知识的基础上，这些知识能够有效地发展学生的思维广阔性。

二、在文本主旨问题导学中培养学生的思维深刻性

（一）学生思维深刻性培养的策略

文本主旨是一篇作品的核心，是作品在选材构思上要努力达成的目标。在教学中，是总结出一篇文章的主旨，还是探究一篇文章的主旨，其中所涉及的学生思维训练是不一样的。其次，我们认为作品主旨的深刻性不仅体现在作品的内容上，更体现在作者借助于作品来反映的纷繁复杂的生活上。我们在语文教学的过程中，往往探究的是作品本身的内容情节是如何深刻地体现作品的主旨的，而忽略了作品主旨是如何深刻地反映社会生活的某一方面，从而错失了借助作品主旨的研讨来培养学生的思维深刻性的大好机会。

（二）对文本内容本身的细致解读

在鉴赏马致远的《天净沙·秋思》时，学生一般会认为作品借一组夕阳下的羁旅荒郊图，表达了漂泊天涯游子的思乡之情。学生判断出这是一首游子思乡之词，我想其依据应该是"断肠人"一词。何为"断肠人"？一般的理解是"愁"断肠，加上"天涯"，点明了词人在羁旅漂泊途中对家乡的思念之意。学生的这种认识判断，其中所体现的思维深度、审美鉴赏难度不是很大，绝大多数学生都能判断出这个主旨。这种深度的理解和分析，体现不出众多古人对这首小令的倾情褒扬。周德清说此曲为"秋思之祖"；王国维将它列为元人小

令的"最佳者""纯是天籁""深得唐人绝句妙境"。可见，单纯地从作品本身的字面上推导出"表达了羁旅游子思乡的感情"，很难借这首小令来训练和发展学生的思维深刻性。

（三）对文本内容社会性的思考

可以引导学生分析这些意象涉及了哪些社会性问题，通过研讨这些问题发现作品更深层次的情感，还原作者在创作时的情景，揭示出隐含在羁旅思乡之情背后，追求功名、实现自我价值时的深沉无奈和悲伤，窥探当时读书人的凄凉之境，写尽了古代读书人在面对命运时的困惑和无奈时的哀鸣。学生在对这首小令主旨的深度研习探讨中，也许就能明白何为"秋思之祖"，何为"纯是天籁"之音了。因而也就能明白，为什么有人在品读时黯然神伤、老泪横流。学生通过对作品主旨的深度研习探讨，在思维的深刻性体验上获得了点滴体会，语文教师有意识地对学生进行这种思维深刻性的训练，学生在不断深入的品读中方能真正地体验到经典文学作品的艺术魅力和价值。

三、在文本内容结构探析生成中培养学生的思维严密性

（一）学生的思维严密性的培养策略

俗话说"麻雀虽小，五脏俱全"，经典的文学作品，其内容结构在布局上无不体现出作者精细、严谨的构思。我们在分析研讨作品内容结构时，往往会感叹作者思维的严密性，正如"多一分则显得多余，少一分则显得不足；换个位置则气短，调个顺序则气乱"。生活和历史材料的合理取舍、伏笔铺垫的精妙设计、矛盾冲突的巧妙运用、悬念呼应的层层推进等，在作者严密、周到的构思中，展现出了文学作品严密构思的思维之美。借助于文本内容结构上的这个艺术特点，通过作者构思思维的研讨，可以有效地培养和发展学生的思维严密性。

（二）对文本内容与标题关系的研习探讨

梁思成的《中国建筑的特征》一文从文章标题就可以窥见作者写作构思时的严密。这个标题的中心语是"特征"，"的"前面的内容修饰限定后面的内容"特征"，是一个偏正短语。其中"特征"交代了文章写作的专业研究方向，暗示了事物所具有的显著特色；"建筑"一词界定了作者研究的专业领域；"中国"交代了研究对象的所属关系，展现了作者浓浓的民族自豪感。文

章从整体到局部介绍了中国建筑的结构特征和装饰特征，通过精要严谨的生动描述，概括了中国建筑的九大特征。作者行文的严密正如中国建筑的斗拱一样严丝合缝。

（三）对文本写作艺术技巧的赏析评价

节选自《水浒传》的《林教头风雪山神庙》，其伏笔和铺垫的精妙设计，堪称一绝，历来为世人所称赞。如果是第一次看到课文情节"林冲买刀寻仇"，当看到"林冲自回天王堂，过了一夜，街上寻了三五日，不见消耗，林冲也自心下慢了"时，我们往往会感慨，林冲要是找到了陆虞候他们就好了，快意恩仇多爽快。随着天王堂林冲领命，草料场交接，小镇沽酒，草厅坍塌，山神庙落脚，草料场起火，看到这些情节时，我们可能就忘记了林冲买的那把"刀"了。直到林冲"把枪搠在地里，用脚踏住胸脯，身边取出那口刀来""把陆谦上身衣服扯开，把尖刀向心窝里只一剜，七窍迸出血来，将心肝提在手里"，我们才猛然醒悟，"刀"的出场是那么合情合理。情节的前后照应显示出作者构思时思维的严密，展现了无与伦比的细节之美。

四、在文本语言技巧认知构建中培养学生的思维灵活性

（一）学生的思维灵活性的培养策略

一篇好的文本里的美词美句往往能够激发学生的思维，使学生产生无穷的联想和想象，在不同的语境背景和处境下，在举一反三中达到教育和自我教育的目的，在作者创作时的思维灵活性和读者品读时的思维灵活性的共鸣中完成对文本的艺术再创作。作者在作品创作时天马行空，泼墨成文，指点江山。犹如武林高手摘枝成枪、飞叶成剑，信手拈来，感慨人生，抒发情怀。可以借助对作者作品中的这些新颖和富有哲理的美词美句的审美鉴赏，来培养和发展学生的思维灵活性，使其掌握审美鉴赏的要义。

（二）对文本美词美句的审美鉴赏

文艺复兴时期法国作家蒙田在《热爱生命》中写道"坏日子，要飞快地去'度'，好日子，要停下来细细品尝"，"我对随时告别人生，毫不惋惜"，"因此只有乐于生的人才能真正不感到死之苦恼"。作者娓娓道来，宛如密友低吟浅唱，又如知音引吭高歌。在字里行间，引导学生感受作者的睿智与豁达，积极与奋进；展开联想与想象，关注自己的生活，审视自己的人生。在品

读交流中分享自己对生命的认识和理解，启迪智慧，拓展自己生命的长度和宽度，活出不一样的精彩。生命如我似夏花、似朝露、似彩霞，也似流水、似繁星、似湛蓝的星空。学生在思维的灵活跳跃中，获得自己对生命的认识和理解。

（三）对文本意境之美的感受和思考

在中国台湾诗人郑愁予写的《错误》中，那美轮美奂的江南之美，碧波荡漾里的莲花荷池，蜿蜒河畔的金柳絮飞，宁静的江南小镇，悠长悠长的街道，门口传来一声嗒嗒的马蹄声，那股欣喜，那份推开窗扉的失落，变成了一个个叹息滴落在青石板铺成的路上，化成了一个美丽的错误。在这些别开生面的叙述描写中，学生随着作者思维的展开在漫步、沉思、回味、升华，沉浸在那份属于每一个普通人所拥有的欣喜或失落的意境中而流连忘返。在美词美句的赏析中，感悟文字，感悟生活，感悟人生；在作者思维的花朵中，学会生活，学会成长；在思维灵活的联想与想象中获得对文学作品独特的审美体验，进而发展学生的思维灵活性，促进其审美水平和能力的提高。

五、在文本情感观点的迁移拓展中培养学生的思维批判性

（一）学生的思维批判性的培养策略

学生在语文学科学习的过程中，不仅要获得知识技能，还要学以致用，能够用知识技能来解决学习和生活中的问题。能够通过文本论据的筛选分析，进行科学的逻辑推理，发现事物之间逻辑的谬误和不合理，进而对事物的真伪、优劣、好坏、是否、美丑等进行科学的评价和判断。在语文常规课堂教学中，文本中作者的爱恨憎恶是最具有争议的话题，虽说"一千个读者心中有一千个哈姆雷特"，孰是孰非，依然需要读者进行分析评价。因而，要依托于教学文本的特点，引导学生对文本作者的情感观点进行评价和判断，培养学生的思维批判性并学以致用，发展学生未来学习所需要的关键能力和必备品格。

（二）对文本主人公形象定势思维的思考

教参认为《荆轲刺秦王》表现了荆轲重义轻生、反抗暴秦、勇于牺牲的侠义精神。倘若果真如此，那么如何解释"荆轲索要樊於期的人头"呢？我们所说的传统意义上的"侠义"，应该指的是宁愿自己受损甚至丧失生命，也不会以牺牲他人的性命为代价，否则又如何称得上是"侠义"呢？此外，荆轲面

对"太子迟之"时的反映是"荆轲怒，叱太子"，也很难与"侠义"划等号。侠义者，泰山崩于前而无所畏惧，面对委屈误会时，心底无私天地宽，坦坦荡荡，又怎么会有这种"怒叱"太子的行为呢？我想，荆轲是否既愧对于自己对樊於期"揕其胸"的承诺，也汗颜于自己"以报太子也"之言呢。可见，引导学生在这种批判性的质疑中探究，也许我们就能还原历史上真实的荆轲。

（三）对文本定势审美习惯的思考

一般认为，《归去来兮辞》一文是作者对美好的田园生活的赞美，其实不然。把陶渊明的辞官归隐神话成"文人之壮举"，这其实有夸大之嫌。作者写这篇文章的时候，不过是记录一下自己的人生感悟而已。作者披露的是自己辞官回到农村至真正归隐前这段时间的简单而又复杂的人生感悟。作者时不时眺望的那个远方到底在哪里？一个"孤"字、"盘"字，其中的感叹和无奈不知又有多少。表面上的"怡颜""易安""成趣"怎么都掩盖不了辞官回到农村之后内心的惆怅和孤独，这才是他"时矫首而遐观""抚孤松而盘桓"的真正原因吧。

六、小结

在学科教学过程中，语文作为基础性学科，不仅要承担传承中国优秀传统文化和语文学科知识的责任，还得主动担负起培养和发展学生思维品质的任务。在思辨性阅读与表达的教学中，应围绕课堂教学内容的特点和教学的规律，积极地探索运用"文本背景知识"多元激发、"文本主旨意图"问题导学、"文本内容结构"探析生成、"文本语言技巧"认知构建、"文本情感观点"迁移拓展等策略来培养学生的创造性思维，发展思维的广阔性、深刻性、严密性、灵活性、批判性，以此来发展和提升学生的思维品质。

帮助学生成为善于思考的人

贵州省毕节市教育科学研究所　杨文黔

"思维的发展与提升"已经成为语文学科培养学生的核心素养之一。我们面对的学生，思维品质不一，有的学生反应快，老师一提问就立即举手，但回答问题不一定很准确；有的学生看着反应慢，但回答问题可能比较深刻，有自己的看法。因此，教师在教学过程中要了解每个学生的思维品质，加以引导培养，取长补短，帮助学生形成良好的思维品质，使其既具有敏捷性，又具有深刻性；同时具有广阔性、开放性，更重要的是有创造性。

"思考"是基于记忆和理解两个层级上的高一级的能力，指在学习中能够分解、剖析、归纳、概括学习内容，或能对生活、社会中的现象进行分析并有自己的看法。通过有效思考的教与学，我们把散乱的知识点和事实纳入有意义的学习中，有助于学生在学习活动中勤于思考、学会思考、发展思维。

既然思考是通向有目的学习的最佳途径，教授思考意味着建立思考的核心技巧，比如对问题的理解，收集相关信息、组织筛选信息、对已有结论和错误来源进行分析的能力，这需要精细的教学计划、合适的排序、对认知和态度因素的持续建设。我们可以从以下四方面着手，掌握一些有益于促进学生思考的教学技巧，帮助学生成为善于思考的人。

一、帮助学生善于思考的教学准备

（一）清楚学生思维存在的缺陷

了解缺陷有利于使思维训练更具针对性。在实际教学中，教师常常会感到学生思维的混乱或者纠结于诸多困惑之中。比如：没有理解课文的言外之意；

容易过早地下结论；相信不可靠的网络信息；没有注意到矛盾的存在；问的问题琐碎散乱，彼此之间毫无联系；问的问题模棱两可，回答也模棱两可；经常把不同类型的问题混淆在一起；得出结论所依据的信息不准确或者不相关；有意忽略不能支持自己观点的信息；仅凭经验就做出推断，还会故意歪曲事实；没有将推理与假设区分开来，做出毫无根据的假设；想法混乱没有重点，与问题没有关联；思考问题时利用的是比较肤浅的概念；只能从自己的角度看问题，意识不到自己的偏见；想法过于简单肤浅；思考时以个体为中心，不擅于与人交流。

（二）清楚教师在思考教学中的重要性

教师要牢记，在思考的教学中，教师是最重要的因素。教师应该知道怎样运用一些思考的具体方法和教学技巧。准备好的参考书、各种资料，先前计划好的项目以及练习可能是很好的教学助手，但是它们自身却不具有引发思考的能力。最有效的教学要求教师对科目内容和思考过程都有充分的了解，持续地展示思考所涉及的技巧和态度，并要求学生在口头和书面上都进行系统而严格的思考。

二、帮助学生系统思考的教学技巧

（一）让学生梳理出已知和欲知

在预习时要求学生梳理出单元和每个文本中他们已经知道的，以及他们想要知道的问题有哪些，目的是把单元学习建立在学生已有的经验和还存在的盲区上。一旦学生列举出已知的内容，教师就可以着手往前推进。这是一个很必要的学情了解，也是激发学生求知欲的时刻。避免学生绝大部分时间被动地静坐着听完一节节的语文课，不管喜欢与否都得接受被灌输的东西。

（二）让学生学会课堂总结

总结自然要求思考，不予全盘考虑，不把重要的与不重要的要素区别对待，就不可能有效地总结出结论。

第一，学会运用总结语。每节课都有自己的教学容量和节奏，但所有的课必然会在某个点上结束。有的最好在文本的某个段落处结束，以某种形式的概括总结来结束一节课，以便帮助学生回顾刚学过的内容。学生在理解上的多样化对这节课来说非常重要。可以运用下列语句要求学生作出学习总结："请回顾我们这节课所学的，我们首先……，然后……，接下来……。对于我们的学习过程，你能否写下两三点收获。你可以使用这些词句开头：'我学到了……''我感到……''我开始在想……''我再次发现……''我想我将……'等，看看你们从这节课里能得到什么收获。现在开始……"给学生几分钟，让他们写下自己的想法后，请几个学生读出其中一句，或者要求学生和同桌或小组成员彼此分享各自所获得的一两项学习心得。

第二，学会写阶段性学习总结。要求学生在单元学习或者任务群学习之后根据学习情况写一篇总结。这个方法用在单元复习和一个项目式任务完成后比较好；目的是锻炼学生的综合思维能力。在要求学生在做总结时，教师自己也要充分发挥想象力，设计出不同的总结式任务。比如：要求学生用几十个字的篇幅写出一则小说的主题，要求学生画一张思维导图反映说明文的说明思路，要求学生概括出在迄今为止所学文本中呈现出的某位作者的思想变化线索，要求学生概括他们在某单元所得到的启示，等等。

三、帮助学生多元思考的教学技巧

（一）学会分类与归类

在每节课总结阶段或者单元复习时，让学生根据自创的分类体系将各项语文知识进行归类，比如文言文实词、虚词、句式等。这个技巧要求学生自创分类体系，而不只是归入预先认定好的分类体系中，它给学生提出了一个更高水平的思维挑战，能锻炼出严谨的思维能力，避免学生学习的碎片化。

（二）梳理相同点与不同点

教师可以挑选彼此完全不同的两项或多项知识点，要求学生辨明两项或多项之间的共同点，区别不同点，增加挑战的难度，比如烘托和衬托有什么异同点，以此锻炼学生的辨别能力与洞察能力。在群文阅读的文本比较中常常采用此技巧，以增强学生思维的发散性和开放性。

（三）接纳不完善的解释

要求学生针对文本的一个事件或是主题就其他人提出的质疑做出解释。这样做的意图是激发学生考虑因与果之间的关系。例如，什么因素导致作者没有遵循新闻的写作原则？什么因素使莫言成了有影响的作家？

为了原因而追问"为什么"往往会导致学生思考草率，得出的结论很难是真实的。我们希望学生对不同的解释保持接纳的态度。因此，建议不要简单地问"为什么"，而是以更加开放、没有定论的形式提问，比如：你"能想一想……的原因吗？""哪些因素可以解释……？""关于……你有任何解释吗？""为什么你认为……？""你能说出有哪些主要因素……？"

（四）鼓励设想与预测

这个技巧要求学生设想接下来会怎样，语文老师常常会把它布置成改写课文结尾一类的作业，比如小说里的某节内容如果拍成电影会怎样结束或当文章删除了某段会怎么样，等等。要求学生写下多个可能的结果，然后根据可能性排列对比每一个结果。教师可以鼓励学生快速提出想法，因为较高的热情与快节奏往往会带来"鲜榨"的新想法、新创意。如果想法来得太快以至无法记下来，就找两个或多个学生轮流记录。建议把学生提到的所有想法写下来，这会在一定程度上体现对学生"胡思乱想"的尊重。比如要组织一次调查活动或者采访某个新闻人物时，让学生思路开阔地讨论某个题材，书面提出各种可能性。无须担心它们是否合理，在讨论时保持开阔的思路，不要试图评判每个想法，评判是以后的事，在大家一起回顾所写下的一个个想法时，再来进行评判。最后，在师生一致认为最有可能的两个想法上打上星号，不管它们是不是真的很有可能，目的只是为了锻炼学生的创造性思维能力。

四、发展学生高阶思维的教学技巧

思考是一个具有多面性而非单线的过程。比如学生要学习批判性思考技巧，需要学习下列技巧：确认问题、确认要素之间的关系、推断暗含的意义、推断动机、对独立要素进行组合、进行富有原创性的阐释、创造出新的思考模式。高水平的问题并不一定会得到高水平的回答，它们只是为学生的批判性思考打开了一扇很重要的门。

教师可以使用提问等级来计划课堂问答和讨论，这就要求教师在思考的框架内构建事实、概念和归纳，等级就是行动的蓝图。提问的等级体系同样可以用来设计叙述性的陈述，还可以通过等级的方式组织它们以引发学生高水平的回答。比如，事先进行学习任务分析能够帮助教师确定比较复杂的教学中什么因素是学生取得成功所必需的；对独立的任务进行排序为学生的成功提供了有意义或有逻辑的路径；利用图表系统和图示组织框架可以帮助教师设计教学并帮助学生学习。呈现归纳思维模式使学生能通过最先提供的例子得出一般性结论；呈现演绎思维模式从总结开始，然后推广到具体内容。若想激励学生进行批判性思考，教师应注意使用教科书的方式和教学资料的优缺点。

为了让学生更多地参与进来，教师也需要补充提供一些其他的材料。例如可以运用一些精练的问题，这些问题要求学生对一些论点进行比较或对比，确定原因和结果甚至质疑课文的观点。这些过程对提高思考技巧很关键。

作为教师，对思考技巧的了解永远不会过多。帮助学生达到学会思考的目标，需要教师的知识、意识和计划，需要探讨有效教授思考的技巧，需要认识到学校教学在鼓励发展思考技巧方面已走了多远和已取得的成就。"帮助学生成为更善于思考的人"这个目标怎样得以更好的实现，需要我们不断在实践中摸索、试错、反思，再实践。

参考文献

［1］代泽斌.提升语文素养是实现"少教多学"的有效路径［J］.基础教育参考，2015（12）.

［2］代泽斌.流动的风景［M］.北京.航空工业出版社，2019.

［3］理查德·保罗，琳达·埃尔德.批判性思维工具［M］.北京：机械工业出版社，2013.

后 记

古希腊哲学家柏拉图说："思维是灵魂的自我对话。"我们在思辨性阅读与表达的对话中，越来越意识到我们的研究工作的意义和价值。

杨振宁院士曾感叹，"中国留学生的学习成绩往往比在一起学习的美国学生好得多，然而十年以后，科研成果却比人家少得多"，追究其原因就在于课堂是否关注学生思维和动手能力的训练。恩格斯说："一个民族想要站在科学的最高峰，就一刻也不能没有理论思维。"好的教育应该能培养学生思考的习惯，面对纷繁复杂的问题，拨开迷雾，抽丝剥茧，发现事物的规律和本质。好的教育应该是能够打破青年学生头脑里的思维定式，培养他们通过观察、理解和判断进行创造性的思考。好的教育应该是青少年学生思维能够自由发挥的、令人愉悦的场所，在指点江山、纵横捭阖的体验中，使学生获得未来发展所必备的关键能力和品格。

我们相信，"在泥土下面，黑暗的地方，才能发现金刚钻；在深入缜密的思维中，才能发现真理"。我们相信披荆斩棘的前方充满了未知，精细、周到、全面。我们相信，要培养出真正有素质的学生，应该在培养他们渊博的知识和高尚的情操之外，还得培养他们的思维习惯。我们相信，在阅读时缺少了思维的参与，那就是把自己的头脑变成了别人思想的跑马场，虽可借以修养精神，但思维之花将逐渐枯萎以至于丧失。在探索中，我们有过迷茫、犹豫和困惑，也有过走过泥泞小路之后的欣喜和幸福。我们在思维的旅途中，带领着我们的学生咿呀学语，蹒跚前行。

打鼓新场，水西湖畔，织金洞府，杜鹃王国，奢香故里。一次科研，一个话题，一场盛会，一次相遇，两载相伴。在思辨性阅读与表达的对话中，我们踏着风，踩着水，在思维的洞穴里寻觅，在思维的花海里漫步，在思维的山涧里探幽。

在这里，我们收录了一路走来的欢声笑语，也收录了其中的低吟浅唱。也许些许狂妄，也许些许偏颇，亦或许些许难登大雅之堂，几经波折结集成册，惶恐之际以期方家之言。

霍金说："我的手指还能活动，我的大脑还能思考；我有终身追求的理想，我有我爱和爱我的亲人朋友；对了，我还有一颗感恩的心……"感谢一路指点迷津的贵人，感谢一路相伴的恩师密友，感谢思维的路上还有远方。

宋谋齐
写于庚子年国庆·奢香故里